职业教育·城市轨道交通类专业教材
国家职业教育城市轨道交通专业教学资源库配套

城市轨道交通
供电系统继电保护与二次回路

赵莉弘　梁　因　主　编
　　　李　娜　副主编
　　　曹大涌　主　审

（第2版）

人民交通出版社
北京

内 容 提 要

本教材是职业教育城市轨道交通类专业教材、国家职业教育城市轨道交通专业教学资源库配套教材。城市轨道交通供电系统继电保护与二次回路知识具有很强的理论性和实践性,对电力系统技术工作十分重要。本教材结合现阶段我国城市轨道交通发展现状,整合继电保护与二次回路相关知识,以强化理论、注重实训实践为目的设置教学内容。在全面讲解电力系统通用继电保护知识、二次回路知识的基础上,重点讲解城市轨道交通供电系统所用的继电保护知识、继电保护装置和继电保护配置,引入了典型变电站继电保护实例进行分析讲解,并全面系统地讲解了城市轨道交通供电系统的典型二次回路图相关知识,以实际案例的形式讲述二次回路图读图分析的方法。

本教材可以作为城市轨道交通供配电技术相关专业学生的专业核心课教材,也可以作为现场继电保护专业人员的培训教材,还可以作为电力行业工程技术人员的参考用书。

* 本教材配多媒体教学课件等资源,任课教师可通过加入"职教轨道教学研讨群"获取(教师专用QQ群号:129327355)。

图书在版编目(CIP)数据

城市轨道交通供电系统继电保护与二次回路 / 赵莉弘, 梁因主编. — 2版. — 北京:人民交通出版社股份有限公司, 2025.1. — ISBN 978-7-114-19051-3

Ⅰ. U239.5

中国国家版本馆 CIP 数据核字第 2025J4H914 号

职业教育·城市轨道交通类专业教材
国家职业教育城市轨道交通专业教学资源库配套教材
Chengshi Guidao Jiaotong Gongdian Xitong Jidian Baohu yu Erci Huilu

书　　名:	城市轨道交通供电系统继电保护与二次回路(第2版)
著　作　者:	赵莉弘　梁因
责任编辑:	杨思
责任校对:	卢弦
责任印制:	张凯
出版发行:	人民交通出版社
地　　址:	(100011)北京市朝阳区安定门外外馆斜街3号
网　　址:	http://www.ccpcl.com.cn
销售电话:	(010)85285911
总 经 销:	人民交通出版社发行部
经　　销:	各地新华书店
印　　刷:	北京印匠彩色印刷有限公司
开　　本:	787×1092　1/16
印　　张:	15.5
字　　数:	377 千
版　　次:	2021年8月　第1版 2025年1月　第2版
印　　次:	2025年1月　第2版　第1次印刷　总计第5次印刷
书　　号:	ISBN 978-7-114-19051-3
定　　价:	48.00元

(有印刷、装订质量问题的图书,由本社负责调换)

第2版前言

【修订背景】

随着我国城镇化不断发展,城市轨道交通在公共交通体系中的地位日益凸显,成为缓解城市交通拥堵、提升城市运行效率的重要力量。供电系统作为城市轨道交通的核心组成部分,其安全可靠运行直接关系到整个城市轨道交通系统的稳定性和安全性。因此,加强城市轨道交通供电系统继电保护的学习与研究,对于保障城市轨道交通安全、推动城市轨道交通高质量发展具有重要意义。

近年来,国家高度重视城市轨道交通的发展,出台了一系列新政策文件,为城市轨道交通的持续发展提供了有力保障。党的二十大报告强调了创新驱动发展战略的重要性,提出了加强城市基础设施建设、建设现代化产业体系等目标。本教材在修订过程中,深入贯彻党的二十大精神,紧密结合国家新政策文件,力求体现技术的先进性和实用性。

本教材依托国家职业教育城市轨道交通专业教学资源库的建设,根据职业教育的特点和产业人才需要,对接国际先进教育理念,将知识、能力和正确价值观的培养有机结合,在充分进行岗位调研和典型职业活动分析的基础上,结合城市轨道交通变电站工作人员相关的国家标准、行业标准,以及行业规范进行修订。

【教材特色】

(1)本教材结合我国城市轨道交通发展现状,整合继电保护与二次回路的相关知识,融入北京地铁行业规范,强化基础理论,突出理论和实践相结合,强调实践性。

(2)本教材内容编排合理,梯度明晰,主要内容分为三篇,按照学习目标、知识储备、知识拓展和实训实操四部分进行设计,有助于在课前明确目标自主学习,课中理实一体打牢基础,课后拓展延伸升华知识。每一篇配有实训任务活页,便于学生提交,教师考核。

(3)本教材配套大量的国家职业教育城市轨道交通专业教学资源库数字资源(版权归资源库项目所有),其中不仅有理论知识和企业案例,还有大量地铁企业专家录制的视频资料以及多位地铁资深专家参与设计的动画和虚拟仿真资源,有助于自主学习和知识延伸。推荐读者直接访问www.icve.com.cn,进入"继电保护与二次回路"课程(梁因老师主讲)进行学习。

(4)本教材的编写根据职业教育特点,强化产教融合、校企合作,参考城市轨道交通相关行业标准和规定,紧跟产业发展最新进展。编写过程中重点参考了北京地铁现行行业标准和规范。编者深入北京地铁调研供配电技术岗位现场工作的内容,并在编写过程中多次进入地铁企业,跟岗北京地铁供电公司工程师在工作现场学习。

(5)本教材内容大量引入了企业实例,特别针对地铁供电系统所用的高压和中压交流系统继电保护知识、直流牵引系统继电保护、地铁常用的继电保护装置做了非常详细的讲解,并完整地引入了地铁典型变电站继电保护配置和联锁关系实例进行应用分析。全面系统地讲解了城市轨道交通供电系统的典型二次回路图,以北京地铁典型二次回路常用图纸作为案例进行详细的读图分析,并邀请北京地铁供电公司工程师进行指导与录制视频资料,使理论知识与企业需求更好结合。通过学习本教材,读者可以对专业技术知识有更全面了解,也能满足基本岗位工作的技术指导需求。

【主要内容】

本教材共分三篇。第一篇继电保护基础知识,在阐述电力系统的故障和不正常运行状态的基础上,分析继电保护的工作原理、分类、基本要求及保护装置的组成,并介绍继电保护常用电磁型继电器的结构和原理。第二篇城市轨道交通供电系统继电保护,介绍城市轨道交通交流供电系统继电保护、直流牵引供电系统继电保护、低压交流系统保护、微机保护与自动装置、典型牵引变电站的继电保护装置与联锁关系。第三篇二次回路,主要介绍二次回路基本常识,并以企业实例形式分析了城市轨道交通10kV二次回路和750V二次回路的主要图纸读图方法。

【编写组织】

本教材由北京交通运输职业学院赵莉弘、梁因担任主编并负责全书的统稿工作,李娜担任副主编,原北京市地铁运营有限公司供电分公司曹大涌担任主审。特别感谢企业专家王琛、主审曹大涌在教材编写过程中给予的极其细致的意见和指导。

【适用范围】

本教材是一本集理论性、实践性、前瞻性和安全性于一体的专业教材,是国家职业教育城市轨道交通专业教学资源库配套教材,可以作为职业教育城市轨道交通供配电技术相关专业教材,也可以作为现场继电保护专业人员的培训教材,还可以作为电力行业工程技术人员的参考用书。

【致谢】

由于城市轨道交通供电设备多、发展迅速、更新换代较快,且编者水平有限,书中难免会有纰漏之处,希望各位读者批评指正。

编　者
2024 年 10 月

微课资源列表

序号	微课资源名称
1	电流继电器的原理
2	认识电流继电器
3	认识电压继电器
4	电压继电器的原理
5	认识通用型中间继电器
6	时间继电器工作原理
7	认识时间继电器
8	大电流脱扣保护
9	直流框架泄漏保护
10	钢轨电位限制装置
11	三相微机继电保护测试仪定时过流试验
12	合闸过程
13	大合闸回路分析
14	分闸过程
15	750V负极开关柜二次图纸读图方法简介

注：读者可访问 www.icve.com.cn，进入"继电保护与二次回路"在线开放课程学习。

在线课程链接

目 录

第一篇 继电保护基础知识/1

单元1　继电保护概述　…………………………………………………… 3
实训任务活页　认识电磁型继电器　……………………………………… 25

第二篇 城市轨道交通供电系统继电保护/27

单元2　城市轨道交通交流供电系统继电保护　………………………… 29
单元3　城市轨道交通直流牵引供电系统继电保护　…………………… 67
单元4　城市轨道交通低压交流系统保护　……………………………… 102
单元5　城市轨道交通微机保护与自动装置　…………………………… 107
单元6　典型牵引变电站的继电保护配置与联锁关系　………………… 137
实训任务活页2.1　10kV微机保护装置的认知与操作　………………… 175
实训任务活页2.2　微机保护测试仪的认知　…………………………… 179
实训任务活页2.3　微机保护校验　……………………………………… 181

第三篇 二次回路/183

单元7　二次回路基本常识　……………………………………………… 185
单元8　10kV二次图纸读图　……………………………………………… 201
单元9　直流牵引供电系统二次回路读图　……………………………… 212
单元10　二次回路故障的处理　…………………………………………… 218

实训任务活页3.1　10kV母线联络断路器控制回路读图 …………………………… 231

实训任务活页3.2　电动隔离开关回路控制图读图 ……………………………… 233

实训任务活页3.3　二次回路故障排查 …………………………………………… 237

参考文献 /239

第一篇

继电保护基础知识

知识目标

(1) 理解电力系统的运行状态。
(2) 掌握继电保护的原理、构成、分类及基本要求。
(3) 了解电磁型电流、电压继电器的动作原理,理解返回系数的意义。

技能目标

(1) 能够拆解安装常用电磁型继电器。
(2) 能够根据接线图完成各类继电保护典型接线。

素质目标

(1) 培养良好的职业道德,爱岗敬业、服从指挥,弘扬工匠精神,坚守岗位,尽职尽责。
(2) 增强法律意识,遵守国家、地方政策法规及企业规章制度。
(3) 具备集体意识和团队合作的能力,能够通过与其他岗位员工协作,处理供电系统中的各类问题。
(4) 强调安全操作的重要性,树立正确的安全意识。
(5) 掌握继电保护安全措施和操作规程,确保在操作过程中不发生安全事故。

单元1　继电保护概述

本单元主要介绍继电保护的基本概念,其中包括电力系统的运行状态、继电保护装置的作用、对继电保护装置的基本要求,以及电磁型继电器等相关知识。

单元1.1　电力系统的故障和不正常运行状态

一、电力系统简介

电力系统是由发电、输电、配电和用电等环节组成的电能生产与消费系统。其功能是将自然界的一次能源通过发电动力装置转化成电能,由升压变压器升压后经高压输电线路输送到区域变电所,通过变电所进行变电和配电,将电能供应到各用户。为实现这一功能,电力系统在各个环节和不同层次还具有相应的信息与控制系统,对电能的生产过程进行测量、调节、控制、保护、通信和调度,以保证用户获得安全、优质的电能。电力系统组成如图1-1所示。

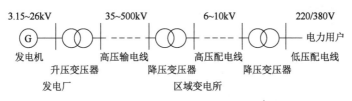

图1-1　电力系统组成示意图

(一)发电厂

发电厂是将自然界蕴藏的各种一次能源转换为电能(二次能源)的工厂。

发电厂按其所利用的能源不同,分为水力发电厂、火力发电厂、核能发电厂、风力发电厂、地热发电厂、太阳能发电厂等类型。

(二)电力网

为了充分利用动力资源,缩短燃料运输距离,降低发电成本,火力发电厂一般建于有燃料资源处,水电站一般建于有水力资源处。但是电能用户(工厂、企业或居民区)往往远离这些地方,因而必须采用高压输电线进行远距离输电。另外,为了保证系统的可靠性和经济性,也需要将发电厂连接起来组成系统。

电力网的任务是将电能从发电厂输送和分配到电能用户。电力网是输电和配电设备的组合,包括各种电压等级的输、配电线路。电力网按其作用可分为输电网和配电网。输电网是由发电厂的升压变电所、输电线以及连接这些线路的变电所组成,主要作用是输送电能。配电网由配电线路和配电所组成,其任务是分配电能到各配电所后,再向用户供电。

(三)变电所

变电所由电力变压器和配电装置组成,是改变电压和分配电能的场所。将电压升高的变电所称为升压变电所,将电压降低的变电所称为降压变电所,只起电能分配作用的称为配电所。

发电厂的发电机的额定电压较低,为了把电力送到较远地区,减少输送过程中的损耗,发电厂内的升压变压器把电压升高,而后经电力线路把电力输送到用电地区的降压变电所,一般要经过数次降压后才能最终送到负荷中心,供用户使用,这就是变电所的主要作用。变电所除了起变换电压作用外,还有集中、分配、控制电力流向和调整电压的作用。

(四)电力负荷

电力负荷是指用电设备或用电单位(用户)。

1. 电力负荷的分级

电力负荷根据其对供电可靠性的要求及中断供电在政治、经济上所造成损失或影响的程度,分为以下三级。

(1)一级电力负荷。符合下列情况之一时,应为一级电力负荷。

①中断供电将造成人身伤亡时。

②中断供电将在政治、经济上造成重大损失时,例如重大设备损坏、大量产品报废、使用重要原料生产的产品大量报废、国民经济中重点企业的连续生产过程被打乱需要长时间才能恢复时。

③中断供电将影响有重大政治、经济意义的用电单位的正常工作时,例如重要交通枢纽、重要通信枢纽、重要宾馆、大型体育场馆、经常用于国际活动的大量人员集中的公共场所等用电单位中的重要电力负荷。

在一级电力负荷中,当中断供电将发生中毒、爆炸和火灾等情况的负荷,以及特别重要场所的不允许中断供电的负荷,应视为特别重要的负荷。

(2)二级电力负荷。符合下列情况之一时,应为二级电力负荷。

①中断供电将在政治、经济上造成较大损失时,例如主要设备损坏、大量产品报废、连续生产过程被打乱需较长时间才能恢复、重点企业大量减产时。

②中断供电将影响重要用电单位的正常工作时,例如交通枢纽、通信枢纽等用电单位中的重要电力负荷,以及中断供电将造成大型影剧院、大型商场等较多人员集中的重要公共场所秩序混乱时。

(3)三级电力负荷。不属于一级和二级电力负荷者,应为三级电力负荷。

2. 各级电力负荷对供电电源的要求

(1)一级电力负荷对供电电源的要求。一级电力负荷属重要负荷,应由两个独立电源供电,当一个电源发生故障时,另一个电源不应同时受到损坏。

一级电力负荷中特别重要的负荷,除由两个独立电源供电外,尚应增设应急电源,并严禁将其他负荷接入应急供电系统。可作为应急电源的电源有:

①独立于正常电源的发电机组。

②供电网络中独立于正常电源的专用的馈电线路。

③蓄电池。

(2)二级电力负荷对供电电源的要求。二级电力负荷也属重要负荷,但其重要程度次于一级电力负荷。二级电力负荷宜由两回线路供电,供电变压器一般也应有两台。在负荷较小或地区供电条件困难时,二级电力负荷可由一回6kV及以上专用的架空线路或电缆供电。当采用架空线时,可为一回架空线供电;当采用电缆线路时,应采用两根电缆组成的线路供电,其每根电缆应能承受100%的二级负荷。

(3)三级电力负荷对供电电源的要求。三级电力负荷属不重要电力负荷,对供电电源无特殊要求。

二、电力系统运行状态

电力系统运行状态是指电力系统在不同运行条件下的系统与设备的工作状况。

电力系统运行方式分为三种,正常运行状态、不正常运行状态、故障状态。

(一)正常运行状态

相关设备均在规定的长期安全工作限额内运行,并保持一定的备用容量。各电气设备绝缘正常,都处于正常工作状态,用户用电正常。

(二)不正常运行状态

不正常运行状态是指电力系统中某电气元件的正常工作状态遭到破坏,但未发展成为故障时的情况,此时保护装置会发出预告信号,但不必切除不正常运行的设备。例如:小电流接地系统单相接地、过负荷或温度过高等。

(1)小电流接地系统单相接地:在小电流接地系统中,由于系统中性点不接地,单相接地不会形成短路电流,三相线电压基本还是对称的,所以系统还能继续运行一段时间,无须立即将故障线路或设备从电网中切除,只要发出预告信号由值班员处理即可。

(2)过负荷:设备所带负荷超出额定值(例如30%),此时设备发热,保护装置会发出预告信号,提醒值班员检视或处理。

(3)温度过高:设备温升超过允许值,保护装置会发出预告信号,提醒值班员检视或处理。

(三)故障状态

由于电力系统是一个庞大的网络,网络中的各元件都可能受到外界条件的影响,例如风、雨、雷电,或这些元件在制造、安装、检修过程中留下某些隐患,以及运行维护不当、绝缘老化、值班员的误操作等,一旦某个电气设备受到这些影响,就可能出现各种故障。

故障状态分两种:断路故障和短路故障,其中短路故障危害最大。

1. 断路故障

断路故障是供电线路断开,中断供电,但不会烧坏电气设备。

2. 短路故障

短路故障是指供电系统中不等电位的点没有经过用电器而直接相连通,无法正常供电的情况。

常见的短路故障分类及特点见表 1-1。

表 1-1 常见短路故障分类及特点

短路种类	示意图	特点
三相短路		三相同时在一点短接,属于对称短路
两相短路		两相同时在一点短接,属于不对称短路
单相短路		三相四线制系统中,相线与中性线在一点短接,属于不对称短路
两相接地短路		中性点不接地系统中两相与地短接,属于不对称短路
单相接地短路		中性点直接接地系统中,一相与地短接,属于不对称短路

因三相电路的三相阻抗相等,且三相电压与三相电流仍然保持对称,所以三相短路属于对称短路。由于两相短路、单相短路、两相接地短路、单相接地短路时阻抗、电压、电流不对称,所以属于不对称短路。

三、电力系统故障的危害

电力系统发生故障可能引起的后果如下:

(1) 短路电流在故障点燃起的电弧会烧毁故障设备。

(2) 系统中电气设备在通过短路电流时所产生的热会损坏设备或缩短设备寿命。

(3) 系统中电气设备在通过短路电流时所产生的电动力会对设备造成破坏。

（4）停电将影响用户生产、生活，造成次生事故。

（5）电压降低，会破坏用户的用电设备的工作稳定性或影响产品质量。

（6）破坏系统并列运行的稳定性，产生振荡，甚至使整个系统解列。

因此，一旦发生故障，应立即切除故障元件，切除故障元件的时间常常要求在十分之几秒，甚至更短的时间内完成。在这样短的时间内，由运行人员来发现故障并切除故障元件是不可能的，为避免和减少故障造成的危害，电力系统设置了一套完善的继电保护装置来完成这个任务。

单元1.2　继电保护的工作原理、组成及分类

电力系统中的不正常运行状态或故障都可能引起系统事故。所谓系统事故，是指系统的全部或部分的正常运行状态遭到破坏，并由此造成对用户的供电中断，或供电质量不能满足要求，甚至造成人身伤亡或设备损坏等。继电保护装置就是能反映电力系统中电气元件发生不正常运行状态或故障，并动作于发出信号或断路器跳闸的一种自动装置。

一、继电保护的基本原理

继电保护的任务包括以下三点。

（1）自动、迅速地将故障元件从电力系统中识别并切除，使故障元件免于继续遭到破坏，同时保证其他无故障部分迅速恢复正常运行。

（2）反映电气元件的不正常运行状态，并根据运行维护的条件（如有无经常值班人员），而动作于发出信号、减负荷或跳闸。此时，一般不要求保护迅速动作，而是根据电力系统及其元件的危害程度规定一定的延时，以避免不必要的动作，或由于干扰而引起的误动作。

（3）与自动重合闸装置配合，恢复由于瞬时自消性故障引起的保护动作跳闸，迅速恢复供电，提高供电可靠性。

为了完成继电保护的任务，继电保护装置必须做到：能正确区分被保护元件的工作状态；能正确识别是保护区内故障，还是保护区外故障。

因此，继电保护装置需要对电力系统发生故障前后电气物理量的特征变化进行识别。电力系统发生故障后，工频电气量变化的主要特征如下。

（1）电流增大。短路时故障点与电源之间的电气设备和输电线路上的电流将由负荷电流增大至短路电流。

（2）电压降低。当发生相间短路和接地短路故障时，系统各点的相间电压或相电压值下降，且越靠近短路点，电压越低。

（3）电流与电压之间的相位角改变。正常运行时电流与电压间的相位角是负荷的功率因数角，一般约为20°。三相短路时，电流与电压之间的相位角是由线路的阻抗角决定的，一般为60°~85°，而在保护反方向三相短路时，电流与电压之间的相位角则是180°+（60°~85°）。

（4）测量阻抗发生变化。测量阻抗即保护安装处电压与电流之比。正常运行时，测量阻抗为负荷阻抗；金属性短路时，测量阻抗为线路阻抗。故障后测量阻抗显著减小，而阻抗角增大。

7

(5) 不对称短路时,出现相序分量。如两相短路时,出现负序电流和负序电压分量;单相接地或两相接地故障时,出现负序电流和负序电压分量及零序电流和零序电压分量。这些分量在正常运行时是不出现的。

利用短路故障时电气量的变化,便可构成各种原理的继电保护。例如,根据电流的增大,可构成过电流保护;根据电压的降低,可构成电压保护;根据电流与电压之间相位角的变化,可构成功率方向保护;根据电压与电流比值的变化,可构成距离保护;根据被保护元件两端电流相位和大小的变化,可构成差动保护;根据不对称短路故障时出现的电流、电压序分量,可构成零序电流保护、负序电流保护和负序功率方向保护等。

除了上述利用电气量变化构成的保护外,还有利用非电气量变化构成的保护,如气体保护、温度(过热)保护等。

二、继电保护装置的组成

各种类型的继电保护装置一般由测量部分、逻辑部分、执行部分组成,如图 1-2 所示。

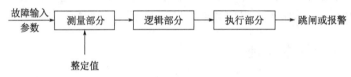

图 1-2　继电保护的系统组成框图

(一)测量部分

测量被保护对象的一个或多个物理量,并将测量结果与保护装置的整定值进行比较,判断被保护对象是否发生故障,保护是否应该启动。

(二)逻辑部分

根据测量与整定的比较结果,使保护装置按一定的逻辑关系工作,最后确定是否应该使断路器跳闸或发出信号,并将对应的指令传给执行部分。

(三)执行部分

根据逻辑部分输出的信号,将逻辑运算结果通过保护装置电气执行回路完成跳闸、报警或保持不动作。如故障时,动作于跳闸;不正常运行时,发出报警信号;正常运行时,不启动等。

也就是说,测量部分的工作正确与否,影响着继电保护的启动(超过整定值),但启动后并不一定要发出跳闸脉冲去跳闸。逻辑部分和执行部分只有在测量部分正确工作的基础上才能正确工作,而它们能否正确工作决定了继电保护能否正确动作。执行部分动作称为保护动作或保护出口。

三、继电保护的分类

(一)根据继电保护反映的物理量不同分类

根据继电保护反映的物理量不同,分为电流保护、电压保护、距离保护、差动保护、气体保护等。

(二)根据被保护对象不同分类

根据被保护对象不同,分为发电机保护(发电厂)、变压器保护(变电所)的继电保护和输电线路(输电线、母线保护)的继电保护。前者为元件保护,后者指线路保护。城市轨道交通还有直流馈线保护、整流柜保护等。

(三)根据保护装置结构形式及组成元件不同分类

根据保护装置结构形式及组成元件不同,分为电磁型继电保护、整流型继电保护、晶体管继电保护、微机保护等。

(四)根据继电保护的作用不同分类

根据继电保护的作用不同,分为主保护、后备保护、辅助保护和异常运行保护四类。

(1)主保护:是为满足系统稳定和设备安全要求,能以最快速度有选择地切除被保护设备和线路故障的保护。

(2)后备保护:是主保护或断路器拒动时,用以切除故障的保护。后备保护可分为近后备保护和远后备保护两种。近后备保护是指在本元件处装设的另一套保护,当主保护拒动时,由本元件的另一套保护动作。远后备保护是指当主保护或断路器拒动时,由上一级电力设备或线路的保护来实现的后备保护。

(3)辅助保护:为补充主保护和后备保护的性能或当主保护和后备保护退出运行时而增设的简单保护。

(4)异常运行保护:是指设备运行不正常时,保护装置会发出预告信号,以提醒值班员注意监视,如过负荷保护,变压器温度过高保护等。

(五)根据操作电源性质不同分类

根据操作电源性质不同,分为直流操作电源保护和交流操作电源保护。

单元1.3 继电保护的基本要求

继电保护装置为了完成任务,在技术上必须满足选择性、速动性、灵敏性和可靠性四个基本要求。四个基本要求之间,有的相辅相成,有的相互制约,需要针对不同的使用条件,分别进行协调。此四个基本要求是分析研究继电保护的基础,也是贯穿本课程的一个基本线索。应根据被保护元件在电力系统中的地位和作用来确定具体的保护方式,以满足其相应的要求。

一、选择性

选择性有如下两层含义。

(1)当电力系统某一元件发生故障时,电力系统中很大范围内的电气量都将发生变化,因此,位于此范围内的继电保护装置都有可能动作,这样势必造成大面积停电。为了缩小电力系统的停电范围,要求保护装置只将发生故障的元件切除,确保无故障的设备能继续正常工作。

(2)当由于某种原因,距离短路点最近的保护装置或断路器拒绝动作时,相邻元件的保护装置应起后备作用。

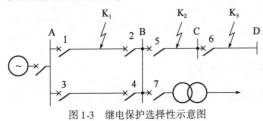

图1-3 继电保护选择性示意图

如图1-3所示系统,当 K_1 点发生短路故障时,应由故障线路上的保护1和保护2动作,将故障线路AB切除,这时变电所B则仍可由另一条非故障线路继续供电。当 K_3 点发生短路故障时,应由线路的保护6动作,使6处的断路器跳闸,将故障线路CD切除,这时只有变电所D停电。由此可见,继电保护有选择性的动作可将停电范围限制到最小,甚至可以做到不中断对用户的供电。

当 K_3 点发生短路故障时,距短路点最近的保护6应动作切除故障,但如果由于某种原因,该处的保护或断路器拒动,故障便不能消除。此时,如其前一条线路(靠近电源侧)的保护5动作,故障也可消除。将保护5称为保护6的后备保护。同理,保护1和保护3应该作为保护5和保护7的后备保护。这种后备作用是通过相邻元件的保护装置,且在远处实现的,故称为远后备保护。一般情况下,远后备保护动作切除故障时将使供电中断的范围扩大。

选择性是保证安全供电的基本条件之一,在设计保护方案与进行保护装置的整定计算时,必须首先满足选择性的要求。

二、速动性

速动性是要求继电保护装置在系统发生故障时,能以最短的时间切除故障,减小故障引起的设备损坏和对系统运行稳定性的破坏。继电保护快速切除故障有以下优点。

(1)可以提高电力系统中发电机并列运行的稳定性。

(2)减轻短路电流对电气设备的损坏程度,缩短用户在低电压状态下的工作时间,从而使电动机容易自启动。

(3)防止故障扩大,提高自动重合闸重合的成功率。由于故障切除快,故障点绝缘损坏小,所以可以提高自动重合闸重合的成功率。

一般必须快速切除的故障有以下几种。

(1)可以使发电厂或重要用户的母线电压低于有效值(一般为0.7倍额定电压)的故障。

(2)大容量发电机、变压器和电动机的内部故障。

(3)中、低压线路导线截面过小,为避免过热,不允许延时切除的故障。

(4)可能危及人身安全、对通信系统或轨道交通信号造成强烈干扰的故障。

不同电压等级系统切除故障最小时间的要求,见表1-2。

不同电压等级系统切除故障最小时间的要求 表1-2

序号	电压等级(kV)	切除故障最小时间(s)
1	35~60	0.5~0.7
2	110~330	0.15~0.3
3	500及以上	0.1~0.12

对于反应不正常运行情况的继电保护装置，一般不要求快速动作，而应按照选择性的条件，带延时地发出信号。

三、灵敏性

灵敏性是指电气设备或线路在被保护范围内发生短路故障或不正常运行情况时，保护装置的反应能力。能满足灵敏性要求的继电保护，在规定的范围内故障时，不论短路点的位置、短路的类型以及短路点是否有过渡电阻，都能正确作出反应。要求在系统最大运行方式下发生三相短路时能可靠动作，在系统最小运行方式下发生经过较大的过渡电阻的两相或单相短路故障时也能可靠动作。

(1)系统最大运行方式是指系统等效阻抗最小，在同样短路故障情况下，通过保护装置的短路电流为最大的运行方式。

(2)系统最小运行方式是指系统等效阻抗最大，在同样短路故障情况下，通过保护装置的短路电流为最小的运行方式。

保护装置的灵敏性通常用灵敏系数来衡量。灵敏系数用 K_{sen} 表示，计算方法如下：

对于反应故障参量增加的保护装置

$$K_{sen} = \frac{\text{保护区末端金属性短路时故障参数的最小计算值}}{\text{保护装置动作整定值}} \tag{1-1}$$

例如，反应相间短路的过电流保护的灵敏系数为：

$$K_{sen} = \frac{I_{k \cdot min}^{(2)}}{I_{act}} \geq 1.5 \tag{1-2}$$

式中：$I_{k \cdot min}^{(2)}$——保护范围末端两相短路时的最小故障电流，A；

I_{act}——过电流保护的动作电流，A。

对于反应故障参量降低的保护装置

$$K_{sen} = \frac{\text{保护装置动作整定值}}{\text{保护区末端金属性短路时故障参数的最大计算值}} \tag{1-3}$$

例如，反应电压降低而动作的低电压保护的灵敏系数为：

$$K_{sen} = \frac{U_{act}}{U_{k \cdot max}} \geq 1.2 \tag{1-4}$$

式中：$U_{k \cdot max}$——保护范围末端短路时，保护安装处母线最大残余电压，V；

U_{act}——低电压保护的动作电压，V。

四、可靠性

可靠性是对继电保护最根本的要求，是指被保护范围内发生故障时，保护装置动作的可靠程度，即不误动、不拒动。不误动是要求继电保护在不需要它动作时可靠不动，不拒动是要求继电保护在规定的保护范围内发生了应该动作的故障时可靠动作。

可靠性取决于保护的工作原理、装置本身的制造质量、保护回路的连接和运行维护的水平。一般而言，保护的工作原理越简单、保护装置的组成元件质量越高、回路接线越简单，保的工作就越可靠。同时,正确地调试、整定、运行及维护,对于提高保护的可靠性都具有重要的作用。

单元1.4 电磁型继电器

一、继电器概述

继电器实际上是用小电流去控制大电流运作的一种"自动开关",在电路中起着自动调节、安全保护、转换电路等作用。它广泛应用于电力保护、生产过程自动化及各种自动、远动、遥控、遥测和通信等自动化装置中,是现代自动化系统中最基本的电气元件之一。

继电器是一种电控制器件,当输入量的变化达到规定要求时,在电气输出电路中使被控量发生预定的阶跃变化。继电器具有输入电路(又称感应元件)和输出电路(又称执行元件)之间的互动关系。当感应元件的输入量(如电流、电压、频率、温度等)的变化达到某一定值时,继电器动作,执行元件便接通或断开控制电路。

当电力系统发生故障或不正常运行时,系统的参数将有显著变化,继电保护装置是利用继电器测量电流、电压、阻抗等物理量的变化,来判断线路是否发生故障,然后实现对电力系统的保护。

电磁型继电器是利用电磁铁控制工作电路通断的开关。电磁型继电器结构简单,便于维护,动作可靠,输出功率大,它不仅是电磁型继电保护装置的主要元件,也是微机保护装置的主要出口元件。

二、电磁型继电器动作原理及返回系数

(一)电磁型继电器动作原理

只要在电磁型继电器线圈两端加上一定的电压,线圈中就会流过一定的电流,从而产生电磁效应,衔铁就会在电磁力吸引的作用下克服反作用力弹簧的拉力吸向铁芯,从而通过衔铁带动动触点与静触点(常开触点)吸合。当线圈断电后,电磁的吸力也随之消失,衔铁就会在弹簧的反作用力作用下返回原来的位置,使动触点与静触点释放。这样吸合、释放,就可达到在电路中的导通、切断的目的。

(1)吸合过程:当加入继电器线圈的电流增大,铁芯中的电磁力矩增大。当电磁力矩大于弹簧反力矩时,衔铁被吸合,继电器动作,常开触点闭合,常闭触点断开。

(2)释放过程:当加入继电器线圈的电流减小,铁芯中的电磁力矩随之减小。当电磁力矩小于弹簧反力矩后,可动衔铁返回,常开触点断开,常闭触点闭合。

(二)返回系数

为保证继电器能够可靠动作,对其动作特性有明确的"继电特性"要求。所谓继电特性,是指无论启动或返回,继电器的动作都是明确且干脆的,即从起始位置到最终位置,不可能停

留在某一个中间位置上。

图1-4所示为过电流继电器动作与返回的继电特性曲线。对于过量继电器，如过电流继电器，流过正常状态下的电流I时是不动作的，输出高电平（或其常开触点是打开的），只有其流过的电流大于整定的动作电流I_{act}时，继电器能够突然迅速地动作，稳定可靠地输出低电平（或闭合其常开触点）；在继电器动作以后，只有当电流减小到小于返回电流I_{re}以后，继电器才能立即突然地返回到输出高电平（或常开触点重新打开）。

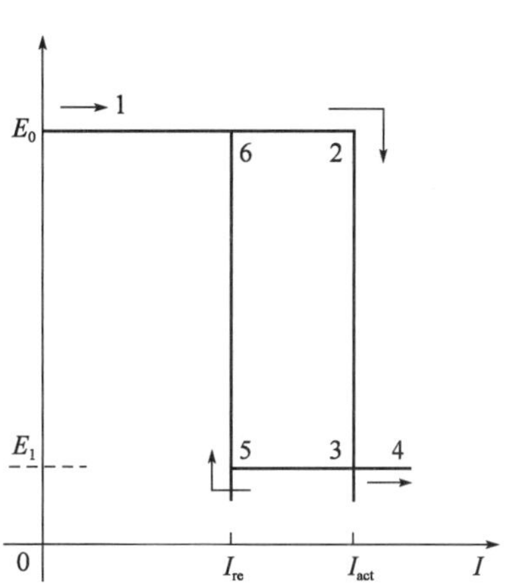

继电器返回系数定义为：

$$K_f = I_{re}/I_{act} \qquad (1-5)$$

式中：I_{re}——继电器返回值，A；

I_{act}——继电器动作值，A。

图1-4 过电流继电器继电特性示意图

(1) 反应电量增加而动作的继电器，动作值大于返回值，返回系数小于1。

(2) 反应电量减小而动作的继电器，动作值小于返回值，返回系数大于1。

反应电流增大超过定值而动作的继电器，例如电流继电器，使可动衔铁吸合的最小电流为继电器的动作电流，使可动衔铁返回的最大电流为继电器的返回电流。反应电压增大超过定值而动作的继电器，例如过压继电器，使电压继电器衔铁吸合的最小电压是动作电压，使过电压继电器衔铁返回的最大电压是返回电压。这两种情况的返回系数K_f都小于1。

反应电压下降低于定值而动作的继电器，例如欠电压继电器，使欠电压继电器衔铁返回的最大电压是动作电压，使欠电压继电器衔铁吸合的最小电压是返回电压，这种情况的返回系数大于1。

K_f越接近1，说明继电器的动作越灵敏。对于保护继电器来说，返回值与动作值越接近越好。一般用在保护电路中的继电器的$K_f \geq 0.8$，例如电流继电器K_f通常在0.85～0.9之间，过压继电器的K_f通常在0.85～0.95之间，如果此值过大，继电器动静触点之间的压力减小，就会造成继电器动作不可靠，但返回系数太小，继电器又不能灵敏返回。对于欠电压继电器，K_f一般不大于1.2，K_f越小，继电器越灵敏。

三、电磁型继电器的分类及结构

(一) 电磁型继电器的分类

电磁型继电器从结构上通常分为螺管线圈式、拍合式、转动舌片式三种，如图1-5所示。

(二) 电磁型继电器结构

电磁型继电器由铁芯、可动衔铁、线圈、反作用力弹簧、常开触点、常闭触点等组成。由于其用途不同，所以要求的特性与结构也不同。电磁型继电器结构示意图如图1-6所示。继电器通用图形符号，如图1-7所示。

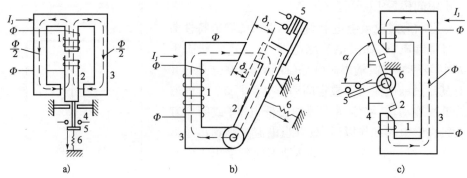

图 1-5 电磁型继电器电磁系统结构图
a)螺管线圈式;b)拍合式;c)转动舌片式
1-线圈;2-可动衔铁;3-铁芯;4-止挡;5-动触点;6-反作用弹簧

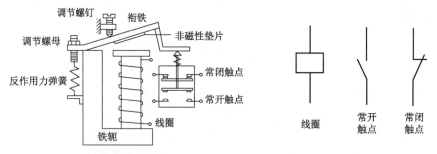

图 1-6 电磁型继电器结构示意图　　图 1-7 继电器通用图形符号

(1)电磁铁芯:增强磁感应强度,提高磁导率,减少漏磁。

(2)反作用弹簧:产生反作用力矩,电磁力矩与反作用力矩比较,电磁力矩小于反作用力矩,继电器不动作;电磁力矩大于反作用力矩,继电器动作。通过调节反作用弹簧的力矩,可达到调节继电器动作值的目的。

(3)线圈:一般电磁型继电器的线圈都是两个,改变两线圈的串、并联关系可改变继电器动作值。

可见,改变继电器动作值的方法有两种,一种是改变反作用弹簧的力矩,另一种是改变继电器线圈的串、并联关系。例如:电流继电器,在同一个弹簧反作用力矩情况下,两线圈串联时,定值若整定为 1A,两线圈并联时定值则为 2A。电压继电器则相反,同一个弹簧反作用力矩下,并联时定值小,串联时定值大。

(4)常开(动合)触点:受到电磁力后可动衔铁吸合时闭合的触点。

(5)常闭(动断)触点:可动衔铁未吸合时处于闭合状态的触点。

四、常用电磁型继电器

下面介绍几种常用的电磁型继电器。

(一)电流继电器

根据线圈中电流的大小接通或断开电路的继电器,称为电流继电器。电流继电器输入量是电流,使用时电流继电器的线圈串联在被测电路中,当通过线圈的电流达到预定值时,其触点动作。电流继电器的特点是线圈的匝数少,导线粗,阻抗小,原电路工作状态不受影响。它广泛用于电力系统的继电保护装置线路中,作为过电流保护启动元件。相关资源见二维码。

1. 电流继电器工作原理

如图 1-8 所示,常见的电磁型电流继电器主要由线圈 1、铁芯 2、固定在转轴上的 Z 形衔铁 3,以及静触点 4、动触点 5 等构成。相关资源见二维码。

通过继电器的电流产生电磁转矩,作用于 Z 形衔铁 3,螺旋弹簧 9 产生反作用力矩,作用于转轴 10。当电磁转矩大于反作用力矩时,使 Z 形衔铁 3 转动(忽略轴与轴承的摩擦力矩),常开触点闭合,继电器动作。

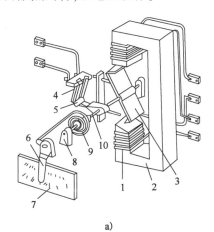

图 1-8 电流继电器结构
a)结构图;b)侧视图

1-线圈;2-铁芯;3-Z 形衔铁;4-静触点;5-动触点;6-整定值调整把手;7-整定值刻度盘;8-轴端;9-螺旋弹簧;10-转轴

继电器动作后,Z 形衔铁 3 与铁芯 2 的间隙变小,磁阻降低,所以如果减小通过继电器的电流,电流产生的电磁力矩也随之减小,当小于螺旋弹簧 9 产生的反作用力矩时,Z 形衔铁 3 在反作用力矩的作用下,回到动作前的位置,常开触点断开,继电器返回。

电流继电器的主要参数如下。

(1)动作电流:使电流继电器动作的最小电流称为动作电流,常用 I_{act} 表示。

(2)返回电流:使电流继电器返回的最大电流称为返回电流,常用 I_{re} 表示。

(3)返回系数:电流继电器的返回电流与动作电流的比值称为返回系数,常用 K_f 表示。电流继电器 $K_f=0.85\sim0.95$。

2. 电流继电器分类

电流继电器分为过电流继电器和欠电流继电器。

(1)过电流继电器:当通过继电器的电流增大到超过其整定值时动作的继电器称为过电流继电器。

(2)欠电流继电器:当通过继电器的电流减小到低于其整定值时动作的

继电器称为欠电流继电器。

3. 电流继电器的文字与图形符号

电流继电器的文字符号为 KA,图形符号如图 1-9 所示。

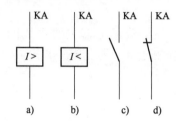

图 1-9 电流继电器图形符号

a)过流线圈;b)欠流线圈;c)常开触点;d)常闭触点

4. 动作电流的调整

电流继电器动作电流的调整方式有改变线圈的连接方式和通过调整把手改变弹簧的反作用力矩两种。

(1)改变线圈的连接方式。

改变线圈的连接方式的调整方法适用于电流继电器动作电流的粗调。如图 1-10 所示,继电器磁系统有两个线圈,线圈出线接在底座端子上,利用连接片可以将继电器两个线圈接成串联或并联,用户可以根据需要串、并联后,再串接于电流互感器二次回路。电流继电器铭牌的刻度值及额定值指的是线圈串联时候的值,两个线圈并联的动作电流为刻度盘上指示刻度值(串联)的 2 倍。这是由于继电器的动作磁动势是一定的,线圈串联时流入继电器的电流与通过线圈的电流相等;改为并联时通入线圈电流是流入继电器电流的 1/2,因此,必须使流入继电器的电流增加一倍才能获得与串联时相同的磁动势。

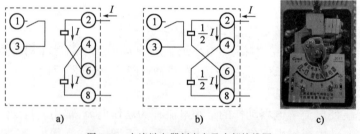

图 1-10 电流继电器刻度盘及内部接线图

a)线圈串联;b)线圈并联;c)刻度盘

(2)通过调整把手改变弹簧的反作用力矩。

如图 1-10c)所示,调整把手从左向右移,弹簧旋紧,动作电流变大;从右向左移,弹簧旋松动作电流变小。需要注意的是,调整把手的刻度盘的标度不一定准确,需要使用继电保护校验仪进行校验。当采用并联接法时,刻度盘的数值应该乘以 2。

5. 安装与使用

电流继电器的线圈串联在被测电路中(直接串联或通过电流互感器串联),作为电流保护的启动元件,用来判断被保护对象的运行状态。

(1)安装前应检查继电器的额定电流和整定电流值是否符合要求。

(2)安装后应在触点不通电的情况下,使吸引线圈通电操作几次。

(3)定期检查继电器各零部件是否有松动及损坏现象。

(二)电压继电器

根据线圈两端电压的大小接通或断开电路的继电器,称为电压继电器,如图1-11所示。相关资源见二维码。电压继电器的输入量是电压,使用时电压继电器的线圈并联在被测电路中,当线圈两端电压达到预定值时,其触点动作。电压继电器的特点是线圈的匝数多,线径小,线圈阻抗大,原电路工作状态不受影响。

图1-11 电压继电器

电压继电器的结构、工作原理及安装使用等知识,与电流继电器类似。电流继电器线圈串联在电流互感器的二次侧,而电压继电器线圈并联在电压互感器的二次侧。电压继电器作为电压保护的启动元件,用于判断被保护线路的运行状态。

电压继电器的选用,主要根据继电器线圈的额定电压、触点的数目和种类进行。

1. 电压继电器的分类

电压继电器分为过电压继电器、欠电压继电器和零电压继电器。相关资源见二维码。

1)过电压继电器

过电压继电器用于电路的过电压保护,其吸合整定值为被保护电路额定电压的1.05~1.2倍。电路在额定电压工作时,继电器不动作;当被保护电路的电压高于额定值,达到过电压继电器的整定值时,继电器动作。

2)欠电压继电器

欠电压继电器用于电路的欠电压保护,欠电压继电器在电压为额定电压的40%~70%时动作。在额定电压工作时,继电器处于吸合状态;当线圈电压低于某一定值(整定值)时,电磁力减小,使衔铁立即释放,称欠电压继电器动作。

欠电压继电器的动作值低于返回值,因此一般欠电压继电器的返回系数大于1,但不超过1.2。

3)零电压继电器

零电压继电器在额定电压是吸合状态,当线圈电压达到额定电压的5%~25%时释放。零电压继电器,常用于电路的失压保护。

2. 电压继电器的文字与图形符号

电压继电器的文字符号为KV,图形符号如图1-12所示。

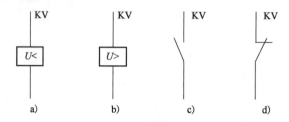

图1-12 电压继电器图形符号

a)欠电压线圈;b)过电压线圈;c)常开触点;d)常闭触点

3. 电压继电器的参数

1)过电压继电器的参数

动作电压:线圈中使继电器动作的最小电压,称为过电压继电器的动作电压。

返回电压:使继电器由动作状态返回到起始位置的最大电压,称为过电压继电器的返回电压。

2)欠电压继电器的参数

动作电压:线圈中使继电器动作的最大电压,称为欠电压继电器的动作电压。

返回电压:使继电器由动作状态返回到起始位置的最小电压,称为欠电压继电器的返回电压。

3)返回系数

电压继电器的返回电压 U_{re} 与动作电压 U_{act} 的比值称为返回系数,常用 K_f 表示。过电压继电器返回系数 $K_f<1$,欠电压继电器返回系数 $K_f>1$。

与电流继电器类似,改变电压继电器线圈连接方法,可以改变电压继电器的动作电压,两个线圈串联的动作电压为调整手柄指示刻度值(线圈并联时)的2倍。

(三)中间继电器

中间继电器是能将一个输入信号变成一个或多个输出信号的继电器。它是用于增加触点数量或增大触点容量的一种辅助继电器。其触点数目较多(可达8对),当需要同时控制多条回路时,可利用中间继电器实现。电压、电流继电器等的触点容量小,不能直接接通断路器的跳闸、合闸回路,通常在保护装置的出口回路中,用中间继电器来接通断路器的跳闸线圈,所以用在这里的中间继电器也称为出口继电器。其输入信号是线圈的通电或断电,输出信号是触点的动作,不需要调整动作参数。相关资源见二维码。

认识通用型中间继电器

1. 中间继电器的结构

如图 1-13 所示,中间继电器主要由静铁芯、短路环、衔铁、常开触点、常闭触点、反作用弹簧、线圈、缓冲弹簧等组成。中间继电器主要依据被控制电路的电压等级、所需触点的数量、种类、容量等选择。

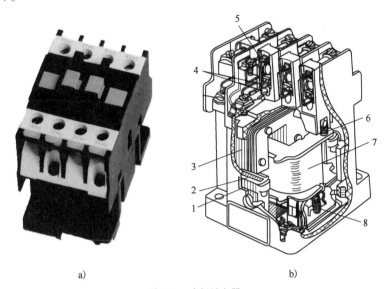

图 1-13 中间继电器
a)实物图;b)结构图
1-静铁芯;2-短路环;3-衔铁;4-常开触点;5-常闭触点;6-反作用弹簧;7-线圈;8-缓冲弹簧

2. 中间继电器的文字与图形符号

中间继电器文字符号为 KM,图形符号如图 1-14 所示。图中方框表示中间继电器的线圈,中间继电器一般配有多组常开、常闭触点。

(四)信号继电器

信号继电器常用于继电保护线路中作为动作的指示器(图 1-15)。信号继电器下面的标签框中注明了其所在的继电保护回路名称(如过电流保护)。当这种保护动作时,该信号继电器也随同动作,且保护返回时信号继电器并不返回,用于指示刚才是哪种保护动作了,以便工作人员分析保护动作情况和电力系统故障性质。

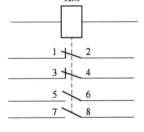

图 1-14 中间继电器图形符号

信号继电器是一种自保持继电器,信号继电器动作时,本身不但有机械动作指示和灯光信号指示,其自保持触点还能接通有关灯光或音响报警回路,发出光信号或声信号,只有通过按信号继电器上的手动复位按钮,或信号系统的集中复归按钮,方可使其复归到动作前的状态。

DX-31B 系列信号继电器为拍合型电磁式信号继电器,是在一个 U 形导磁体上有吸引线圈(电流或电压),在导磁体上装一个活动的动板,动板上的绝缘板顶动两组常开触点。DX-31B 型继电器在动板上并装有限制片,是触点机械闭锁的擒纵机械,在铭牌上装有信号指示器。DX-31B 型信号继电器的吸引线圈通电时产生电磁吸力,将动板吸合。此时,触点处于工作状态(常开触点闭合),同时限制片将信号牌纵放而显示动作,当吸引线圈断开时,由于限制片的作用,触点与指示器仍处于工作状态。当按动指示器后,动板回到起始位置,限制片将指示器擒住,触点回到原位。

信号继电器电气符号如图1-16所示,文字符号用KS表示。

图1-15 信号继电器

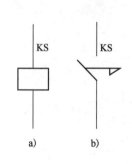
图1-16 信号继电器的电气符号
a)线圈;b)常开触点

(五)电磁式时间继电器

电磁式时间继电器是利用电磁原理实现触点延时接通或断开的自动控制电器,在继电保护装置中作为时限元件,用于动作延时,实现保护的选择性。相关资源见二维码。

1. 时间继电器的工作原理

电磁式时间继电器的内部结构如图1-17所示,电磁式时间继电器主要由电磁部分、时钟部分和触点组成。当继电器的线圈1通电时电磁铁2产生磁场,衔铁3在磁场作用下向下运动,时钟机构10开始计时,动触点11随时钟机构10而旋转,延时的大小取决于动触点11旋转至静触点12所转过的角度,这一延时可从刻度盘13上粗略地估计。当线圈1失压时,时钟机构10将在返回弹簧4的作用下返回。相关资源见二维码。

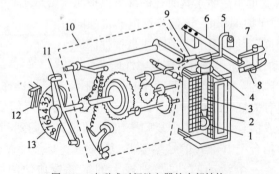

图1-17 电磁式时间继电器的内部结构
1-线圈;2-电磁铁;3-衔铁;4-返回弹簧;5-扎头;6-可瞬动触点;7、8-固定瞬时常闭、常开触点;9-曲柄杠杆;10-时钟机构;11-动触点;12-静触点;13-刻度盘

2. 时间继电器的分类

根据延时方式分为通电延时继电器和断电延时继电器。

通电延时继电器：线圈得电时，常开触点经过一段时间延时后才闭合，常闭触点要延时一段时间才断开。线圈失电时，常开触点立即断开，常闭触点立即闭合。

断电延时继电器：线圈得电时，常开触点立即闭合，常闭触点立即断开。线圈失电时，常开触点要延时一段时间才断开，常闭触点要延时一段时间才闭合。

3. 时间继电器的文字与图形符号

时间继电器的文字符号为 KT，图形符号如图 1-18 所示。

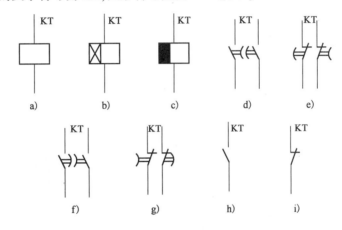

图 1-18 时间继电器的图形符号

a)线圈的一般符号；b)通电延时线圈；c)断电延时线圈；d)延时闭合常开触点；e)延时断开常闭触点；f)延时断开常开触点；g)延时闭合常闭触点；h)瞬时常开触点；i)瞬时常闭触点

4. 时间继电器的使用注意事项

时间继电器线圈一般按短时（小于 30s）通电设计。当需长期（大于 30s）加电压时，必须在继电器线圈中串联一个附加的电阻，以提高继电器的热稳定。长期通电时间继电器，其型号后加"C"表示。

习题及思考

一、填空题

1. 继电保护的任务包括：系统正常时＿＿＿＿＿系统运行状态；系统运行不正常时发出＿＿＿＿＿；系统中发生故障时迅速＿＿＿＿＿故障部分等。
2. 系统运行参数的变化将对继电保护"四性"中的＿＿＿＿＿性产生重大影响。
3. 所谓灵敏性，是指对＿＿＿＿＿发生故障的反应能力。

4. 电流继电器返回系数是指继电器的返回电流与_____的比值。

5. 对本元件的主保护起后备作用的保护称为_____。

6. 对相邻元件起后备作用的保护称为_____。

7. 在两相不完全星形接线的中性线上增设一只电流继电器,目的是提高保护的_____。

二、简答题

1. 电力系统有哪些运行状态？各有什么特点？

2. 电力系统故障有哪些危害？故障时工频电气量发生什么变化？

3. 名称解释：主保护、后备保护、近后备保护、远后备保护。

4. 简述对继电保护装置的基本要求。

5. 简述继电保护装置的结构和作用。

6. 电磁型继电器有哪些？各自的结构和作用是什么？

三、读图题

1. 简述常用电磁型继电器的用途(参考下面的图片,有一种继电器有两张图片)。

继电器名称	图片编号	主要用途
电流继电器		
电压继电器		
中间继电器		
时间继电器		
信号继电器		
热继电器		

2. 下面是继电器的示意图,请标出指定元件的名称。

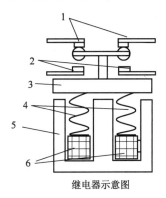

继电器示意图

1 _____ 2 _____ 3 _____
4 _____ 5 _____ 6 _____

实训任务活页 认识电磁型继电器

实训名称	认识电磁型继电器									
实训目的	(1)掌握电流继电器、电压继电器、中间继电器、时间继电器和热继电器的结构和原理; (2)掌握继电器拆解的基本方法									
教学目标	能力(技能)目标				知识目标				素质目标		
	掌握电流继电器、电压继电器、中间继电器、时间继电器和热继电器的拆解的基本方法				掌握电流继电器、电压继电器、中间继电器、时间继电器和热继电器的结构和原理				培养工作习惯,增强职业信心		
注意事项	(1)拆解电磁型继电器前注意确认继电器的类型; (2)注意选择合适的拆解工具									
实训准备	(1)准备电流继电器、电压继电器、中间继电器、时间继电器和热继电器若干,拆解工具若干; (2)分组试验,每组2~3人									
实训任务	任务一 电流继电器认知									
	实训项目	1 (10分)	2 (10分)	3 (10分)	4 (10分)	5 (10分)	6 (10分)	7 (10分)	8 (10分)	9 (10分)	10 (10分)
		指出线圈和线圈的接线端子	指出和线圈连接的设备	指出铁芯	指出衔铁	指出游丝	指出触点和触点的接线端子	说出定值粗调方法	说出定值细调方法	说出继电器动作过程	解释型号
	得分										
	任务二 电压继电器认知									
	实训项目	1 (10分)	2 (10分)	3 (10分)	4 (10分)	5 (10分)	6 (10分)	7 (10分)	8 (10分)	9 (10分)	10 (10分)
		指出线圈和线圈的接线端子	指出和线圈连接的设备	指出铁芯	指出衔铁	指出游丝	指出触点和触点的接线端子	说出定值粗调方法	说出定值细调方法	说出继电器动作过程	指出与电流继电器的不同点
	得分										

续上表

实训任务	任务三 中间继电器认知								
	实训项目	1 (10分)	2 (20分)	3 (10分)	4 (10分)	5 (10分)	6 (10分)	7 (10分)	8 (20分)
		指出线圈和线圈的接线端子	测量线圈直流电阻	说出线圈电压要求	指出铁芯	指出衔铁	指出设备有几对常开触点，并指出触点的接线端子	指出设备有几对常闭触点，并指出触点的接线端子	用万用表测量常开、常闭触点的通断
	得分								
	任务四 时间继电器和热继电器认知								
	实训项目	1 (40分)		2 (40分)			3 (20分)		
		调整方法		动作原理			辨别触点		
	得分								

实训心得	

评分标准	项目	占比	得分	备注
	任务一	20%		
	任务二	20%		
	任务三	20%		
	任务四	20%		
	安全、协作配合	20%		
	本实训任务得分	100%		

班级		姓名		指导教师	

第二篇

城市轨道交通供电系统继电保护

知识目标

(1) 掌握城市轨道交通供电系统的结构。

(2) 理解瞬时电流速断保护、限时电流速断保护、定时限过电流保护的整定原则和特点。

(3) 理解三段式电流保护的保护配合和各自的保护范围。

(4) 理解反时限过流保护、零序电流保护的整定原则、保护范围、典型接线图。

(5) 了解电流电压联锁保护的原理及应用。

(6) 掌握线路光纤纵联差动保护的原理及应用。

(7) 了解变压器差动保护的基本原理。

(8) 了解失灵保护、距离保护的作用和基本原理。

(9) 理解直流系统的故障特点及保护设置。

(10) 理解 DDL 保护的原理参数意义。

(11) 理解大电流脱扣保护装置的结构原理,掌握定值调整方法。

(12) 理解接触网热过负荷保护、低电压保护原理用途。

(13) 理解框架泄漏保护原理和钢轨电位限制装置工作原理,框架保护与钢轨电位限制装置的关系。

(14) 理解自动重合闸与双边联跳的作用。

(15) 掌握低压断路器的保护原理及整定。

（16）掌握城市轨道交通各供电系统保护配置方案。
（17）了解微机保护的原理、组成。
（18）分析典型城市轨道交通供电系统保护配置和联锁关系。
（19）熟悉继电保护系统的主要组成部分和相互关系。

技能目标

（1）能够根据接线图分析三段式电流保护的配合关系并完成装置的接线。
（2）能够配置线路保护并进行校验。
（3）能够根据应用场合配置变压器保护。
（4）熟练掌握继电保护定值计算、整定和校验的方法。
（5）能够在 DDL 保护动作后正确地判断故障位置。
（6）能够根据设备使用状况调整大电流脱扣保护装置的整定值。
（7）能够完成低压断路器的保护配置及整定。
（8）正确配置城市轨道交通各供电系统保护。
（9）会操作微机保护装置，调阅信息，设置修改参数，检查其运行状态。
（10）会使用继电保护校验仪进行保护校验。
（11）能够独立完成继电保护装置的基本配置和调试工作。
（12）学会使用专业工具和软件对继电保护装置进行故障排查和维修。

素质目标

（1）培养运用继电保护原理分析电网故障和保护动作的能力。
（2）提高解决继电保护系统实际问题的能力，如误动、拒动等。
（3）引导探索新的继电保护技术和方法，以应对复杂多变的电网环境。
（4）锻炼健康的体魄、心理，培养良好的抗压能力，能够冷静处理突发事件。
（5）培养良好的语言表达和沟通协调能力，能通过简洁明确的语言表达，保障信息在工作中的高效传递。
（6）引导关注继电保护领域的最新动态和技术发展。
（7）鼓励主动学习、不断探索，提高自身专业水平和竞争力。

单元2　城市轨道交通交流供电系统继电保护

本单元主要介绍城市轨道交通(简称城轨)供电系统结构、城轨交流供电系统常用的电流保护、电压保护、线路光纤纵差保护、变压器保护等保护类型。

单元2.1　城市轨道交通供电系统简介

城市轨道交通供电系统承担着为电动列车和各种运营设备提供电能的重要任务,主要功能包括:

(1)城市轨道交通电动车组运行所需电能供应,即牵引用电。

(2)城市轨道交通机电设备运转所需电能供应,即风机、空调、自动扶梯、电梯、水泵、加工设备等用电。

(3)城市轨道交通通信信号设备运行所需电能供应。

(4)城市轨道交通照明及其他生产生活用电供应。

一、城市轨道交通供电系统构成

城市轨道交通供电系统由外部电源系统、牵引供电系统、动力照明供电系统等组成。

如图2-1所示,在城市轨道交通供电系统中,从发电厂经升压、高压输电网、区域变电站至主降压变电站部分为外部电源系统。从主降压变电站及其以后部分为牵引供电系统和动力照明供电系统。

(一)外部电源系统

外部电源系统是对城市轨道交通供电系统主降压变电所供电的城市电网电源。根据功能不同,外部电源供电的形式有集中式供电、分散式供电和混合式供电。

集中式供电方式是指由专门设置的主变电所集中为牵引变电所及降压变电所供电的外部供电方式。城市轨道交通主变电所的功能是接收城市电网高压电源,经降压后为牵引变电所、降压变电

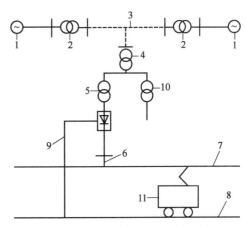

图2-1　城市轨道交通典型供电系统示意图
1-发电厂(站);2-升压变压器;3-电力网;4-主降压变电站;5-牵引变电所;6-馈电线;7-接触网;8-走行轨;9-回流线;10-降压变电所;11-机车

所提供中压电源。每个主变电所有两路独立的进线电源，主变电所进线电压一般为110kV，经降压后变成35kV或10kV（也可以是20kV）。对于集中式供电，城市轨道交通供电系统可分为：外部电源、主变电所、牵引供电系统、动力照明配电系统、电力监控系统（SCADA）。

分散式供电方式是由分散在城市轨道交通线路沿线的城市轨道交通变电站分别就近接收电力公司区域变电站供给的10kV电源，供本变电站使用的方式。对于分散式供电，城市轨道交通供电系统则可分为：外部电源（电源开闭所）、牵引供电系统、动力照明供电系统、电力监控系统。

（二）牵引供电系统

城市轨道交通牵引供电系统是电力机车的动力电源，通过变压器与整流机组将高压交流电转变成适用于电力机车的直流电向接触网供电。牵引供电系统又可分为牵引变电所与牵引网系统。

（三）动力照明供电系统

动力照明供电系统将区域变电所或主变电所输入的中压交流电降压转换为400V低压交流电，并通过配电所分配给各种用电设备，如通风机、给排水泵、自动扶梯等动力设备，以及照明和通信设备等。动力照明供电系统又可分为降压变电所与动力照明系统。

（四）城市轨道交通供电系统变电所

城市轨道交通变电所按功能不同可分为电源站（开闭所）、牵引变电所、降压变电所、牵引降压混合变电所和电源牵引降压混合变电所。下面简要介绍电源站（开闭所）、牵引变电所、降压变电所。

1. 电源站（开闭所）

电源站是为城市轨道交通供电系统提供外部电源的变电所，将外部城市电网电能引入城市轨道交通供电系统。电源站设两路进线直接从电力公司引进中压（如10kV）交流电源，分别经其对应进线断路器送电到本站的两段中压母线上，然后通过馈出开关供给本区域的牵引变电所、降压变电所作为进线电源。由于此种变电所内只有开关没有变压器，进线电压与馈出电压相同，所以也称作电源开闭所。

2. 牵引变电所

牵引变电所的功能是将电源站送来的中压（如10kV）交流电源经降压整流后，变换为直流牵引网相应电压等级的直流电，向电动客车组供电。

3. 降压变电所

降压变电所是将中压交流电经变压器降压成动力、照明所需的380/220V电压，为车站与区间的动力系统、照明系统、通信信号系统提供电源。降压变电所可与牵引变电所合并设置，也可单独设置。降压变电所应按一级负荷考虑，一般设有两台配电变压器，每台变压器应满足一、二级负荷所需的容量。正常情况下，由两台变压器分别供电。

同时具备牵引变电所及降压变电所功能的变电所，称为牵引降压混合变电所；同时具备电源站(开闭所)、牵引变电所、降压变电所功能的变电所,称为电源牵引降压混合变电所。

二、城市轨道交通供电系统运行方式

城市轨道交通通常有三种运行方式。

(一)城市轨道交通供电系统正常运行方式

(1)城市轨道交通外部电源系统为两路进线同时受电,中压母线分段运行,母线联络断路器(或刀闸)处于热备用状态,备用电源自动投入装置投入。
(2)直流牵引供电系统为双整流机组投入运行,区间牵引网实行双边供电。
(3)动力照明系统由两台配电变压器供电,各带一段母线运行,母线联络断路器处于热备用状态,备用电源自动投入装置投入。
(4)通信信号系统由两路电源供电,且两路电源的上级电源来自不同的10kV母线。

(二)城市轨道交通供电系统非正常运行方式

(1)外部电源系统为单路进线电源供电,并有一路联络电源备用。要求作为备用的联络电源开关处于热备状态,电缆侧有电。
(2)直流牵引供电系统为单台整流机组供电,或牵引网系统形成单边供电。
(3)动力照明系统由一台配电变压器供电带全站运行,同时保持事故电源良好。
(4)通信、信号电源系统一路供电,或虽有两路电源但两路电源的上级电源来自同一段10kV母线。

(三)城市轨道交通供电系统应急运行方式

(1)外部电源系统由一路联络电源供电。
(2)直流牵引系统采用越区供电。
(3)动力照明系统无正常电源,只有事故电源供电或应急照明电源系统供电。
(4)通信、信号系统失去外部电源,采用备用电源供电。

单元2.2 电流保护

电流保护是反应电流上升超过整定值而动作的保护。

一、电流保护的接线方式

电流保护的接线方式指保护中电流继电器与电流互感器二次线圈之间的联系方式。

(一)三相完全星形接线

如图2-2a)所示,将三个电流互感器与三个电流继电器分别按相连接在一起,互感器和继电器均接成星形。这种接线方式能反映所有相间短路故障和接地短路故障,但是设备多,接线复杂,投资较大,所以只用于某些重要元件的保护。

(二) 两相两继电器不完全星形接线

如图 2-2b) 所示,两相两继电器不完全星形接线的特点是能反映各种相间短路,但 B 相不装设电流互感器和电流继电器,因此不能反映 B 相接地故障。当变压器为 Y,d 或 d,Y 接线时,在变压器后面某两相短路时灵敏度大大降低。但此接线简单,又能保护各种相间短路故障,所以在 10kV 线路中广泛应用。

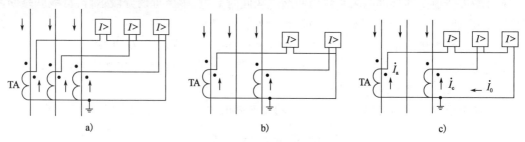

图 2-2 电流保护的接线方式
a) 三相完全星形接线图;b) 两相两继电器不完全星形接线图;c) 两相三继电器不完全星形接线图
$\dot{I}_a$-A 相电流;$\dot{I}_c$-C 相电流;$\dot{I}_0$-零序电流

(三) 两相三继电器不完全星形接线

如图 2-2c) 所示,两相三继电器不完全星形接线中,第三个继电器里的电流 $I_0 = I_a + I_c$ 是前两个继电器电流之和,所以灵敏度比两相两继电器不完全星形接线提高了一倍。

二、三段式电流保护

输电线路通常采用三段式电流保护,即由瞬时电流速断保护作为第一段保护(电流Ⅰ段),限时电流速断保护作为第二段保护(电流Ⅱ段),定时限过电流保护作为第三段保护(电流Ⅲ段)。

(一) 瞬时电流速断保护(电流Ⅰ段)

瞬时电流速断保护是三段式电流保护的第Ⅰ段,是该段线路(元件)的主保护。

1. 瞬时电流速断保护原理

瞬时电流速断保护是反应电流增大而瞬时切除故障的电流保护,它不设时间元件,其动作时间是保护装置固有动作时限。瞬时电流速断保护单相原理接线及特性分析如图 2-3a) 所示。

瞬时电流速断保护的动作过程:当被保护线路发生短路故障时,首先电流继电器 KA 的线圈检测到电流增大,增大的电流产生足够大的电磁力(大于反作用弹簧的拉力)使衔铁被吸合带动常开触点闭合(电流继电器动作)。由于电流继电器 KA 的常开触点闭合,接通信号继电器 KS 的线圈,信号继电器 KS 动作,发出瞬时电流速断保护动作的信号;同时,接通中间继电器 KM 的线圈回路,使中间继电器线圈得到电压,常开触点闭合(中间继电器动作),接通跳闸回路 YR(因断路器 QF 此时处于合闸状态,其常开辅助触点 QF_1 闭合),断路器 QF 跳闸。

接线中采用中间继电器 KM 的原因如下:

(1)电流继电器的触点容量比较小,不能直接接通跳闸线圈,因此先启动中间继电器,然后再由中间继电器的大容量触点接通跳闸回路。

(2)当线路上装有管型避雷器时,利用中间继电器来增大保护装置的固有动作时间,以防止管型避雷器放电时引起电流速断保护误动作。

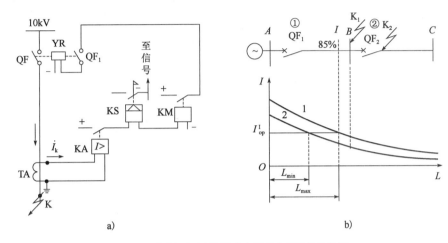

图 2-3 瞬时电流速断保护单相原理接线及特性分析
a)电流速断保护单相原理接线图 b)电流速断保护特性分析

1-最大运行方式下三相短路电流变化曲线;2-最小运行方式下两相短路电流变化曲线;KS-信号继电器;KM-中间继电器;TA-电流互感器;KA-电流继电器;QF-断路器;YR-断路器跳闸线圈;I_k-短路电流

2. 瞬时电流速断保护整定

由于瞬时电流速断保护具有速动性,因此保护线路的全长就可能造成超范围误动作,图 2-3b)为单侧电源辐射电网,曲线 1 为最大运行方式下的三相短路电流曲线,曲线 2 为最小运行方式下的两相短路电流曲线。假定在每段线路均装有瞬时电流速断保护(保护①和保护②),则根据选择性要求,当线路 AB 段上发生故障时,保护①能瞬时动作切除故障;当线路 BC 段上发生故障时,保护②能瞬时动作切除故障,而保护①不动作。但是,当 AB 段末端 K_1 点和相邻线路 BC 段始端(又称为下一段线路的出口处)K_2 点发生短路故障时,保护①安装处的短路电流几乎是一样的。因此,保护①根本无法分辨是本段线路末端短路,还是下一段线路的始端短路,即如果保护①能切除本段线路末端的短路故障,必然也会切除下一段线路始端的短路故障,从而失去选择性。

为了优先保证保护的选择性,BC 段始端 K_2 点发生短路故障时保护①一定不能动作,因此,不得不放弃对 AB 段末端的保护。也就是说,瞬时电流速断保护不能保护本段线路的全长,而只能保护本段线路的一部分。

1)瞬时电流速断保护整定计算

瞬时电流速断保护是按躲过本线路末端最大三相短路电流来整定的。瞬时电流速断保护动作电流值在 $I_{k \cdot max}^{(3)}$ 的基础上进行一定程度的放大,动作电流计算表示为:

$$I_{op}^{I} = K_{rel} I_{k \cdot max}^{(3)} \tag{2-1}$$

式中:I_{op}^{I}——瞬时电流速断保护动作电流值,A;

K_{rel}——瞬时电流速断保护可靠系数,一般取 1.2~1.3;

$I_{k \cdot max}^{(3)}$——本线路末端最大三相短路电流,A。

2)瞬时电流速断保护的保护范围

瞬时电流速断保护不能保护线路的全长,由于动作电流值的增大,在线路末端发生三相短路故障时,断路器不会发生动作,造成了电流速断保护范围的缩小,即保护范围最长为本线路全长的 80%~85%。在最小运行方式下两相短路时,保护范围可能会更小,但最小不能小于本线路全长的 15%,否则将失去应用价值。

3. 瞬时电流速断保护的优缺点

优点:简单可靠、动作快速,因而获得了广泛应用。

缺点:不能保护线路的全长,并且保护范围受运行方式变化和短路类型的影响。

(二)限时电流速断保护(电流Ⅱ段)

由于瞬时电流速断保护不能保护线路的全长,因此,保护范围以外的故障必须由另外的保护装置切除,故而设置了限时电流速断保护。限时电流保护是反映电流增大而延时动作的一种保护类型,是三段式电流保护的第Ⅱ段,应能保证在任何情况下保护本线路的全长,而且应限定在尽可能小的时间内动作,这样才可以构成较完善的线路保护。

限时电流速断保护与电流速断保护相比,主要区别是增加了时间元件。当电流元件动作后,需要经过时间元件的延时后,才能动作于跳闸。若短路故障在时间继电器触点闭合之前已切除,已动作的电流元件将返回,使时间元件立即返回,则整套保护装置恢复原状,不会造成误动。

1. 限时电流速断保护原理

限时电流速断保护由电流继电器、时间继电器和信号继电器组成。限时电流速断保护原理接线图,如图 2-4a)所示。

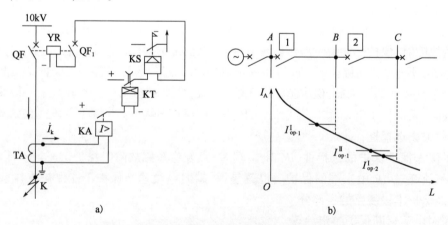

图 2-4 限时电流速断保护原理接线图及动作特性分析

a)限时电流速断保护原理接线图;b)限时电流速断保护装置的动作特性分析

QF-断路器;YR-断路器跳闸线圈;QF$_1$-断路器辅助常开触点;TA-电流互感器;KA-电流继电器;KT-时间继电器;KS-信号继电器

限时电流速断保护的动作过程:当被保护线路发生短路故障时,电流继电器 KA 的线圈检测到电流增大,增大的电流产生足够大的电磁力(大于反作用弹簧的拉力)使衔铁被吸合,带动常开触点闭合(电流继电器 KA 动作)。电流继电器 KA 的常开触点闭合,接通时间继电器 KT 的线圈回路,使时间继电器 KT 的线圈得到额定电压,其延时闭合的常开触点经延时后闭合(时间继电器 KT 动作)。同时接通跳闸回路(因断路器 QF 此时处于合闸状态,其常开辅助触点 QF_1 闭合)和信号继电器 KS 的线圈。断路器 QF 跳闸,同时信号继电器 KS 动作发出,显示限时电流速断保护动作的信号。

2. 限时电流速断保护整定

1)限时电流速断保护整定计算

限时电流速断保护的整定原则为:按躲过相邻下一级线路瞬时电流速断保护的保护范围来整定。

如图 2-4b)所示,限时电流速断保护动作电流为:

$$I_{\text{op}}^{\text{II}} = K_{\text{rel}} I_{\text{op} \cdot 2}^{\text{I}} \tag{2-2}$$

式中:$I_{\text{op}}^{\text{II}}$——限时电流速断保护动作电流,A;

K_{rel}——限时电流速断可靠系数,取 1.1 ~ 1.2;

$I_{\text{op} \cdot 2}^{\text{I}}$——相邻下一级线路的瞬时速断保护的整定值。

2)限时电流速断保护的保护范围

限时电流速断保护的保护范围是本线路全长直至延伸到下一段线路的一部分,但不超过下一段线路瞬时电流速断保护的保护范围。

3)限时电流速断保护动作时限

限时电流速断保护的动作时限需要与相邻保护配合整定。当线路 BC 段始端发生短路时,虽然线路 AB 的限时电流速断保护也启动,但 BC 段线路的瞬时电流速断保护应先动作,将故障切除,那么必须使 AB 段的限时电流速断保护带有一定的时延,以保证选择性。其动作时限通常比下一级线路 BC 的瞬时电流速断保护高出一个时间阶梯 Δt,例如 Δt 可以取 0.5s。

$$t_1^{\text{II}} = t_2^{\text{I}} + \Delta t \tag{2-3}$$

式中:t_1^{II}——AB 段限时电流速断保护动作时限,s;

t_2^{I}——BC 段瞬时电流速断保护动作时限,s。

4)限时电流速断保护灵敏性校验

为了保证在最小运行方式下发生两相短路时,限时电流速断保护装置仍能可靠地保护线路全长,必须选取本线路末端作为灵敏度的校验点。

通常,其灵敏系数应满足式(2-4):

$$K_{\text{S}} = \frac{I_{\text{k1} \cdot \text{min}}^{(2)}}{I_{\text{op} \cdot 1}^{\text{II}}} \geqslant 1.25 \tag{2-4}$$

式中:K_{S}——限时电流速断保护的灵敏系数;

$I_{\text{k1} \cdot \text{min}}^{(2)}$——最小运行方式下发生两相短路时的短路电流,A;

$I_{\text{op} \cdot 1}^{\text{II}}$——限时电流速断保护的动作电流,A。

当灵敏度不能满足要求时,可采取适当降低动作电流的办法提高灵敏度,这样保护范围必然要延长。

可见,限时电流速断保护需从动作电流与动作时间两方面来满足保护的选择性要求。

3. 限时电流速断保护的优缺点

限时电流速断保护结构简单、动作可靠,能保护本线路全长,但不能作为相邻元件(下级线路)的后备保护。

(三)定时限过电流保护(电流Ⅲ段)

瞬时电流速断保护和限时电流速断保护的组合能保护本线路的全长,可作为线路的主保护。为防止本线路的主保护拒动及下级线路的保护或断路器拒动,必须给线路装设后备保护,以作为本线路的近后备保护和下级线路的远后备保护。这种保护通常采用定时限过电流保护(简称过电流保护),是三段式电流保护的第Ⅲ段。定时限过电流保护不仅能保护本线路的全长,而且能保护下一段线路的全长,但为了保证选择性,其动作时限较长。

1. 定时限过电流保护原理

定时限过电流保护原理与限时电流速断保护相同,不同之处在于动作电流值和动作时间的整定。

2. 定时限过电流保护整定

定时限过电流保护应按躲过线路正常运行时的最大负荷电流整定,正常运行线路流过负荷电流时,保护不能动作;当线路发生故障时,保护启动,经过保证选择性的延时后,动作将故障切除。

由于电动机启动电流通常大于最大负荷电流,还应考虑其影响。如图 2-5 所示,在 K 点短路时,母线电压下降,B 母线上的电动机停转,同时 A、B 两处过电流保护都会启动并进入延时阶段,但 B 处保护先动作切除故障,此时母线电压恢复正常,电动机会自启动。电动机很大的自启动电流会与正常负荷电流叠加,导致 A 处过电流保护不能返回,发生虽然故障点已经切除,但 A 处过电流保护仍然动作的情况,造成扩大事故的后果。因此,过电流保护的返回电流应大于电动机启动时的线路电流。

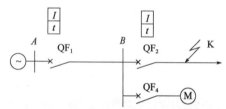

图 2-5 过电流保护整定计算说明图

1) 定时限过电流保护动作电流整定计算

综合以上因素,定时限过电流保护动作电流为:

$$I_{\text{op}} = \frac{K_{\text{rel}} K_{\text{SS}}}{K_{\text{re}}} I_{\text{L·max}} \tag{2-5}$$

式中:K_{rel}——可靠系数,一般取 1.15 ~ 1.25;

K_{SS}——自启动系数,一般取 1.5 ~ 3;

K_{re}——返回系数,取 0.85;

$I_{\text{L·max}}$——线路最大负荷电流,A。

返回系数 K_{re} 为:

$$K_{\text{re}} = \frac{I_{\text{re}}}{I_{\text{op}}} < 1 \tag{2-6}$$

式中:I_{re}——定时限过电流保护返回电流,A;

I_{op}——定时限过电流保护动作电流，A。

2) 定时限过电流保护范围

过电流保护的保护范围是本线路和相邻线路的全长，所以，它不仅是本线路的近后备保护，还可以作为相邻线路的远后备保护。

3) 定时限过电流保护的动作时限

为保证选择性，避免扩大事故停电范围，过电流保护的动作时限必须按阶梯形原则整定，如图 2-6 所示。当 K_2 点短路时，短路电流将流过电网上的所有过电流保护装置 A、B 和 C，且短路电流一般均大于保护装置的动作电流，所以上述各保护装置都将启动（启动元件电流继电器动作）。但按选择性要求，只应由保护装置 C 动作，使断路器 QF_3 跳闸。当 QF_3 跳闸后，短路电流消失，保护装置 A 和 B 的电流继电器立即返回。因此，各段线路保护装置的动作时间，应从用户到电源逐级增长，越靠近电源，保护装置的动作时间越长。图中 t_1、t_2、t_3 分别代表保护装置 A、B、C 的动作时限，并且 $t_1 > t_2 > t_3$。每个时限相差一个时限间隔 Δt，一般 Δt 取 0.5s，即 $t_1 = t_2 + \Delta t$、$t_2 = t_3 + \Delta t$。

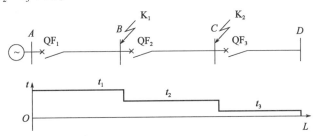

图 2-6 过电流保护时限配合图

保护装置的这种时限特性称为"阶梯形时限特性"。按这种方式选择保护装置的动作时限后，当线路上任一点发生短路故障时，都只有距故障点最近的保护装置动作。

4) 灵敏系数

过电流保护不仅用于保护本线路，还要作为相邻线路的后备保护，所以要求按两种情况校验灵敏度。

(1) 作为本线路末端发生相间短路时的后备保护，灵敏系数为：

$$K_S = \frac{I_{k1 \cdot min}^2}{I_{op}} > 1.5 \qquad (2-7)$$

(2) 作为相邻线路末端发生相间短路时的后备保护，灵敏系数为：

$$K_S = \frac{I_{k2 \cdot min}^2}{I_{op}} > 1.2 \qquad (2-8)$$

式中：$I_{k1 \cdot min}^2$、$I_{k2 \cdot min}^2$——最小运行方式下 K_1、K_2 点的两相短路电流。

当灵敏系数不能满足要求时，应采取其他保护方式。

(四) 三段式电流保护的配合关系

1. 三段式电流保护的组成

瞬时电流速断保护（电流Ⅰ段）、限时电流速断保护（电流Ⅱ段）及定时限过电流保护（电

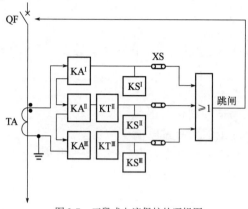

图 2-7 三段式电流保护的逻辑图

流Ⅲ段)各有优缺点。瞬时电流速断保护虽然能迅速动作切除短路故障,但只能保护线路的一部分;限时电流速断保护能保护本段线路全长,但却不能作为下一段线路的后备保护;定时限过电流保护可以作为本段线路的近后备保护和下一段线路的远后备保护,但动作时间较长。在实际应用中,常常把三种电流保护相互配合共同构成一套保护,叫作三段式(阶段式)电流保护。其中,瞬时电流速断保护和限时电流速断保护为主保护,定时限过电流保护为后备保护。三段式电流保护的逻辑图如图 2-7 所示。

瞬时电流速断保护由电流元件 KA^I 和信号元件 KS^I 组成。

限时电流速断保护部分由电流元件 KA^{II}、时间元件 KT^{II} 和信号元件 KS^{II} 组成。

定时限过电流保护部分由电流元件 KA^{III}、时间元件 KT^{III} 和信号元件 KS^{III} 组成。

由于三段的启动电流和动作时间整定均不相同,所以必须分别使用三个串联的电流元件和两个不同的时间元件,而信号元件则分别发出Ⅰ、Ⅱ、Ⅲ段的动作信号。

2. 三段式电流保护整定配合

三段式电流保护的动作电流及动作时限特性如图 2-8 所示。QF_1 上装设了三段式电流保护,电流Ⅰ段保护范围为 L_1^I,约为线路全长的 85%,动作时限整定为 t_1^I;电流Ⅱ段的动作电流为 I_1^{II},其对应的保护范围为 L_1^{II},它能保护线路全长的 100%,动作时限比下一段线路的电流保护Ⅰ段的动作时限 t_2^I 大一个时间阶梯 Δt;电流Ⅲ段的动作电流为 I_1^{III},其对应的保护范围为 L_1^{III},它能保护本线路及下一段线路的全长,动作时限比下一段线路的电流保护Ⅲ段的动作时限 t_2^{III} 大一个时间阶梯 Δt。

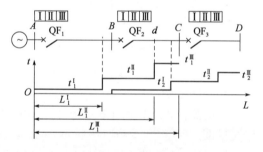

图 2-8 三段式电流保护范围及时限配合图
$t_1^I、t_1^{II}、t_1^{III}$-QF_1 处Ⅰ、Ⅱ、Ⅲ段电流保护的动作时限;$L_1^I、L_1^{II}、L_1^{III}$-QF_1 处Ⅰ、Ⅱ、Ⅲ段电流保护的保护范围;L-线路长度

三段式电流保护整定总结见表 2-1。

三段式电流保护整定 表 2-1

序号	三段电流保护	Ⅰ段	Ⅱ段	Ⅲ段
1	三段电流保护组成	瞬时电流速断保护	限时电流速断保护	定时限过电流保护
2	整定原则	按躲过本线路末端最大三相短路电流整定	按躲过相邻下一级线路瞬时电流速断保护的保护范围来整定	按躲过线路正常运行时的最大负荷电流整定
3	保护范围	本段线路(AB)的 15%~85%	本线路全长及相邻线路瞬时电流速断保护范围的一部分(图 2-8 中 $AB+Ad$)	本线路(AB)全长,相邻线路全长
4	动作时限	保护固有动作时间	保护固有动作时间 + Δt	阶梯形整定

3. 三段式电流保护的优缺点

优点:简单、可靠,并且在一般情况下也能够满足快速切除故障的要求。

缺点:直接受电网的接线以及电力系统的运行方式变化的影响,例如,整定值必须按系统最大运行方式来选择,而灵敏性则必须用系统最小运行方式来校验,这使它往往不能满足灵敏性或保护范围的要求。三段式电流保护只在单侧电源供电网络中才有选择性,如果是双侧电源供电网络还需加入方向元件。

三、反时限过电流保护

典型案例:10kV 电缆受外力破坏击穿,继电保护动作 10kV 双路进线跳闸

定时限过电流保护的动作时限按阶梯特性整定后是固定不变的,而当故障点距离电源越近时,短路电流越大,应动作的定时限过电流保护的动作时限却较长。

大多数被保护元件的过电流允许通过时间与其电流值的大小成反比关系,即电流越大,所允许通过的时间越短。定时限过电流保护显然不能满足这种实际需要。因此,为了能充分发挥被保护元件的效益,又不会导致因长时间过热造成损坏,有必要安装具有反时限特性的过电流保护。

反时限过电流保护的动作时间是随短路电流大小而改变的,电流越大,动作时间越短。由于反时限过电流保护在原理上与很多负载的故障特性接近,所以在很多场合比定时限过电流保护具有更为优越的保护性能。

(一)反时限过电流保护整定

一般的反时限动作特性曲线由两部分组成,如图2-9a)所示。电流较小时为反时限部分,动作时间随电流增大而缩短;电流较大时为速断部分,保护快速动作。

反时限过电流保护动作电流应按躲过线路正常运行时的最大负荷电流整定,与定时限过电流整定计算方式相同。本线路末端短路故障时,有不小于1.5的灵敏系数,相邻线路末端短路故障时最好能有不小于1.2的灵敏系数;同时还要校核与相邻上下级保护的配合情况。

反时限过电流保护最主要的问题是相互配合,如图2-9b)所示。为了保证选择性,反时限过电流保护的动作时限也应按照时间阶梯原则来确定。但由于反时限电流继电器的动作时限与流过线圈的短路电流的大小有关,因而与相邻线路之间的时限配合比较复杂,需要根据短路电流的实际数值大小进行配合。

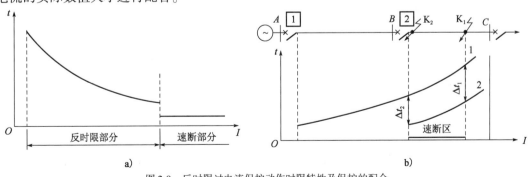

图2-9 反时限过电流保护动作时限特性及保护的配合
a)反时限过电流保护动作时限特性;b)反时限过电流保护的配合

(二)反时限过电流保护的优缺点

优点:在线路靠近电源处短路时,短路电流大,动作时限短且保护接线简单。

缺点:时限的配合较复杂,当短路点存在的过渡电阻或在最小运行方式下远处短路时,由于短路电流较小,保护的动作时限可能较长。

四、零序电流保护

反映零序电流增大超过整定值而动作的保护,称为零序电流保护。零序电流保护由零序电流滤过器和电流继电器组成。零序电流保护只反映接地故障。

(一)零序电流的产生

在大电流接地系统中,即中性点直接接地或经小电阻接地系统,当系统发生单相接地短路或两相接地短路时,会产生很大的接地短路电流,此时的三相电流是不对称、不平衡的。一组三相不对称电流,可以分解成三组对称电流,即正序电流、负序电流、零序电流,如图2-10所示。正序、负序分量可以相互平衡,合成后为零,不会流向中性点。而三相零序电流是三个大小相等方向相同的电流,如图2-10c)所示,是不能相互平衡抵消的。所以中性点中要流过很大的零序电流。因此,在大电流接地系统中都安装有零序电流保护,用于切除接地故障。

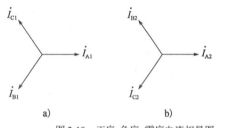

图2-10 正序、负序、零序电流相量图
a)正序电流;b)负序电流;c)零序电流

(二)零序电流保护接线方式

(1)如图2-11a)所示,将三个完全相同的电流互感器分别接在三相电路中,电流互感器的二次侧同极性端并联,零序电流的电流继电器线圈接于互感器的二次侧,电流继电器上流过的是三相电流的相量和。正常时,三相电流相量和为零,电流继电器不启动。当出现接地故障时,电流不对称,此时可将其分解为三组对称分量,三相正序分量、三相负序分量各自相互平衡,相量和为零。电流互感器中感应出的只是三倍零序电流$3I_0$,当电流达到电流继电器的动作值后,零序电流保护启动。

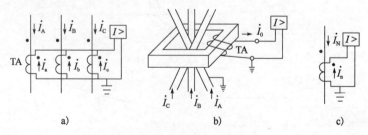

图2-11 零序电流保护接线方式
a)三铁芯三线圈组成的零序过滤器;b)单铁芯组成的零序过滤器;c)接于中性点上的电流互感器

正常情况下，虽然三相电流对称，但由于电流互感器铁芯的磁化特性不同，励磁电流也不同，会产生很小的不平衡电流，零序电流很小，零序电流保护不动作。当电网发生相间短路故障时，刚短路的一瞬间，电流互感器一次侧会流过含有很大直流分量的短路电流。因此，电流互感器的铁芯严重饱和，励磁电抗大大减小，励磁电流上十倍或上百倍增加，三个电流互感器铁芯磁化特性稍微差异，就会使各相饱和程度有很大差别，这样三相励磁电流极不对称。因此，不平衡电流也达到最大值。为保证电网发生相间短路故障时零序电流保护装置不误动作，零序电流保护装置的动作值应躲过最大不平衡电流。

（2）单铁芯组成的零序滤过器如图2-11b）所示，三相导线穿过同一铁芯，三相导线作为一次线圈，二次绕组接电流继电器。正常运行时，通过零序电流互感器的电流之和等于零，电流继电器线圈无电流通过。在发生单相接地故障时，接地相的一部分电流通过地流回中性点，使得通过零序电流互感器的电流之和不再等于零，其二次侧感应出来的电流通过电流继电器线圈构成回路，如果达到整定值则零序电流保护启动。此接线与前一种接线方式比较，不平衡电流较小，因为不存在铁芯磁化特性不相同的可能。因此，可以降低电流继电器整定值，提高灵敏度。

（3）图2-11c）所示，采用一个一般的电流互感器直接安装在中性线上，通过采集中性线上的电流来实现启动电流继电器的目的。这种方式能更直接地反映中性线上的电流变化。

（4）零序电流互感器。

零序电流互感器常用在35kV及以下电压等级的中性点经低电阻接地系统的电缆回路上，其铁芯是由可以打开的两部分组成，以便于安装在已有电缆终端头下部。零序电流保护如图2-12所示，其接线原理与图2-11b）相同，安装时有如下注意事项。

图2-12　三相导线穿过同一铁芯零序电流互感器

①紧固螺栓或螺钉要夹紧，如果两片铁芯不夹紧，会造成漏磁增加，使零序保护灵敏度降低。

②电缆铠甲上的接地线不能穿过铁芯。在发生接地短路时，如果接地线穿过零序电流互感器，接地线中的零序电流与相线中的零序电流方向相反，它们产生的磁通方向也相反，相互抵消，由此可造成零序保护不动作。如果因绝缘安装工艺的原因必须穿过去，处理完毕后，还必须穿出来，让接地线中的零序磁通相互抵消。

(三)零序电流保护组成

在大接地电流系统中所采用的零序电流保护,也广泛采用三段式保护,如图2-13所示。由反映零序电流而构成的三段式保护称为三段式零序电流保护。其零序电流保护Ⅰ段通常为零序无时限电流速断保护,只能保护线路的一部分;零序电流保护Ⅱ段为零序带时限电流速断保护,保护零序无时限电流速断保护剩余的线路部分,其动作时限大于下一段线路零序无时限电流速断保护的动作时限一个时间阶梯;零序电流保护Ⅲ段为零序定时限过电流保护,它作为本线路的近后备保护以及下一段线路的远后备保护,其动作时限按时间阶梯原则进行整定。

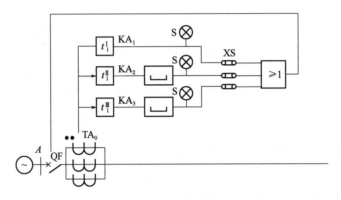

图2-13 三段式零序电流保护的基本逻辑图

(四)零序电流保护的特点

零序电流保护的优点:零序过电流保护的灵敏度高、动作时限短;与阶段式电流保护相比,受系统运行方式的影响较小;当系统中发生某些不正常运行状态时,三相仍然是对称的,不产生零序电流。因此,零序电流保护不受系统振荡和过负荷的影响。

零序电流保护的缺点:对较短的线路或运行方式变化很大时,保护往往不能满足要求;单相重合闸的过程中可能误动,在重合闸动作的过程中将出现非全相运行状态,再考虑到系统两侧的发电机发生摇摆,可能会出现较大的零序电流,因而影响零序电流保护的正确工作。

单元2.3 电流电压联锁保护

当系统运行方式变化较大时,电流速断保护的保护范围有可能小于被保护线路全长的15%,尤其对于短路电流曲线变化平坦或距离较短的线路,甚至没有保护范围;限时电流速断保护的灵敏系数也可能在某些运行方式下不满足要求;对于重负荷且距离较长的线路,过电流保护的灵敏性难以满足要求。另外,受选择性要求的制约,其动作的速动性被降低,动作时间一般较长。可见,瞬时电流速断、限时电流速断和定时限过电流保护的保护范围和灵敏度受系统运行方式的影响很大。因此,除了采用电流保护外,还常采用电压保护进行配合。

一、电压保护

电压保护按照所反映的电压量是升高还是降低而动作,可构成过电压保护和低电压保护。

(一)过电压保护

过电压保护是反映测量电压升高,超过整定值而动作的保护。

过电压保护可用于被保护对象不允许在过电压状态下运行的电气设备保护,如发电机、变压器、电动机等。

(二)低电压保护

低电压保护是反映测量电压下降,低于整定值的保护,但由于电压的测量一般是在母线处,故障点到母线的短路阻抗以及故障设备本身的短路阻抗致使母线处残压较高,所以单纯的低电压保护灵敏度都较低,一般不单独使用。

在实际应用中,为保证同一母线上多回引出线电压保护的选择性,以及避免电压互感器二次断线引起保护误动作,一般均利用低电压保护与电流保护一起构成电流、电压联锁速断保护,即电压和电流同时满足动作条件则出口跳闸。图2-14为电流闭锁的电压速断保护原理示意图。

当其他线路故障或电压互感器二次回路断线时,低电压继电器失电,其常闭触点虽然闭合,但电流继电器不会动作,其常开触点处于断开位置,故保护装置不会误动作,只有当本线路发生故障时,电压继电器和电流继电器都动作,保护装置才会动作。

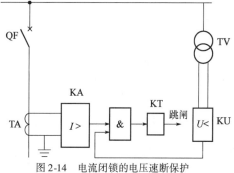

图 2-14 电流闭锁的电压速断保护

这种保护称为电流闭锁电压速断保护装置,其中,电流继电器的动作电流按躲过线路的最大负荷电流整定,电压继电器的动作电压按躲过被保护线路末端两相短路时保护装置安装处母线最小残压来整定。

(三)零序电压保护

在中性点非直接接地电网中,只要本级电压网络中发生单相接地故障,则同一电压等级的变电站的母线上,都将出现数值较高的零序电压。零序电压的产生与零序电流的产生原因相似,因为系统发生接地故障,造成三相电压不对称,根据对称分量法,将不对称的三相交流电压分解成三组对称的正序电压、负序电压和零序电压,因为对称的正序电压和负序电压之和都为零,只剩下三倍的零序电压。利用这一特点,在发电厂和变电站的母线 TV 开口三角形侧连接一套反映过电压的保护就构成了零序电压保护,用于监视网络的单相接地,称为绝缘监察装置。它利用接地后出现的零序电压,带延时动作于发信号。绝缘监察装置的接线原理图如图2-15所示。

正常运行时,系统三相电压对称且没有零序电压,所以三只电压表读数相等,过电压继电器 KV 不会动作。当系统任一出线发生接地故障时,接地相对地电压为零,而其他两相对地电

43

压升高三倍,同时在开口三角形处出现零序电压,过电压继电器 KV 动作,延时发出接地故障信号。

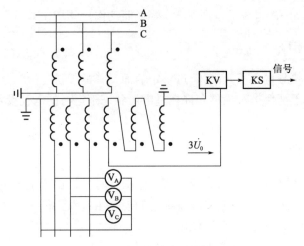

图 2-15　绝缘监察装置的接线原理图

发生金属接地故障时,开口三角形的零序电压约为 100V,而发生非金属接地故障时,开口三角形处的零序电压小于 100V。

为了保证过电压继电器的灵敏度,启动电压一般整定为 40V。该保护对接地故障有极高的灵敏度。但由于零序电压的测量是由母线处的 TV 完成,该分量出现只能代表连接在母线上的设备出现了接地故障,但具体是哪一条线路接地则不能肯定,所以该保护没有选择性。要想知道是哪一条线路发生故障必须采取逐一停电的方法,即需要由运行人员依次短时断开每条线路,并将断开线路投入,若断开某条线路时零序电压的信号消失,三只电压表指示相同,则表明故障是在该线路上。

二、低电压启动过电流保护

电流整定值过低可能引起电流保护误动作,为此,电路中采用了低电压继电器进行闭锁。正常运行时,即使负荷电流大,电流继电器误动作,但线路电压正常,电压继电器的常闭触点断开将其闭锁,保护装置不会误动作,其原理如图 2-16 所示。

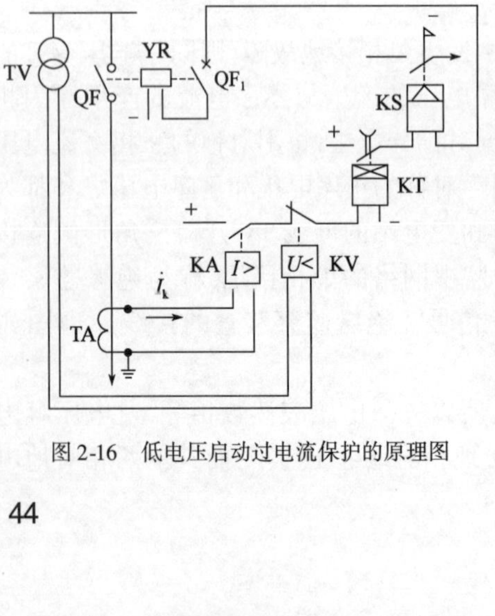

增加低电压启动元件后,只有当电流增大、电压降低同时达到整定值时,保护装置才能动作于跳闸。因此,电流元件的动作电流可以按额定电流 I_N 来整定,即

$$I_{op} = K_{rel}K_{SS}I_N/K_{re} \tag{2-9}$$

式中;K_{rel}——可靠系数,一般取 1.1~1.2;

K_{SS}——线路中大型电机的自启动系数,一般取 1.5~3.0;

K_{re}——电流元件的返回系数,小于 1,一般取 0.85;

图 2-16　低电压启动过电流保护的原理图

I_N——被保护线路上的额定电流,A。

低电压启动过电流保护的灵敏度校验与动作时间确定和一般的过电流相同。

由于一般过电流保护的动作电流值按躲过线路的最大负荷电流整定,而低电压启动过电流保护动作电流按额定电流整定,所以采用低电压启动后,电流保护的动作电流下降了,使灵敏性得到提高。

为保证低电压启动元件在母线最低工作电压下能够可靠返回,低电压启动元件的动作电压为:

$$U_{op} = U_{L \cdot min} / (K_{rel} K_{re}) \tag{2-10}$$

式中:$U_{L \cdot min}$——母线最低工作电压,一般取 $0.9 U_N$;

K_{rel}——可靠系数,一般取 1.1~1.2;

K_{re}——低电压启动元件的返回系数,一般取 1.15~1.25。

三、复合电压启动的过电流保护

复合电压启动的过电流保护通常作为变压器的后备保护,它是由一个负序电压继电器和一个接在相间电压上的低电压继电器共同组成的电压复合元件,两个继电器只要有一个动作,同时过电流继电器也动作,整套装置即能启动,如图 2-17 所示。

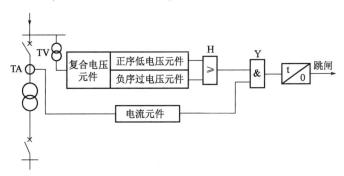

图 2-17 复合电压启动的过电流保护原理图

该复合电压启动的过电流保护有下列优点:
(1)在后备保护范围内发生不对称短路时,有较高灵敏度。
(2)在变压器后备发生不对称短路时,电压启动元件的灵敏度与变压器的接线方式无关。
(3)由于电压启动元件只接在变压器的一侧,故接线比较简单。

单元2.4 线路光纤纵联差动保护

在三段式电流保护中,电流保护的Ⅰ段保护范围有限,保护范围为线路全长的 80%~85%,其余线路故障只能由电流Ⅱ段延时 0.5s 切除。而为了保证电力系统稳定运行,重要线路必须实现线路全长范围内故障的无时限切除。所以对于某些重要线路采用了纵联差动保护。

线路纵联差动保护是当线路发生故障时,使两侧开关同时快速跳闸的一种保护装置。如图 2-18 所示,纵联差动保护是用某种通信通道将输电线两端的保护装置纵向连接起来,将各端的电气量(电流、功率的方向等)传送到对端,将两端的电气量比较,以判断故障在本线路范围内还是在本线路范围外,从而决定保护是否动作。

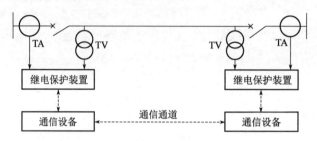

图 2-18 输电线路纵联差动保护结构图

纵联差动保护具有原理简单、使用电气量单纯、保护范围明确、动作不须延时等优点。线路采用纵联差动保护,能够快速动作保护线路全长,不受单侧电源运行方式的限制和影响,不受电力系统振荡的影响;能正确反映被保护线路上发生的故障。

一、纵联电流差动保护原理

纵联电流差动保护原理如图 2-19 所示。在线路的 M 和 N 两端装设变比和特性完全相同的电流互感器 1TA、2TA,两侧电流互感器一次回路的正极性均置于靠近母线的一侧,二次回路的同极性端子相连接,差动电流继电器并接在电流互感器的二次端子上,两侧电流互感器之间的线路是差动保护的保护范围。

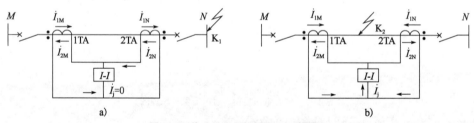

图 2-19 线路纵联差动保护原理接线图
a)正常运行及外部故障情况;b)内部故障情况

规定线路两端电流互感器一次侧电流 $\dot{I}_{1M}$ 和 $\dot{I}_{1N}$ 的正方向为从母线流向被保护的线路,则流入继电器的电流即为各电流互感器二次电流的相量和,即

$$\dot{I}_{K} = \dot{I}_{2M} + \dot{I}_{2N} = \frac{1}{n_{TA}}(\dot{I}_{1M} + \dot{I}_{1N}) \tag{2-11}$$

式中:n_{TA}——电流互感器变比;

$\dot{I}_{1M}$、$\dot{I}_{2M}$——M 侧电流互感器一次、二次绕组电流,A;

$\dot{I}_{1N}$、$\dot{I}_{2N}$——N 侧电流互感器一次、二次绕组电流,A。

当正常运行以及保护范围外部故障时,如图 2-19a)所示,$\dot{I}_{1M}$ 与 $\dot{I}_{1N}$ 总是一个正方向另一个反方向,即一个从母线流向线路,另一个从线路流向母线,反映到二次绕组则是 $\dot{I}_{2M}$ 与 $\dot{I}_{2N}$ 大小相等方向相反,流入继电器的电流 $\dot{I}_j = \dot{I}_{2M} + \dot{I}_{2N} = 0$,继电器不动作。

当保护范围内部故障时,如为双电源供电,则两侧均有电流流向短路点,如图2-19b)所示,$\dot{I}_{1N}$ 反向 $\dot{I}_{2N}$ 随之也反向,流入继电器的电流为 $\dot{I}_j = \dot{I}_{2M} + \dot{I}_{2N}$,此时继电器中的电流大于动作值,继电器动作于跳闸。由此可见,在保护范围内部故障时,差动保护可靠动作。在保护范围外故障时差动保护不动作。

理想情况下,线路有正常负荷电流或外部短路电流时,流入继电器的电流为零。继电器不动作。但由于两台电流互感器励磁特性的差异和准确度差异,使得两台电流互感器二次电流 $\dot{I}_{2M}$ 与 $\dot{I}_{2N}$ 不可能完全相互抵消,从而产生不平衡电流,不平衡电流可能使继电器误动作。为克服这一缺点,只能提高动作电流,降低灵敏度。

二、线路光纤纵联差动保护原理

光纤纵联差动保护是近年来短线路纵联保护的主要通道形式,是一种以光纤通信作为通道的电流纵差保护。它将两侧的电气量先转换成数字信号,再通过光纤进行双侧通信,对两侧的电气量进行比较。光纤纵联差动保护目前一般应用在重要的线路中作为主保护,并且可以保护线路的全长。

基本光纤通信系统由发送调制器、光纤发送器、光纤连接器、光纤通道、光纤接收器、接收解调等几部分组成,如图2-20所示。光纤通道中间增设一个或多个光中继设备。

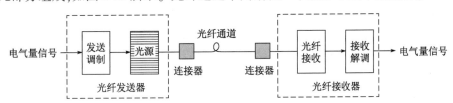

图2-20 光纤通信系统原理图

(1)发送调制器:将线路上所需传送的保护信号(模拟电流信号或跳闸命令信号)变换成能够采用光纤通道传输的脉冲信号方式。

(2)光纤发送器:由于继电保护频带较窄,继电保护装置选用光电二极管LED作为光源器件,当有电流流过光电二极管LED时,LED受激发射出特定波长的光束。

(3)光纤通道:就是光缆,传输调制好的光信号。

(4)光纤连接器:起连接光缆和发送器的作用。

(5)光纤接收器:就是将光纤中耦合的光信号的强弱,线性地转换为电信号,再在接收检测回路中经前置电流放大器放大。

(6)接收解调器:将接收器放大后传来的电信号,解调成从线路上采样的电信号和开关量信号。

光纤通信广泛采用PCM调制方式。当被保护线路很短时,通过光缆直接将光信号送到对侧,在每半套保护装置中都将电信号变成光信号送出,又将所接收的光信号变为电信号供保护使用。由于光与电之间互不干扰,光纤作为继电保护的通道介质,具有不怕超高压与雷电电磁干扰、对电场绝缘、频带宽和衰耗低等优点。随着光纤通信技术的飞速发展和广泛应用,线路光纤纵差保护实现双向传输(共两根缆芯)的投资逐渐降低,从而使其得到大量应用而成为电流纵差保护的主要方式。

单元2.5 变压器保护

电力变压器是电力系统、铁道牵引供电系统和城市轨道供电系统中使用相当普遍且十分重要及昂贵的电气设备,其正常供电和安全运行是供电系统可靠工作的必要条件。

电力变压器是一种静止的电气设备,其结构较简单、运行可靠性较高、发生故障的机会相对较少。但由于变压器是连续运行,停电机会很少,受安装环境影响较大,且外接负荷,容易受到供电系统短路故障的影响。因此,必须根据电力变压器的容量与重要程度装设性能完善的继电保护装置,来保证电力变压器的安全运行,防止事故扩大。

一、变压器的运行状态

变压器的运行状态分为正常运行状态、不正常运行状态和故障状态。

变压器的不正常运行状态主要有变压器过负荷运行、变压器外部故障引起的过电流、油箱漏油引起的油位下降、冷却系统故障、变压器油温升高、外部接地短路引起中性点过电压、绕组过电压和频率降低引起过励磁等。这些不正常运行状态会导致变压器绕组与铁芯过热,加速绝缘老化,这是变压器运行所不允许的。

变压器的故障分为油箱内部故障和油箱外部故障。

油箱内部故障主要有绕组相间短路、接地短路、绕组的匝间和层间短路及铁芯的烧损等。变压器油箱内部故障具有危险的后果,因为短路所产生的高温电弧,不仅会烧坏线圈的绝缘和铁芯,而且会引起变压器油和其他绝缘物剧烈汽化,以致造成变压器油箱爆炸。

油箱外部故障是指变压器绝缘套管与引出线故障引起的相间短路与单相碰壳接地短路,当变压器油箱外部故障时,线圈中将流过较大短路电流,会使变压器温度上升,影响变压器的正常运行。

运行经验指出,变压器油箱内部故障以绕组的匝间短路居多,油箱外部故障以引出线的相间短路、单相接地短路居多。

二、变压器的保护配置

(一)变压器保护的基本要求

对变压器保护的基本要求有如下三方面:
(1)在变压器发生故障时应将它与所有电源断开。
(2)在母线或其他与变压器相连的元件发生故障,而故障元件本身断路器未能断开的情况下,能使变压器与故障部分分开。

(3) 当变压器过负荷、油面降低、油温过高时,应能发出报警信号。

对应以上要求,变压器保护应配置主保护、相邻元件短路故障的后备保护及异常报警保护,同时应配有非电量保护。

(二) 油浸式变压器保护的配置

变压器继电保护的任务就是反映上述故障及不正常运行状态,并通过断路器切除故障变压器,或发出信号告知运行人员采取措施消除异常运行状态。根据变压器的故障和不正常运行状态,应进行以下继电保护配置:

(1) 气体保护。反映油箱内部故障与油面降低。容量为 800kV·A 及以上的油浸式变压器按规定应装设气体保护。当油箱内故障产生轻微瓦斯或油面下降时,应瞬时动作于信号;产生大量瓦斯时,应动作于断开变压器各侧断路器。

(2) 纵联差动保护或电流速断保护。反映变压器绕组及引出线的相间短路、中性点接地侧绕组及引出线的接地短路。容量为 10MV·A 以上单独运行的变压器应装设差动保护;容量为 10MV·A 及以下且过流时限大于 0.5s 时应装设电流速断保护;当灵敏度不能满足要求时应装设差动保护。保护动作后应瞬时断开故障变压器各侧断路器。

(3) 过电流保护。反映变压器外部相间短路并作为变压器主保护的后备保护。过电流保护一般用于降压变压器,对于升压变压器或过电流保护灵敏度不能满足要求的降压变压器,一般采用复合电压启动的过电流保护;牵引变电所三相主变压器采用一套三相低电压启动过电流保护(装设在高压侧)、一套装设在低压侧的单相低电压启动过电流保护。保护装置动作后,应有选择性地切除外部故障或断开变压器各侧断路器。

(4) 零序电流保护。反映中性点直接接地系统中外部接地短路。变压器中性点直接接地运行,应装设零序电流保护;变压器中性点可能接地也可能不接地运行,应装设零序电流、零序电压保护。保护装置动作后,应有选择性地切除外部故障或断开变压器各侧断路器。

(5) 过负荷保护。反映变压器负荷过大。过负荷保护应接于一相电流上,带时限动作于信号。在无人值班的变电所,必要时过负荷保护可动作于跳闸或断开部分负荷。

(6) 过励磁保护。反映变压器过励磁。因为现代大型变压器的额定磁密近于饱和磁密,频率降低或电压升高时容易引起变压器过励磁,导致铁芯饱和,励磁电流剧增,铁芯温度上升,严重过热会使变压器绝缘劣化,寿命降低,最终造成变压器损坏。

(7) 除了上述反映电气量特征的保护以外,变压器通常还装设反映油箱内油、温度等特征的非电量保护,主要包括变压器本体和有载调压部分的油温保护、变压器的压力释放保护、变压器带负荷后启动风冷的保护、过载闭锁带负荷调压的保护等。

(三) 干式变压器的保护配置

对于干式变压器,需要加强的是温度保护以确保变压器线圈绝缘状况。因此,干式变压器一般设置了两个层次的温度保护:低温报警、高温跳闸。具体温度值的设定可根据变压器厂家的说明来进行。

干式变压器的温度保护直接采用埋在线圈内部的测量元件来实现,通过测温装置不但可以输出报警或者跳闸信号,还可以通过数字表指示当前温度,精度比较高。

干式变压器配置有变压器柜门闭锁保护。干式变压器的各柜门处装有行程开关,输出的常开触点全部串联到高压的合闸回路里,即任何一个柜门没有关闭到位,变压器无法合闸送电。行程开关的常闭触点并联,在变压器送电状态下,任何一个柜门被打开即可发出报警信号,或动作于跳闸。

因此,干式变压器主要配置的保护有:电流速断保护、过电流保护、零序电流保护、过负荷保护、过励磁保护、温度保护、冷却器失灵保护、门打开跳闸等。

三、变压器的电量保护

(一)瞬时电流速断保护

瞬时电流速断保护一般在中小型变压器过电流保护动作时限大于 0.5s 时装设,作为主保护,与气体保护或过电流保护配合使用,装设在变压器的电源侧。

瞬时电流速断保护作为变压器主保护的保护范围是:保护安装处的电流互感器一次侧→变压器高压套管引出线→变压器一次绕组,若短路电流大有可能保护到变压器二次部分绕组。

变压器速断保护的整定有两个原则:

(1)按躲过变压器二次侧母线上故障时流过的最大短路电流整定,可靠性系数按实际情况取为 1.2~1.3 倍。

(2)按躲过变压器空载合闸时的励磁涌流整定,一般取 3~5 倍保护安装侧的额定电流。

变压器速断保护装置的灵敏系数:按系统最小运行方式下,保护装置安装处两相短路电流校验。灵敏系数一般取大于或等于 1.5。

(二)变压器纵联差动保护

变压器纵联差动保护是利用变压器各侧同一相电流之差的大小来检测短路故障,流入变压器的能量与流出变压器的能量理论上应该相等(除去变压器的励磁及漏磁损耗),实际工作中往往以电流的形式来反映。对纵联差动保护装置的要求是:当变压器空载合闸、正常运行、外部出现短路故障时均不能动作,变压器内部故障时动作于跳闸。对于大容量变压器,一般用差动保护作为主保护,用于反映电力变压器绕组、套管及引出线发生的短路故障,其保护动作于跳开变压器各电源侧断路器并发相应的信号。

1. 双绕组单相变压器纵联差动保护基本原理

图 2-21 所示为单台变压器运行差动保护原理接线图。

(1)变压器正常运行或外部短路时。

电流方向如图 2-21a)所示,理想情况下 $\dot{I}_2'$、$\dot{I}_2''$ 大小相等方向相反,电流继电器中无电流,因为 $\dot{I}_j = \dot{I}_2' + \dot{I}_2'' = 0$,电流继电器不动作。

(2)变压器内部短路时。

假设:变压器在 d 点短路,如图 2-21b)所示,分两种情况说明:

①单台变压器运行时。

$\dot{I}_2'' = 0$,电流继电器中的电流 $\dot{I}_j = \dot{I}_2'$ 大于电流继电器动作电流,继电器动作。

②两台变压器并列运行时。

$\dot{I}_1''$ 反向,$\dot{I}_2''$ 也反向,继电器中电流为 $\dot{I}_j = \dot{I}_2' + \dot{I}_2''$,远远大于电流继电器动作电流,继电器动作。

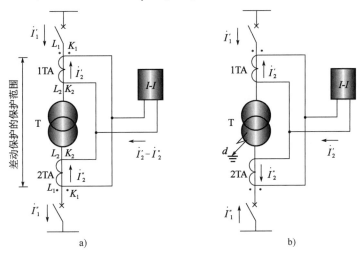

图2-21 双绕组单相变压器纵联差动原理接线图
a)正常运行时或外部短路时电流方向;b)变压器内部短路时电流方向

2. 差动保护电流互感器的选择与接线

1)电流互感器的选择

由于变压器高压侧和低压侧的额定电流不同,所以必须适当选择两侧电流互感器的变比,使得在正常工作时和外部故障时,变压器两侧的电流互感器二次电流相等。即

$$\dot{I}_2' = \dot{I}_2'' = \frac{\dot{I}_1'}{n_{1TA}} = \frac{\dot{I}_1''}{n_{2TA}}$$

那么:

$$\frac{n_{2TA}}{n_{1TA}} = \frac{\dot{I}_1''}{\dot{I}_1'} = n_T \tag{2-12}$$

式中:n_{1TA}——高压侧电流互感器的变比;

n_{2TA}——低压侧电流互感器的变比;

n_T——变压器的变比。

因此,这种按相实现的差动保护,其电流互感器变比的选择原则是两侧电流互感器变比的比值等于变压器的变比。

2)电流互感器的接线

差动保护接线如图2-21所示,图中 L_1 与 K_1 分别是电流互感器 1TA、2TA 的一次绕组和二次绕组的同名端(同极性端);接线时一定要注意 1TA、2TA 的极性,不要接错。

电流互感器接线要遵循的原则:

(1) 1TA、2TA 的一次侧绕组。

正常运行时,变压器的一次电流应从 1TA 的一次绕组同名端 L_1 端流入,L_2 端流出;变压器二次电流应从 2TA 的一次绕组异名端 L_2 端流入,从同名端 L_1 端流出。

(2) 1TA、2TA 的二次绕组。

必须把两个电流互感器的二次绕组同名端连接在一起。只有这样,在正常运行时,流入电流继电器线圈的才是 1TA、2TA 的二次电流的差,由于数值很小,不会使电流继电器动作。

内部短路时,加入电流继电器的电流是一侧电流互感器的电流或是两个电流之和,使继电器可靠动作。

若将某一侧绕组极性接反,则会造成正常运行时 1TA、2TA 的二次电流为两个电流之和,使电流继电器误动。内部短路时,加入电流继电器的电流为两个电流之差,电流继电器不动作。

3. 变压器纵联差动保护的不平衡电流及减少不平衡电流的方法

由于变压器励磁涌流、接线方式和电流互感器误差等因素的影响,即使两侧电流互感器的变比等于变压器变比,正常或外部短路时流入差动元件中的电流也不会等于零,而是会流过一个不平衡电流,不平衡电流会对差动保护产生影响。形成不平衡电流的因素很多,需要对应地采取措施。

(1) 由电流互感器计算变比与实际变比不同引起的不平衡电流。

变压器在正常运行时,纵差保护回路中不平衡电流主要是由电流互感器、变压器接线引起的。对于由电流互感器计算变比与实际变比不同引起的不平衡电流,可以通过软件补偿,即引入一个折算系数,某一侧电流乘以折算系数后与另一侧相同;也可采用在模数变换板上直接调整变压器各侧电流的硬件调整平衡系数的方法,把各侧的额定电流都调整到保护装置的额定工作电流(5A 或 1A)。

(2) 由变压器两侧电流相位不同而产生的不平衡电流。

对于由变压器两侧电流相位不同而产生的不平衡电流,可以通过改变电流互感器接线方式的方法(也称为相位补偿法)来克服。例如如果变压器Y形接线侧,其电流互感器采用△形接线;变压器△形接线侧,其电流互感器采用Y形接线,这时两侧电流互感器二次侧输出电流同相位,但在电流互感器接成△形侧的差动臂中,电流值又增大$\sqrt{3}$倍,此时为保证在正常运行及外部故障情况下差动回路中没有电流,就必须将该侧电流互感器的变比扩大$\sqrt{3}$倍,以减小二次电流,使之与一次侧的电流相等,接线如图 2-22 所示。在微机保护中,变压器各侧电流互感器均接成Y形,因相位不同而产生的不平衡电流可以通过软件进行相位校正。

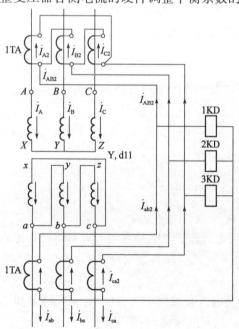

图 2-22　Y,d11 变压器两侧电流互感器的接线图

(3) 由变压器两侧电流互感器型号不同而产生的不平衡电流。

电流互感器是一个铁磁元件,当电流互感器的型号不同时,它们的饱和特性、励磁电流等也就不同,即使两侧电流互感器的变比符合要求,流入差动元件的差电流也不会为零,即在正常运行或外部短路时,会有不平衡电流流入差动回路。因此,差动保护各侧用的电流互感器,要尽量选用同型号、同特性的产品;尽量减小电流互感器的二次负荷,可通过减小控制电缆的电阻(适当增大导线截面,尽量缩短控制电缆长度),采用弱电控制用的电流互感器(二次额定电流为1A)等方法;或者采用带小气隙的电流互感器,这种电流互感器铁芯的剩磁较小,能够改善电流互感器的暂态特性,从而使变压器各侧电流互感器的工作特性更趋于一致。

(4) 由变压器带负荷调节分接头产生的不平衡电流。

变压器带负荷调整分接头是电压调整的一种方法,改变分接头就是改变变压器的变比,在整定计算中,差动保护只能按照某一变比整定,当差动保护投入运行后,因为调压需要改变分接头挡位,变压器变比就会出现新的不平衡电流,不平衡电流的大小与调压范围有关。这种不平衡电流在差动保护整定计算中予以考虑,即适当增加保护的动作电流,通过动作门槛。

(5) 由变压器励磁涌流所产生的不平衡电流。

正常运行情况下,铁芯未饱和,相对磁导率很大,变压器绕组的励磁电感也很大,因而励磁涌流很小,一般不超过额定电流的3%~5%。但是当变压器空载投入或外部故障切除后电压恢复时,铁芯易发生饱和,一旦饱和,相对磁导率接近于1,变压器绕组的电感降低,会出现数值很大的励磁涌流,其值可能达到变压器额定电流的6~8倍。励磁涌流的存在,会使变压器差动回路产生很大的不平衡电流,导致保护误动作。

励磁涌流的特点:只存在于变压器电源侧绕组;数值很大;含有很大成分的直流分量;含大量的高次谐波,其中以二次谐波和五次谐波为主;波形不连续,有间断角。

为了防止变压器励磁涌流或涌流时由于谐波而导致误动作,一般均采取一定的制动措施,目前,使用的微机变压器差动继电器也设置了二次谐波及五次谐波制动的功能选项,用户可根据需要启用或关闭。

(6) 由变压器外部故障暂态穿越性短路电流产生的不平衡电流。

在变压器外部故障的暂态过程中,一次系统的短路电流含有非周期分量,它在铁芯中的磁感应强度变化率很小,很难变换到二次侧,主要成分为互感器的励磁电流,从而使互感器的铁芯更加饱和,电流互感器二次电流的误差更大,暂态过程中的不平衡电流也将更大。在微机变压器保护中,可选用带制动特性的差动保护或用数字滤波滤除非周期分量等方法,来解决暂态过程中非周期分量电流的影响问题。

在实际应用中,差动继电器按图2-23所示方式连接,差动线圈 L_{op} 接入差动回路中,制动线圈及平衡线圈均接入差动保护的臂上,而二次线圈则接入电流继电器的线圈回路中。

当不考虑制动线圈的作用时,差动线圈与二次线圈实际上就是一个饱和变流器,因此它可以有效消除不平衡电流或励磁涌流中的非周期分量。

使用中将在这种情况下的继电器动作电流称为最小工作电流,用 I_{kact} 表示。

但当考虑制动线圈的作用时,它就有了更好地躲过穿越性故障不平衡电流的性能。因为在穿越性故障情况下,随着一次故障电流增大,制动电流 I_{brk} 也随之增大,从而使两边柱的磁通饱和,磁导率降低。在这种情况下,要使电流继电器动作,就必须加大差动线圈 L_{op} 电流,才能使继电器动作。

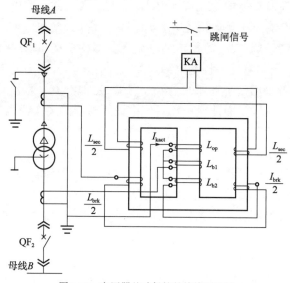

图 2-23　变压器差动保护的接线原理图

I_{kact}-动作电流；L_{op}-差动线圈；L_{sec}-二次线圈；I_{brk}-制动电流；L_{brk}-制动线圈；L_{b1}、L_{b2}-平衡线圈

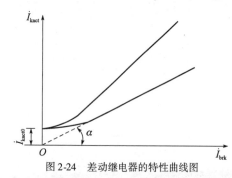

图 2-24　差动继电器的特性曲线图

在 I_{brk} 一定的情况下,制动线圈 L_{brk} 匝数越多,制动能力就越强,动作电流 I_{kact} 也就增加得越多,如图 2-24 所示。

各种不平衡电流虽然都可以采取一定的措施进行抑制或减小影响,但并不能完全消除,因此在变压器差动保护整定计算时应予以考虑。当然,对于励磁涌流和外部短路产生的不平衡电流必须有识别的方法,以消除它们的影响。

(三)变压器相间短路的后备保护

变压器相间短路的后备保护是用来反映变压器外部故障而引起的变压器绕组过电流,同时也作为差动保护和气体保护的后备保护。通常采用过电流保护、低电压启动的过电流保护、复合电压启动的过电流保护以及负序过电流保护等。工作原理与线路定时限过电流保护相同,保护动作后跳开变压器各侧断路器。

(四)变压器接地短路的后备保护

110kV 及以上电压等级的变压器,一般要求在变压器上装设接地保护,作为变压器主保护和相邻元件接地保护的后备保护。发生接地故障时,变压器中性点将出现零序电流,母线将出现零序电压,变压器接地短路的后备保护通常都是反映这些电气量构成的。

主变压器零序保护由零序电流、零序电压、间隙零序电流元件构成。根据变压器中性点接地方式的不同,设置不同的保护形式。

1. 变压器中性点直接接地时的保护

变电站单台或并列运行的变压器中性点接地运行时,其接地保护一般采用零序电流保护,可从变压器中性点处零序电流互感器上取得零序电流。正常情况下,零序电流互感器中没有电流,当发生接地短路时,有零序电流通过,使零序电流保护动作。

零序电流保护方式一般由两段构成。每段配有两个时限,根据需要,第一时限以较小时限跳开分段断路器或本侧断路器,以缩小事故范围;第二时限以较长时限跳开本侧断路器或变压器各侧断路器。

2. 中性点可接地也可不接地运行的变压器零序保护

中性点直接接地系统发生接地短路时,零序电流的大小和分布与变压器中性点接地数目和位置有关。为了使零序保护有稳定的保护范围和足够的灵敏度,系统中通常只有部分变压器中性点接地运行,就造成部分变压器中性点有时接地运行有时不接地运行。

当接地故障时,局部系统为中性点不接地系统,将会造成变压器中性点电压升高为相电压。对于这种后果,全绝缘变压器中性点的绝缘能够短时承受,但对分级绝缘的变压器,绝缘将受到损坏。所以对不同绝缘水平的变压器要装设不同的零序保护。

(1) 对于全绝缘变压器,除了装设零序电流保护作为变压器中性点直接接地运行时的保护外,还应增设零序电压保护,作为变压器中性点不接地运行时的保护。

(2) 中性点设有放电间隙的分级绝缘变压器,除了装设零序电流保护作为变压器中性点直接接地运行的保护外,还应增设零序电压保护,作为变压器中性点不接地运行时的保护。变压器中性点接地运行时,零序电流保护投入;变压器中性点如不接地运行,当电网发生单相接地故障且失去中性点时,中性点将出现零序电压,放电间隙击穿、产生零序电流启动跳开变压器,将事故切除,避免间隙放电时间过长。万一放电间隙拒动,则零序电压启动,将变压器切除。

(3) 对中性点不设放电间隙的分级绝缘变压器,其中性点绝缘水平较低。为了防止中性点绝缘在工频过电压作用下损坏,当发生接地故障时,应采用零序电压保护先断开中性点不接地的变压器,后采用零序电流保护断开中性点接地的变压器。

(4) 对大电流接地系统中的变压器装设的零序电流保护,作为变压器主保护的后备保护及相邻元件接地短路的后备保护,零序电流保护的动作电流应大于该侧出线零序电流保护后备段的动作电流。保护的动作时限也要比后者大一个 Δt。

(五) 变压器的过负荷保护

对于 400kV·A 以上的变压器,当数台并列运行或单独运行并作为其他负荷的备用电源时,为防止变压器长期过负荷运行,使绝缘老化,影响绕组绝缘寿命,还应装设过负荷保护。过负荷保护的动作电流按躲过变压器额定电流整定,一般取额定电流的 1.3 倍,延时 9s,动作于发信号。为防止过负荷保护在变压器外部短路时误动,其动作时间应大于变压器后备保护的最大时限,一般取 8~10s。

变压器的负荷一般都是三相对称的,此时过负荷保护只需接入某一相电流,但如果变压器各相负荷不相等(如电气化铁道的牵引变压器),过负荷保护应该装设在重负荷相上。过负荷保护安装侧的选择,应能反映所有绕组的过负荷情况。装于各侧的过负荷保护,均经过同一时间继电器作用于信号。

过负荷保护安装侧的选择原则如下:
(1)对于双绕组升压变压器,装于发电机电压侧。
(2)对于一侧无电源的三绕组升压变压器,装于发电机电压侧和无电源侧。
(3)对于三侧有电源的三绕组升压变压器,三侧均应装设。
(4)对于双绕组降压变压器,装于高压侧。
(5)仅一侧电源的三绕组降压变压器,若三侧的容量相等,只装于电源侧;若三侧的容量不等,则装于电源侧及容量较小侧。
(6)对两侧有电源的三绕组降压变压器,三侧均应装设。

四、变压器的非电量保护

变压器的非电量保护是相对于变压器的电气量保护而言的,通过监测变压器的非电气量参数的状态,判断变压器运行状态和外部环境,从而达到保护的目的。

(一)瓦斯保护

以变压器油作为绝缘和冷却介质的变压器,当发生相间短路或单相接地故障时,故障点由短路电流或接地电容电流造成的电弧温度很高,使附近的变压器油及其他绝缘材料受热分解产生大量气体,这些气体在油箱内上升,并流向油枕。当发生绕组的匝间或层间短路时,局部温度升高也会使油的体积膨胀,排除溶解在油内的空气,形成上升的气泡。故障越严重,产生的气体越多,油的体积越大,流向油枕的油气流速度越快,油箱内部压力越大。利用故障时气体上升、油面下降和气体压力构成的保护装置,称为瓦斯保护,也称气体保护。

瓦斯保护能灵敏地反映油箱内各种形式的故障。这是其他类型的保护装置所达不到的。例如,绕组的匝间短路,反映在变压器外部电路的电流变化很小,尚不足以使变压器的差动保护或电流速断保护动作。像变压器漏油等故障,其他保护也不能反映,但瓦斯保护均能灵敏反映。因此,瓦斯保护是反映变压器油箱内故障最有效的一种保护装置。

瓦斯保护分为轻瓦斯保护和重瓦斯保护。轻瓦斯主要反映变压器内部轻微故障和变压器漏油,动作于信号;重瓦斯主要反映变压器内部严重故障,动作于跳闸。

1. 气体继电器的构成及工作原理

气体保护装置的主要元件是气体继电器,它是反映气体的多少和流速而动作的一种非电量继电器,安装在变压器油箱与油枕之间的连接管道中。

当油箱内部故障时,油箱内的气体流向油枕并驱动气体继电器动作。为了便于气体的流动,在安装变压器时,应使变压器油管顶盖与水平面具有1%~1.5%的倾斜度,连接管与具有2%~4%的倾斜度,如图2-25所示。

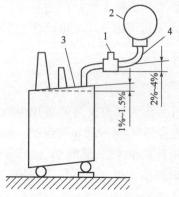

图2-25 气体继电器安装示意图
1-气体继电器;2-油枕;3-变压器顶盖;
4-连接管道

目前,国内采用的气体继电器主要是开口杯挡板式结构,如图 2-26 所示。

(1)正常运行时,继电器的开口杯内充满了油,开口杯 5 因其自重抵消浮力后的力矩而处在上浮位置,固定在开口杯旁的磁铁 4 位于干簧触点 15 的上方,干簧触点 15 可靠断开,轻瓦斯保护不动作;挡板 10 在弹簧 9 的作用下处在正常位置,永久磁铁 11 远离干簧触点 13,干簧触点 13 也是断开的,重瓦斯保护也不会动作。由于采取了两个干簧触点串联和用弹簧拉住挡板的措施,重瓦斯保护具有良好的抗震性能。

(2)当变压器内部发生轻微故障时,所产生的少量气体逐渐聚集在继电器的上部,使继电器内的油面下降,油面降到低于开口杯,开口杯自重加上杯内油重抵消浮力后的力矩将大于重锤自重抵消浮力后的力矩,使开口杯 5 的位置随着油面下降,磁铁 4 逐渐靠近干簧触

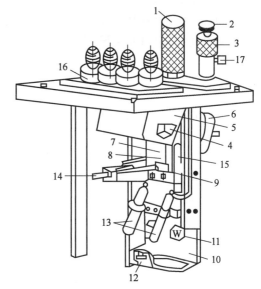

图 2-26　QJ1-80 型气体继电器的结构图
1-罩;2-顶针;3-气塞;4-磁铁;5-开口杯;6-重锤;7-探针;8-开口销;9-弹簧;10-挡板;11-永久磁铁;12-螺杆;13、15-干簧触点;14-调节杆;16-套管;17-排气口

点 15,触点到一定程度时触点闭合,发出轻瓦斯动作的信号。同理,当变压器漏油比较严重时,也会出现上述相似的过程,引起轻瓦斯保护动作。

(3)当变压器内部发生严重故障时,所产生的大量气体形成从变压器冲向油枕的气流,带油的气体直接冲击着挡板 10,克服了弹簧 9 的拉力使挡板偏转,永久磁铁 11 迅速靠近干簧触点 13,触点闭合(重瓦斯动作)启动保护出口继电器,使变压器各侧断路器跳闸。

2. 瓦斯保护的接线

瓦斯保护的原理接线图如图 2-27 所示,气体继电器 KG 的上触点由开口杯控制,闭合后发出延时动作信号;KG 的下触点由挡板控制,动作后经信号继电器 KS 启动出口继电器 KCO,使变压器各侧断路器断开。

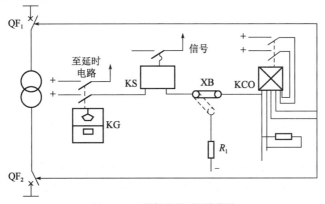

图 2-27　瓦斯保护的原理接线图

为了防止变压器油箱内部严重故障时油速不稳定,造成重瓦斯触点时通时断而不能可靠跳闸,KCO 采用带自保持电流线圈的中间继电器。为防止瓦斯保护在变压器换油或气体继电器试验时误动作,出口回路设有切换片 XB,将 XB 倒向电阻 R_1 侧,可使重瓦斯保护改为只发信号。

3. 瓦斯保护动作原因及检查

当变压器轻瓦斯保护信号动作后,应尽快查明原因,并做好记录。轻瓦斯动作的原因有以下几点:

(1) 因变压器内部故障而产生少量气体。
(2) 因滤油、加油或冷却系统不严密,致使空气浸入变压器。
(3) 因温度下降或漏油致使油位降低。
(4) 二次回路故障误发信号。
(5) 由于发生穿越性短路而引起。

轻瓦斯动作后的检查处理有以下几个方面:

(1) 对变压器进行外部检查,油位、油温是否正常,有无异常漏油、喷油情况,有无检修人员工作,并注意表计有无变化,加强对变压器的监视。
(2) 检查气体继电器内是否充满油,若气体继电器内存在气体时,则应从气体继电器上部排气口收集气体,记录气量、鉴定气体的颜色及是否可燃,并取气样及油样进行色谱分析。若气体继电器内的气体为无色、无臭而不可燃,色谱分析判断为空气,则变压器可继续运行。若气体是可燃的,色谱分析其含量超过正常值,则经常规试验给以综合判断,若判明变压器内部已有故障,则必须将变压器停运,以便分析动作原因和进行检查试验。

重瓦斯保护动作的处理步骤有以下几个方面:

(1) 对变压器外部进行全面检查,各部位有无漏油、喷油现象。
(2) 取瓦斯气体进行分析判断。
(3) 检查二次回路判断是否气体保护误动。
(4) 测量变压器绝缘电阻。
(5) 经上述检查未发现问题,可对变压器进行零起升压试验,若良好则可投入运行。
(6) 若发现有明显故障,则由检修人员进行处理。
(7) 如果确定是重瓦斯保护误动作,可停用重瓦斯,但恢复送电时,差动保护必须投入。

(二) 温度保护

温度保护是专为变压器长时间过负荷而设置的,变压器长时间过负荷,线圈会发热,使变压器温度升高,绝缘受到影响,当变压器的温度超过一定值时,温度保护会发出预告信号或跳闸信号。

一般变压器的温升是指变压器的上层油温与周围环境温度的差。变压器线圈温度要比上层油温高 10℃。一般规定:变压器绕组的极限工作温度为 105℃(即环境温度为 40℃ 时),上层温度不得超过 95℃,通常以监视温度(上层油温)设定在 85℃ 及以下为宜。

油浸变压器:线圈温升,65℃(冷却介质最高温度40℃);油温温升,55℃(最高顶层油温95℃,冷却介质最高温度40℃)。

干式变压器:线圈温升,100℃(F级绝缘),80℃(B级绝缘),环境温度不大于40℃。

温度保护分为油浸式变压器过热保护和干式变压器过热保护。

1. 油浸式变压器过热保护

油浸式变压器过热保护,主要由温度继电器构成,温度继电器的温度探头旋入变压器顶盖的预留管中,用以监视变压器油的上层温度,当变压器油箱内上层温度超过55℃时,温度继电器动作启动风扇电机,对变压器进行风冷却;当温度继续升高到70℃时,温度继电器动作于跳闸,发出变压器过热信号。当温度低于45℃时,风扇停转。

2. 干式变压器过温保护

干式变压器过温保护,由温控器来实施,作用是监视变压器绕组温度。温控器里的测温探头装设在变压器二次绕组的上部,用以感知绕组内温度的变化,对于绝缘耐热等级为F级的树脂浇注变压器来讲,当绕组内温度超过风扇启动定值(如90℃)时,启动风机,当绕组内温度超过报警整定值(130℃)时,通过温控器的信号回路报警。当绕组内温度超过跳闸整定值(150℃)时,温控器控制系统使变压器电源侧断路器动作于跳闸。由此可见,测温探头性能的好坏很重要,测温探头一般都由热电阻传感器构成。

1)铂热电阻传感器

热电阻传感器是利用电阻值随温度变化而变化这一特性来测量温度及与温度有关的参数。在温度检测精度要求比较高的场合,这种传感器比较适用。目前,较为广泛的热电阻材料为铂、铜、镍等,它们具有电阻温度系数大、线性好、性能稳定、使用温度范围宽等特点。其中,铂热电阻测量精确度最高,性能最稳定,其温度范围在-200~400℃。铂热电阻的电阻值与温度的对应图如图2-28所示。LD-B10-A220D型温控器就是采用铂热电阻传感器作为探头。从图中可见,当温度升高时电阻值也随之增大。

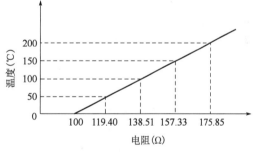

图2-28 铂电阻的电阻值与温度的对应

2)温控器工作原理

图2-29所示的温控器,LD-B10-A220D型用于三相三线制变压器,LD-B10-A220G型用于三相四线制变压器。图2-29中的d路靠近中线。

温控器由温度监视系统和输出控制系统两部分电路组成。

(1)温度监视系统:由单片机(中央处理器)、铂热电阻传感器、多路开关、滤波放大、A/D转换等电路构成。

铂热电阻在0~200℃范围内线性度较好,当绕组温度变化时,埋在干式变压器三相绕组中的铂热电阻传感器的电阻值也随温度相应变化,变化的电阻值经多路开关输入到滤波、放大回路,再经A/D转换后输入单片机,单片机根据输入的测量数据及外部设定的各种控制参数,经计算与处理显示被测绕组的温度值,并输出相应信号。

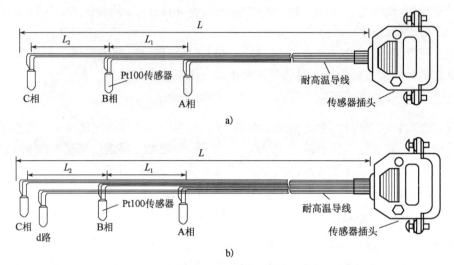

图 2-29　LD-B10-A220 干式变压器温度控制器示意图
a) LD-B10-A220D/EF 型；b) LD-B10-A220G/I 型

（2）控制系统根据温度监视系统发出的信号执行命令，当变压器温度超过定值时，启动风机发出超温报警信号。变压器温度超高时，发出温度超高事故信号，并输出断路器跳闸脉冲。

（三）压力释放保护

当变压器超载或故障时，会引起油箱内部压力升高，如果压力达到一定程度而得不到释放，则可能引起变压器的爆炸，所以油浸式变压器需要装设过压保护装置——压力释放阀。

当变压器内部达到一定压力时，压力释放阀便动作，释放阀的膜盘跳起，变压器油排出，同时释放阀便可靠关闭，使变压器油箱内保持正压，有效防止外部空气、水分及其他杂质进入油箱。

1. 电力变压器压力释放保护原理

变压器压力释放保护作为变压器的非电气量保护，其保护原理是当油箱内有故障的时候，油箱本体上压力释放阀的微动开关动作接通变压器跳闸回路来实现对变压器的保护。即当故障点发生在变压器内部时，变压器油被汽化，产生大量的气体，同时由于变压器油的体积急剧膨胀，使变压器油箱内部压力迅速上升。当变压器油箱内部压力升高到变压器压力释放阀设定的压力时，变压器压力释放阀微动开关迅速闭合，同时变压器压力释放阀在 2ms 内立即打开，使变压器油箱内的压力急剧下降，变压器油排出，同时释放阀便可靠关闭，使变压器油箱内保持正压，有效防止外部空气、水分及其他杂质进入油箱。与此同时，变压器压力释放阀微动开关迅速动作闭合，使变压器跳闸出口回路接通，跳开变压器各侧断路器，从而防止了变压器故障的进一步扩大。

2. 电力变压器压力释放保护动作的原因及处理

电力变压器出现压力释放动作信号一般说明变压器内部发热，释放出气体，在气体继电器内可见有气体，结合动作情况，可进行以下方面的检查：

(1) 变压器油位过低。
(2) 变压器冷却器工作异常。
(3) 变压器过负荷。
(4) 变压器内部各接头发热。
(5) 变压器铁芯硅钢片间存在短路或涡流不正常现象。
(6) 变压器温度表显示错误。
(7) 变压器线圈匝间短路等。

压力释放保护动作后的处理：

(1) 若变压器冷油器正常，环境温度正常，但变压器负荷不变、温度不断上升或油温较同样负荷及冷却条件下高10℃，则可初步判断故障点处于变压器内部，运行值班人员应将故障变压器负荷降低或者将变压器相应开关断开，并通知相关人员提取变压器的油样进行化学分析。

(2) 如果是变压器的冷却设备故障，又没有备用冷却设备时，相关人员应立即降低变压器所带负荷，使变压器温度降到电力变压器运行规程规定值以下。

(3) 检查变压器冷却器的运行情况和变压器室通风情况，有备用冷却设备的，应及时投入备用冷却设备。

(4) 核对变压器温度表指示是否正常，检查变压器的负荷及周围环境温度。

(四) 冷却器故障、风冷消失保护

当变压器采用风冷却方式时，在变压器油箱壁或散热器上加装风扇，可提高散热器的冷却效率。当风扇因故停转时，风扇的保护系统会发出"风冷消失"的告警信号。

当变压器采用强迫油循环冷却方式时，利用油泵将变压器油打入油冷却器冷却后再送回油箱。变压器可以装设多台冷却器和备用冷却器，根据温度和负载控制冷却器的投切。一般情况下，若冷却器出现故障，则投入其他冷却器或备用冷却器，并发出告警信号；若冷却器全停，则应发出跳闸信号。

单元2.6　其他继电保护类型

一、失灵保护

断路器失灵保护是指故障电气设备的继电保护动作发出跳闸命令而断路器拒动时，利用故障设备的保护动作信息与拒动断路器的电流信息构成对断路器失灵的判别，能够以较短的时限切除同一厂站内其他有关的断路器，使停电范围限制在最小，从而保证整个电网的稳定运行，避免造成发电机、变压器等故障元件的严重烧损和电网的崩溃瓦解事故。

在现代高压和超高压电网中，断路器失灵保护作为一种近后备保护方式得到了普遍采用。220～500kV 电网以及个别的 110kV 电网的重要部分，根据下列情况设置断路器失灵保护：

(1) 当断路器拒动时，相邻设备和线路的后备保护没有足够大的灵敏系数，不可能可靠动

作切除故障时。

(2)当断路器拒动,相邻设备和线路的后备保护虽能动作跳闸,但切除故障时间过长而引起严重后果时。

(3)若断路器与电流互感器之间距离过长,在其间发生短路故障不能由该电力设备的主保护切除,而由其后备保护切除,将扩大停电范围并引起严重后果时。

城市轨道交通中的变电站变压器高压断路器与进线断路器之间设置有失灵保护,由信号线连接。

(一)断路器失灵保护原理

图2-30中,KM_1、KM_2为连接在单母线分段I上的元件保护的中间继电器。当中间继电器KM_1、KM_2动作于跳开断路器的同时,也启动失灵保护中的公用时间继电器KT。时间继电器的延时应大于故障元件的断路器跳闸时间与保护装置返回时间之和,因此断路器失灵保护并不妨碍它正常地切除故障。在故障元件保护正常跳闸时,断路器失灵保护不会跳闸,在故障切除后能自动返回。在故障元件的断路器拒动时,由时间继电器KT启动中间继电器KM_3,使接在I段母线上所有带电源的断路器跳闸,从而代替故障处拒动的断路器切除故障。

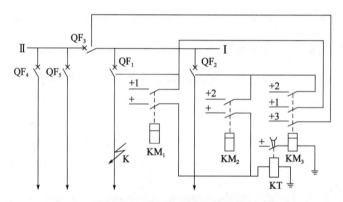

图2-30 断路器失灵保护原理图

例如,图2-30中K点发生故障,KM_1动作后,正常情况下,应由断路器QF_1跳闸,断路器失灵保护的时间继电器KT也同时启动并计时,当断路器QF_1拒动时,经过整定的时间后,时间继电器KT的常开延时闭合触点闭合接通,启动中间继电器KM_3,使连接于I段母线上其他元件的断路器QF_2、QF_3均跳闸,从而切除K点的故障,起到了QF_1拒动时的后备保护作用。

(二)断路器失灵保护需要具备的条件

断路器失灵保护必须同时具备以下条件才能启动:

(1)故障元件的保护出口继电器动作后尚未返回。

(2)在故障元件保护装置的保护范围内仍存在故障,失灵判别元件启动。

当母线上连接的元件较多时,一般采用检查故障母线电压的方式以确定故障仍然没有切除;当母线上连接元件较少或一套保护动作于几个断路器以及采用单相合闸时,一般采用检查通过每个或每段断路器的故障电流的方式,作为判别断路器拒动且故障仍未消除之用。

(三) 断路器失灵保护动作时限

由于断路器失灵保护是在故障元件的保护动作之后才开始计时的,因此,其动作时限无须与其他保护的动作时限配合,只需躲过断路器的跳闸时间与保护的返回时间之和即可,通常取 $0.3 \sim 0.5\mathrm{s}$。

二、距离保护

距离保护就是根据保护安装处到短路点之间的距离的远近来确定动作时限的一种继电保护装置。当短路点距离保护安装处越近时,保护装置所感受到的距离越近,保护便以较短的动作时限动作;当短路点距离保护安装处越远时,保护装置所感受到的距离就越远,保护就以较长的动作时限动作。这样,故障点总是由动作时限较短的保护来切除,从而能够保证选择性。

(一) 距离保护原理

距离保护装置的核心元件是距离(阻抗)继电器,它可以根据输入的电压和电流测得保护安装处到故障点的阻抗,此阻抗称为继电器的测量阻抗,测量阻抗的大小能反映故障点到保护安装处的距离。如图2-31所示,当在 BC 中间发生短路故障时,1处安装的保护装置测量到的短路阻抗值为 $Z_{AB}+Z_{BK}$,2处安装的保护装置测量到的短路阻抗值为 Z_{BK}。通过阻抗大小判别,1处保护装置动作时限较长,2处保护装置动作时限较短,由2处的保护装置开断短路故障电流,保证继电保护的选择性。

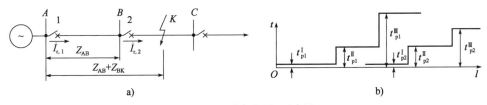

图2-31 距离保护原理示意图

(二) 距离保护的组成

距离保护一般由启动、测量、振荡闭锁、电压回路断线闭锁、配合逻辑和出口等几个部分组成。

(1) 启动部分。启动部分用来判别电力系统是否发生故障。

(2) 测量部分。测量部分是距离保护的核心,对其要求是在系统故障的情况下,快速准确地测定出故障方向和距离,并与预先设定的保护范围相比较,区内故障时给出动作信号,区外故障时不动作。

(3) 振荡闭锁部分。电力系统发生的振荡不是短路,距离保护不应该动作。

(4) 电压回路断线闭锁部分。电压回路断线时,将会造成保护测量电源的消失,可能使距离保护的测量元件出现误动作。

(5) 配合逻辑部分。该部分用来实现距离保护各个部分之间的逻辑配合以及三段式距离保护中各段之间的时间配合。

(6) 出口部分。出口部分包括跳闸出口和信号出口,在保护动作时接通跳闸回路并发出相应的信号。

(三) 三段式距离保护

距离保护的动作时间 t 与保护安装处到故障点之间的距离 l 的关系称为距离保护的时限特性,目前,获得广泛应用的是阶梯形时限特性,称为距离保护的Ⅰ、Ⅱ、Ⅲ段。三段式距离保护的原理,如图 2-32 所示。

距离保护的时限特性,如图 2-33 所示。

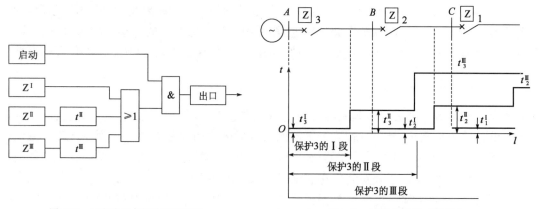

图 2-32　三段式距离保护原理框图　　图 2-33　距离保护的时限特性

Ⅰ段:保护本线路一部分(线路全长的 80%～85%);动作时限为 0s。
Ⅱ段:保护本线路全长,与下一线路的Ⅰ段配合;动作时限为 0.5s。
Ⅲ段:保护本线路与相邻线路的全长;动作时限为阶梯特性。
其整定原则是:
(1) 按躲过最大负荷时的最小阻抗整定。
(2) 与下一段下线路的Ⅱ段、Ⅲ段相配合。
(3) 与下一级相邻的变压器电流、电压保护相配合。
上述中取阻抗值最小者。

习题及思考

一、填空题

(一) 速断保护

1. 电流速断保护又称_____,其动作延时就是保护装置的_____时限。
2. 电流速断保护的整定原则是动作电流_____被保护线路末端或变压器低压母线的_____。

3.对于配电线路,电流速断保护只能保护线路全长的_____。

4.电流速断保护的主要优点是_____、简单可靠。

5.在系统最大运行方式下,电流速断保护范围为_____。

(二)限时电流速断保护

1.限时电流速断保护的保护范围是本线路的_____,并延伸到下一级线路的一部分,但不得超过下一级线路_____保护的保护范围。

2.限时电流速断保护的灵敏系数是最_____运行方式下,被保护线路末端_____相短路电流值与_____值之比。

3.无时限电流速断保护和限时电流速断保护共同作用,构成了线路的_____保护。

(三)定时限过电流保护

1.定时限过电流保护的动作电流是按躲过_____整定的。

2.为保证过电流保护动作切除外部故障后可靠返回,其返回电流应大于外部故障切除后流过保护的_____电流。

3.定时限过电流保护作为本线路近后备保护,灵敏系数应在_____之间。作为下一级线路远后备保护时,灵敏系数应_____。

4.定时限过电流保护作为后备保护,应校验本线路_____短路时的灵敏系数和下一级线路_____短路的灵敏系数。

5.定时限过电流保护通常作为本段的_____保护和下一级线路的_____保护。

6.低电压闭锁的过电流保护,只有当线路电流_____电流继电器的动作电流整定值,同时又伴着电压_____低电压继电器释放整定值时,保护才动作。

(四)三段式电流保护构成

1.将_____保护、_____保护、_____保护组合在一起构成一套保护,相互配合补充,称为三段式电流保护。

2.各保护的动作时限配合级差通常为_____s。

3.按阶梯时限原则整定的过电流保护,越靠近电源侧,短路电流越大,动作时限_____。

(五)零序保护、反时限电流保护

1.电力系统中性点对地的运行方式主要有中性点对地_____、中性点经消弧线圈接地、中性点经_____接地、中性点_____接地四种方式。

2.适合设置零序电流保护的10kV系统的中性点对地的运行方式是中性点经_____接地方式。

3.零序过电流保护与相间过电流保护相比,由于其动作电流小,所以灵敏度_____。

4.零序过电流保护的动作电流应躲过下一条线路首端发生三相短路时由零序电流过滤器输出的最大_____。

5.中性点不接地电网发生单相接地短路时,故障线路保护安装处通过的零序电流为该电网所有_____的零序电容电流之和。

6.反时限过电流保护是带有动作延时的保护,动作延时与动作电流近似成_____。

(六)线路纵差、变压器差动与瓦斯保护

1.线路纵向差动保护的保护范围是线路_____互感器之间的线路,当保护范围内发生短路故障时,线路_____的断路器同时跳闸。

2. 正常或外部短路时,流过差动元件的电流是_____电流,应采取措施消除。

3. 流经变压器差动保护的暂态不平衡电流主要包括_____产生的不平衡电流和_____引起的不平衡电流。

4. 当变压器空载投入可能出现很大的励磁电流,称为_____。

5. 识别变压器励磁涌流的方法主要包括_____识别法和利用_____原理两种。

6. 穿越短路电流越大,变压器差动保护元件的不平衡电流也越大,为了防止差动保护误动,可以利用穿越电流作为差动保护的_____电流。

7. 反映变压器油箱内部各种故障和油面降低的保护称为_____,根据反映故障性质的不同又分为_____和_____两种。

二、简答题

1. 瞬时电流速断保护、限时电流速断、定时限电流保护的整定原则和保护范围是什么?
2. 瞬时电流速断保护的选择性由什么保证?定时限电流保护的选择性由什么保证?
3. 什么是反时限电流保护?
4. 零序电流保护用于什么地方?用于反映什么故障?
5. 三段式电流保护由什么组成?各保护的作用和范围是什么?
6. 差动保护的优点是什么?写出其工作原理及保护范围。
7. 简述变压器的保护配置。
8. 变压器的非电量保护有哪些?
9. 简述失灵保护和距离保护的动作原理。

三、综合题

1. 经计算,某线路末端的最大三相短路电流为1200A,保护安装处的电流互感器为完全星形连接,变比为800/5,求:

(1)电流速断保护的电流继电器的整定值为多少安?(可靠系数自定)

(2)电流继电器的两个线圈是串联还是并联?调节手柄大约放在什么位置?

2. 通读本书,归纳总结单电源网络三段式电流保护的特性,填写下表并进行比较研究。

三段式电流保护特性

段名称	保护名称	整定原则	保护范围	整定计算公式及系数取值范围	灵敏度系数要求及计算公式	保护类别(主备)及评价
Ⅰ段						
Ⅱ段						
Ⅲ段						

3. 画出三段式电流保护接线图。(主要考核画图质量。要用铅笔、尺子、电工模板画,应横平竖直,文字符号、图形符号齐全正确,干净无涂改,比例、布局美观)

单元3 城市轨道交通直流牵引供电系统继电保护

本单元主要内容包括：城市轨道交通直流供电系统的运行方式、大电流脱扣保护、DDL 保护、双边联跳保护、框架保护、钢轨电位限制装置、接触网热过负荷保护、定时限过电流保护、低电压保护、逆流保护等。

单元3.1 城市轨道交通直流牵引供电系统概述

一、直流牵引供电系统的构成

直流牵引供电系统的作用是为城市轨道交通电动列车提供牵引电能，同时为城市轨道交通电动列车照明、控制、空调等辅助设备提供电能。在城市轨道交通列车采用电力再生制动时，它还可以将再生电能反馈到电力系统。

从地铁为例，如图 3-1 所示，牵引变电所、馈电线、接触网（或接触轨）、钢轨、回流线、电分段等共同构成了牵引供电系统。

（1）牵引变电所的作用是提供一定区域内的牵引电能。

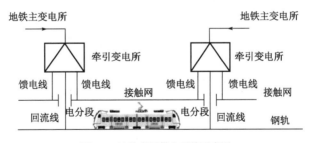

图 3-1 地铁牵引供电系统示意图

（2）馈电线的作用是向接触网输送电能。

（3）接触网（或接触轨）接直流牵引电源的正极，其作用是通过列车的受电弓或集电靴向列车提供电能。

（4）钢轨是牵引电流回流电路的一部分。

（5）回流线的作用是使牵引电流返回牵引变电所的负极母线。

（6）电分段的作用是便于检修和缩小事故范围。

二、牵引变电所主接线

牵引变电所主接线力求简单可靠,全线尽量一致,便于运营管理。如果与降压变电所合建,则中压交流侧需单母线分段,设分段开关,双路电源引入,分列运行;否则,亦可为单母线,双路电源一用一备。牵引变电所一般设两套牵引整流机组,其容量按远期运量设计。

牵引变电所主接线由两部分组成:中压交流主接线和牵引直流主接线。

由于城市电网的实际情况很难保证两路中压电源电压平衡,故牵引变电所的中压交流侧主接线,一般将两套整流机组接至同一段母线上,这样做有利于两套整流机组负荷的平衡,也有利于构成等效 24 脉波整流,减少注入电网的高次谐波。

牵引直流侧主接线一般采用单母线加旁路(备用)母线的形式,在两条母线之间设置备用开关,它可以代替四路馈线开关中的任何一路。在同一馈电区电分段处设置一台纵向联络电动隔离开关或断路器,当牵引变电所故障解列或退出运行时,可以通过它实现左右相邻牵引变电站的大双边供电。

图 3-2 所示为典型直流牵引供电系统示意图。

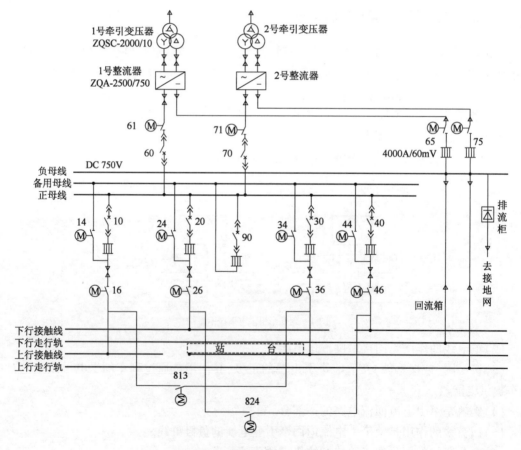

图 3-2 典型直流牵引供电系统示意图

图中主要开关名称如下：

61、71：正母线电动隔离开关；

65、75：整流柜负极与负母线间的电动隔离开关；

60、70：直流进线断路器；

10、20、30、40：直流馈出断路器；

90：备用断路器；

14、24、34、44：旁路电动隔离开关；

16、26、36、46：直流配电柜隔离开关；

813、824：纵联开关柜。

三、直流牵引供电系统的供电方式

（一）直流牵引供电系统的供电方式分类

直流牵引供电系统供电方式是指牵引变电所对牵引网的供电方式，包括单边供电、双边供电和大双边供电三种。

单边供电是指任何一个馈电区（牵引网）仅能从一侧牵引变电所取得电源的供电方式。一般线路终端和车辆段内采用单边供电方式。

双边供电是指任何一个馈电区同时从两侧牵引变电所取得两路电源。城市轨道交通的牵引供电系统，正常运行时正线均应采用双边供电方式。

双边供电相比单边供电具有以下明显优点。

（1）牵引网的平均电压损失、列车带电运行时受流器上的电压损失、列车最大平均电压损失、列车启动时最大电压损失、牵引网的功率损失等，双边供电都是单边供电的1/3~1/4。

（2）双边供电时，列车的再生能量可以被同行列车吸收，当车流密度高时再生能量更易被同行列车利用；而单边供电时，再生能量被其他同行列车吸收的可能性极小。

（3）杂散电流值双边供电是单边供电的1/3~1/4。

（二）大双边供电方式

鉴于双边供电比单边供电有很多优点，系统中任何一座牵引变电所故障解列时，应采取技术措施，实行大双边供电。大双边供电有两种方式：

（1）利用解列的牵引变电所的直流母线构成大双边供电（图3-3）。

利用牵引变电所直流母线构成大双边供电的条件是：

①牵引变电所只有两套整流机组退出运行。

②直流母线、上下行4路馈线开关及其二次回路完好无损且能正常运行。

如图3-3所示，构成大双边供电的优点是简单方便，容易实现；缺点是凡涉及直流母线或4路馈线开关的任何故障都不适用这种方式。利用故障变电所的直流母线将上下行的接触轨并联起来，虽然改善了电压质量、降低了损耗，但同时也会扩大事故范围，因接触轨一点发生短路故障时，可能引起多路馈出开关跳闸，从而使事故范围扩大。

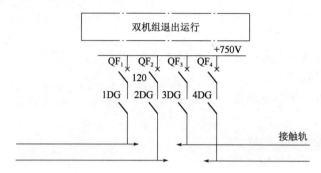

图 3-3 利用直流母线构成大双边供电

(2) 利用纵向联络电动隔离开关构成大双边供电。

当牵引变电所故障解列时,利用电分段处的纵向联络电动隔离开关构成大双边供电,使整座牵引变电所(含道开关柜)退出运行,牵引网运行不受故障牵引变电所的影响,图 3-4 中两台纵向联络电动隔离开关 1ZDG、2ZDG 处于合闸状态。

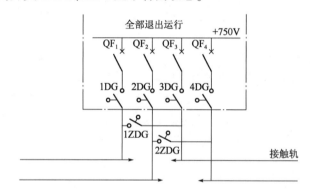

图 3-4 利用纵向联络电动隔离开关构成大双边供电

纵向联络电动隔离开关的用途有两个:

①作为牵引变电所 4 路馈线开关的备用开关。当牵引变电所电分段两侧上下行任何一路或两路直流馈线开关故障退出运行时,由纵向联络电动隔离开关构成大双边供电,此时上下行牵引网可以是大双边供电;而下上行牵引网可仍是正常双边供电。牵引变电所直流侧不需另设备用开关。

②作为牵引变电所的备用开关。当整座牵引变电所(含隧道开关柜)故障解列退出运行时,由纵向联络电动隔离开关构成大双边供电,使地铁正常运行。

纵向联络电动隔离开关操作的联锁条件可以是以下条件中的任何一种:

①监测故障牵引变电所纵向联络电动隔离开关两侧牵引网有无电压,只有当确认纵向联络电动隔离开关两侧的牵引网没有电压时,才可以进行操作。

②故障牵引变电所向上下行牵引网馈电的 2 路馈出开关与左右两侧相邻牵引变电所向同一馈电区供电的 2 路馈出开关皆处于分闸状态时,才可以操作。

③故障牵引变电所向上下行馈电的两路馈出开关处于分闸状态,由调度人员确定该区间无车辆运行时才可以进行操作。

因治理谐波的需要,牵引变电所多采用双机组构成等效 24 脉波整流,无论是在正常工况,还是在相邻变电所故障解列的工况下,在高峰小时牵引变电所都应采用双机组并列运行方式,以满足列车运行和治理谐波的需要。

四、直流牵引供电系统的典型运行方式

城市轨道交通牵引供电系统,是在几十公里范围内一个庞大的系统,由十几座或更多的牵引变电所和沿线敷设的牵引网构成。为保证列车快速安全地运行,牵引供电系统根据实际运营需要,可以有不同的运行方式。

(一)正常运行方式

牵引供电系统正常工况为双机组并列运行,以构成等效24脉波整流,减小高次谐波对交流供电系统的影响。对牵引网进行双边供电,以减小杂散电流、减少功率损耗、改善列车启动和运行时的电压损失。变电所容量是按高峰小时选择的,正常运行不会有过负荷现象产生,都是在牵引变电所的额定负荷以内运行。偶尔的大电流,也只在列车启动时产生。

如图3-2所示,正常供电时,750V直流母线由两台整流机组同时供电,也就是图中的60、70、65、75、61、71合闸向母线供电,10、20、30、40、16、26、36、46合闸向接触轨供电,14、24、34、44、90在分位。

(二)单机组运行

因牵引变电所容量选择是按高峰小时选择的,在非高峰小时,一台机组因故障或检修退出运行时也可以有条件地单机组运行。单机组运行应充分利用其过负荷能力。

如图3-2所示,单机组运行时750V直流母线只由一台整流机组供电,此时如果这台整流机组发生故障既影响供电。例如,65、61、60合闸向母线供电,10、20、30、40、16、26、36、46合闸向接触轨供电,75、71、70在分位,14、24、34、44、90在分位。

(1)单机组双边供电。

图3-2中,65、61、60(或75、71、70)、10、20、30、40合闸,两相邻站同时向三轨送电。

(2)单机组单边供电。

图3-2中,65、61、60(或75、71、70)、10、20、30、40合闸,相邻变电站因故不能向本牵引区段的三轨送电。

(三)双机组解列退出运行

系统中允许任何一座牵引变电所故障解列退出运行,靠相邻牵引变电所的过负荷能力,仍能保证列车的正常运行,运输能力不降低,由两相邻牵引变电所对牵引网进行大双边供电。大双边供电根据条件可由两种方式构成:利用退出运行的牵引变电所直流母线构成或利用纵向联络电动隔离开关构成。

如图3-2所示,牵引变电站发生故障或因检修等原因需要退出运行时,可以采用大双边供电方式:将变电站的10、20、30、40、14、24、34、16、26、36、46开关分断,将相邻变电站的10、20(下行邻站为30、40)、14、24(下行邻站为34、44)开关分断,然后合故障变电站的纵联柜813、824,再合相邻站的10、20(下行邻站为30、40),形成大双边供电。对这个大供电区间

进行双边供电的两个对应断路器之间必须有联跳回路接线,这种联跳关系是通过退出变电站的继电器的常开触点转接的,因此不得断开这些继电器的控制电源,否则联跳回路会中断。

五、直流牵引供电系统的主要故障形式及其影响

牵引变电所内直流系统的故障形式主要有:短路故障、过负荷故障、过压故障等,最常见的也是危害最大的是短路故障。从本质上讲,短路故障有两种类型,一种是正极对负极短路;另一种是正极对大地短路。牵引变电所内配置的多数保护都是为了切除前一种故障,框架保护则是为了切除后一种故障。

正极对负极短路故障,多数是由于架空接触网对钢轨短路引起的,短路点离牵引变电所的距离决定了短路电流的大小。远端短路故障电流的峰值与列车启动时的电流峰值相近,甚至小于该电流。所以,远端短路故障电流与列车启动电流的区分,是牵引变电所直流保护的难点。另外,列车受电弓过接触网分段时,也会有一个峰值较高的电流出现。

当牵引网的直流供电线路上发生短路故障时,线路的电流和电压将会发生显著变化,所以利用电流和电压的变化特征,可以构成基于电流电压的保护。然而,列车在高密度运行时,如高峰期间列车间隔缩短至3min时,变电所馈线最大负荷电流往往接近甚至大于牵引网末端的短路电流。所以对直流牵引供电系统继电保护的选择性、灵敏性要求更高,各项保护的主次关系,定值配合需要更合理。

城市轨道交通牵引负荷和故障短路电流的比较可归纳为以下几点:

(1)列车瞬时启动电流和故障电流都可近似表示为指数函数。即 $i = I(1 - e^{t/\tau})$,其中 I 为电流最终的稳态值,τ 为时间常量。

(2)当直流馈线距离长,车辆密度大时,有可能出现最大负荷电流大于或等于末端短路电流的情况。

(3)一般短路电流变化率大于负荷电流变化率(包括启动电流),但远端故障电流变化率和列车启动时最大电流变化率相接近。当直流馈线很长时,还可能出现末端短路电流变化率小于负荷电流变化率的情况。

(4)一般中远端故障电流变化持续时间大于列车启动时电流变化持续时间。

(5)一般末端故障电流瞬时跳跃量大于机车启动瞬时跳跃量,当线路长时,也可能相反。

六、直流牵引供电系统保护的特点

(1)直流短路,回路电阻和电感参数的大小对短路电流的大小和特性影响非常大,因此接触网近、中、远端的故障电流特性有很大差别。

短路点距变电所越近,电流上升率越大,短路电流也越大。当接触网发生近端短路时(图3-5),预期短路电流峰值一般可达80kA以上,初始电流上升率 di/dt 可达5kA/ms以上,如不快速切除,短路电流将在极短时间内上升到最大值,对系统和设备造成极大危害,因此必须在短路电流达到峰值之前快速切除。中远端的短路电流,由于线路电感的作用,

短路电流变化相对缓慢，初始上升率较小。直流电弧比交流电弧更不容易熄灭，对断路器的要求很高。

（2）牵引供电系统的"多电源"和保护的"多死区"。

所谓多电源，即当牵引网发生短路时，并非仅双边供电两侧的牵引变电所向短路点供电，而实际上是全线的牵引变电所皆通过邻站的直流母线和牵引网向短路点供电，只是距短路点近的牵引变电所供出的短路电流大、距短路点远的变电所供出的短路电流小而已。

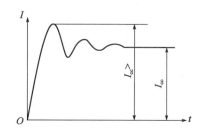

图3-5 牵引变电所近端短路特性示意图
$I_{cc}>$ -预期短路电流峰值；I_{cc}-稳态短路电流

所谓多死区，是因牵引供电系统本身的特点和保护对象的特殊性而形成保护上的"死区"。牵引供电系统之所以形成保护上的死区，主要有两个原因：

①地铁列车为多辆电动车组编组，其启动电流大于牵引网最小短路电流，只靠直流快速开关的大电流整定很难满足保护要求。

②电动列车是随时在运动的，其位置在不断地移动、变化，作为电动列车的远后备保护，牵引变电所的保护应延伸至电动列车主回路末端。

任何保护的最基本要求就是当发生短路故障时，首先要切断电源，切断电源对直流系统至关重要，因为直流一旦形成电弧而不断电，则可以长时间维持。而消除死区是任何保护必须做到的。针对这两点，牵引供电系统除交流系统常用的保护外，还采用了牵引变电所内部联跳、牵引网双边联跳、DDL等特殊保护措施，这就可以满足牵引供电系统发生故障时及时切断电源、消除死区的要求。

当然，继电保护应满足"可靠性、速动性、灵敏性和选择性"的要求，对任何供电系统的继电保护而言，可靠性总是第一位的，而对直流牵引供电系统，速动性可以看成和可靠性是同等重要的，所以直流侧保护皆采用毫秒级的电气设备，如直流快速熔断器、直流快速断路器、DDL保护等，都是以毫秒为计算单位。目的就是在直流短路电流上升过程中将其截断，不允许短路电流到达最大稳态值。至于选择性，在直流牵引系统中则处于次要位置，其保护的设置原则应当是"宁可误动作，不可不动作"。误动作可以用自动重合闸进行矫正；而拒动则很危险，因为直流系统短路时产生的直流电弧，若不切断电源可以长时间维持燃烧而不熄灭，这样就会引燃车辆，进而威胁乘客的人身安全。

七、直流牵引供电系统的常用保护类型

城市轨道交通直流保护系统应考虑以下几个主要因素：

（1）城市轨道交通直流保护应充分考虑到各种保护之间的相互配合关系，以保证在直流供电系统发生短路故障时，能快速、可靠地切除故障。在这里，不同原理保护的配合就显得尤为重要。

（2）城市轨道交通直流保护应保证在列车正常运行时，不会因车辆的启动或加速产生的大电流而误跳闸。包括列车启动时的影响（启动电流、时间以及引起的短时电压下降），同一牵引区间单列车运行、多列车运行、在已有列车运行情况下另有列车启动等情况的影响，以及

列车过接触网分段时的冲击电流的影响等。

（3）直流保护系统应充分考虑某些特殊的故障形式下的保护，如接触网与架空接地线的短路，接触网与隧道内电缆支架、接触网与屏蔽门的短路，司机操作不当引起的列车回路设备短路等故障形式。

直流牵引供电系统的保护主要是由直流断路器与保护装置配合构成。在直流牵引供电系统中，直流断路器按功能分为进线断路器（总闸开关）和馈线断路器（分闸开关）。进线断路器主要控制和保护直流母线；馈线断路器主要保护牵引网。

近端和中远端的短路故障特性差异较大，单一的一种保护难以兼顾灵敏性和可靠性的要求，故需要根据直流牵引供电系统近端以及中、远端的故障特征分别配置相应的保护。目前，常设的直流牵引供电系统保护有以下类型：

（1）牵引变压器常设保护。

电流速断、过电流保护、零序保护、过负荷保护、变压器过热、开门跳闸、机组断路器联跳总闸等。

（2）整流器常设保护。

操作过电压保护、静电过电压保护、换相过电压保护、均流保护、一个硅元件故障报警、同一桥臂两个硅元件故障跳闸、超温报警、直流侧三倍过流一分钟报警等。

（3）进线柜常设保护。

大电流脱扣保护、逆流保护、总闸联跳分闸等。

（4）馈线柜常设保护。

大电流脱扣保护、DDL 保护、定时限过电流保护、低电压保护、双边联跳保护、电缆热过负荷保护、自动重合闸等。

（5）其他直流系统保护。

框架保护、钢轨电位限制装置等。

单元 3.2　直流牵引系统常用保护类型

一、大电流脱扣保护

（一）大电流脱扣保护的特点

大电流脱扣保护是一种直流断路器自带的反映电流幅值增大而动作的保护。大的短路电流对线路造成巨大的损坏，应在其达到电流峰值之前立即切断。大电流脱扣保护的动作特性是，无延时性，通过断路器内设置的脱扣器实现，它不依赖外部继电保护装置和控制回路。当通过断路器的电流超过电流整定值时，脱扣器马上动作，断路器跳闸，其固有动作时间仅几毫秒，所以大电流脱扣保护非常灵敏，尤其是对电流上升非常快的金属性近端短路故障，往往先于电流变化率及电流增量保护动作。

(二)大电流脱扣保护的构成与动作原理

典型直流断路器结构,如图3-6所示。大电流脱扣装置主要由一个固定的层压薄硅钢片构成的铁芯7和一个连到由弹簧控制的推杆上的动衔铁组成,断路器的主回路导电铜排1由固定铁芯7内穿过。固定铁芯7上部有一个梯形缺口,恰与梯形的动铁芯吻合。梯形动铁芯与推杆为一体,中间穿有弹簧。推杆下部的调整螺母8用于调节跳闸动作值。

如图3-7所示,在短路的情况下,主回路电流在固定铁芯1内部产生强电磁场,吸引动衔铁3向上运动,撞击拨叉,使动触点迅速脱扣,断路器跳闸,切断短路电流。相关资源见二维码。

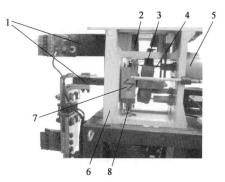

图3-6 典型直流断路器内部结构示意图
1-断路器主回路导电铜排;2-断路器主回路静触点;3-断路器主回路动触点;4-拨叉;5-操动机构;6-绝缘框架;7-大电流脱扣器的固定铁芯;8-调整螺母

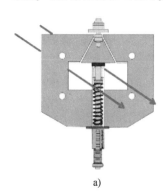 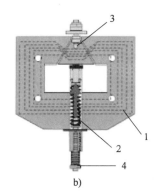 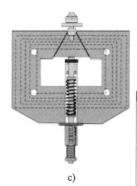

图3-7 大电流脱扣装置动作原理示意图
a)电流方向示意图;b)动作前位置示意图;c)动作后位置示意图
1-固定铁芯;2-弹簧;3-动衔铁;4-调整螺母

(三)大电流脱扣保护的整定

常用的大电流脱扣装置分为不可变铁芯截面和可变铁芯截面两种。

1. 不可变铁芯截面

不可变铁芯脱扣装置,短路脱扣的电流整定值由螺母调节压缩弹簧的松紧度来实现,在动衔铁定向导杆上的刻度读取数值,如图3-8、图3-9所示。

脱扣装置已在出厂前校验过,校验数据牌安装在脱扣装置旁边的框架边缘处,数值在动衔铁定向导杆上的刻度上读取。将脱扣整定值按要求设定后,锁住锁定螺母(图3-10)并进行实际脱扣电流校验。

图3-8 不可变铁芯脱扣装置外观

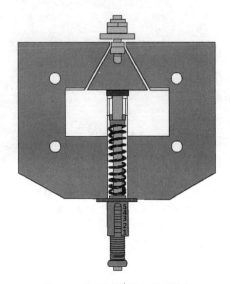

图3-9 不可变铁芯脱扣装置结构

图3-10 定值调整锁定螺母
1-刻度标尺;2-调整螺母;3-锁定螺母

2. 可变铁芯截面

如图3-11所示,在层压固定铁芯4上有一个移动铁芯5,可以用来调整铁芯的截面面积。完全插入式时,铁芯的磁阻降低,一定值的电流可以产生较大的磁通;拔出时,铁芯易磁饱和,通过同样的电流产生的吸引力,不足以吸引动衔铁动作。这样就分为了两挡,根据整定值不同,选择移动铁芯5的位置,然后根据定值对照表6,由螺母1调节压缩弹簧8的松紧度来实现定值的调整。

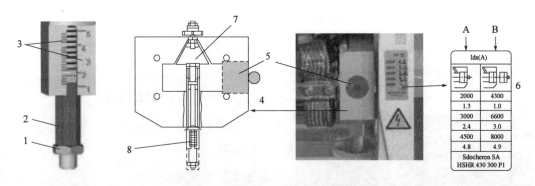

图3-11 大电流脱扣跳闸装置示意图
1-调整锁定螺母;2-调整螺杆;3-刻度值;4-层压固定铁芯;5-移动铁芯;6-定值对照表;7-动衔铁;8-压缩弹簧

如图3-12所示,移动铁芯可使铁芯的固定部分发生改变,从而产生两个不同的脱扣范围。根据指示器的凹槽(红色)作为游标和磁体导管上的刻度值来松紧专门的螺母。

如果设定值为2000~8000A,读数由以下两部分组成。

第一部分:铁芯在固定衔铁内,设定值为2000~4000A,刻度1~5。

第二部分:铁芯从固定衔铁中移出,置于框架上,设定值为4000~8000A,刻度1~5。

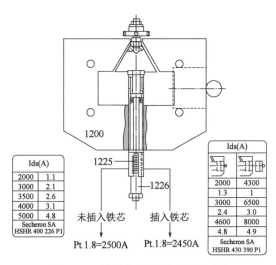

图 3-12 可变铁芯截面整定范围示意图

3. 大电流脱扣保护的整定值

大电流脱扣保护的整定首先按躲过馈线最大负荷电流计算整定初值,为保证选择性,还应与相邻供电区间近端短路时的保护配合,防止越区跳闸,也可用本线路末端最小短路电流乘以可靠系数 1.5 来计算。

整定值的计算为:

$$I_{\text{set}} = K_{\text{rel}} I_{\text{k·min}} \tag{3-1}$$

式中:$I_{\text{k·min}}$——被保护线路短路电流的最小值,A;

K_{rel}——可靠系数,约为 1.5。

(四)大电流脱扣保护使用注意事项

(1)大电流脱扣保护固有动作时间仅几毫秒,所以其对电流上升非常快的近端短路非常灵敏;但缺点是对接触网中、远端发生故障时反应不灵敏,甚至拒动。

(2)断路器经大电流脱扣装置跳闸后,操作机构仍在合闸位置,需要将控制开关向分闸位置对位,使操作机构复位后方可进行合闸操作。

二、DDL 保护

我国早期的城市轨道交通直流牵引供电系统,通常采用大电流脱扣和过电流保护相互配合实现对牵引网的保护,大电流脱扣属于断路器本体装置,主要用于近端短路保护。对于短路点在中、远端的情况下,由于短路电流相对较小,大电流脱扣不能动作,过电流保护虽能保护到线路的末端,但其延时时间长,对线路末端短路的灵敏性不够,不能在线路末端短路时可靠动作,并由此引起过大的火灾事故。

随着我国城市轨道交通的迅速发展,DDL 保护 [又称电流上升率($\mathrm{d}i/\mathrm{d}t$)和电流增量(ΔI)保护],逐渐成为直流牵引网中、远端短路的主保护。电流上升率保护和电流增量保护,是根据故障电流和正常工作电流在上升率上的明显差异来实现的。当故障发生在中、远端时,由于线路阻抗变大,短路电流相对变小,电流速断可能不会动作,采用电流上升率 di/dt 和电流增量 ΔI 的保护装置,能灵敏地反映故障,使断路器跳闸。

(一)电流上升率 di/dt 保护

如图 3-13 所示,电客车启动时不但要克服阻力还要加速,这时需要很大的牵引功率,司机由"0"位开始操作手柄,牵引电流上升率较大;电客车达到预定速度后只需克服阻力维持速度,这时需要的牵引功率比较小,牵引电流的上升率很小,甚至不上升了;短路大多是突然发生的,在极短的时间内短路电流就可能超过 10000A,那么短路电流的上升率一定是非常大的,超过了电客车启动时的电流上升率。

根据这一特征,可以设定一个电流上升的斜率作为标准,小于这个上升斜率的电流就认为是正常牵引电流,大于这个上升斜率的电流就认为是短路电流。在运行当中,保护装置不断检测电流上升率 di/dt 值,并和整定值比较,作出判断。电流上升率 di/dt 保护的工作原理,如图 3-14 所示。

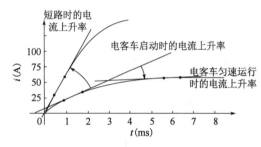

图 3-13 电客车不同情况下电流上升率示意图

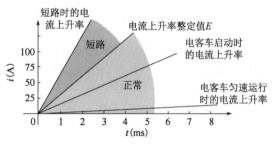

图 3-14 电流上升率整定值示意图

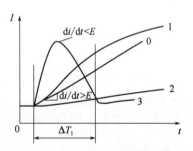

图 3-15 电流上升率 di/dt 保护典型动作特效

图 3-15 所示,曲线 0 为电流上升率整定值 E 的曲线,曲线 2 是列车启动时的曲线,di/dt < E(整定值),保护不启动。当电流上升率高于保护设定的电流上升率启动值 E 时,di/dt 保护启动,并进入延时阶段(ΔT_1)。若在整个延时阶段,电流的上升率始终高于保护的整定值 E,如曲线 1 所示,保护动作,通过高压断路器切除短路故障。若在延时的阶段,电流上升率回落到保护整定值 E 之下,保护返回,如曲线 3 所示。这种保护的优点是保护线路的范围比较大,缺点是抗干扰能力较弱。

(二)DDL 保护构成及工作原理

DDL 保护有电流上升率 di/dt 和电流增量 ΔI 两个判据组成,通过相互配合来实现保护功能,而且它们的启动条件通常都是同一个预定的电流上升率。在启动后,电流上升率 di/dt 保护和电流增量 ΔI 保护进入各自的延时阶段,互不影响,哪个保护先达到动作条件就由它来动作。一般情况下,电流上升率 di/dt 保护主要针对中、远距离的非金属性短路故障,电流增量 ΔI 保护主要针对中、近距离的非金属性故障(金属性直接短路故障由断路器自身的电磁脱扣装置来跳闸)。

DDL 保护有 6 个整定参数,分别是电流上升率 di/dt 启动值 E(A/ms)、电流上升率 di/dt 返回值 F(A/ms)($E>F$)、最大电流增量 ΔI_{max}(A)、最大电流增量延时 $t_{\Delta I_{max}}$(ms)、最小电流增量 ΔI_{min}(A)、最小电流增量延时 $t_{\Delta I_{min}}$(ms)。

其整定原则为:

(1)启动值 E 的数值应该大于列车启动和接触网过分段冲击所产生的最大电流变化率;返回值 F 的数值应该小于远端短路电流的初始电流上升率。

(2)$t_{\Delta I_{max}}$ 的数值应该大于启动电流和列车通过接触网分段时冲击电流的最大值;当达到延时时间 T 后,ΔI_{min} 数值应该大于远端短路电流的电流增量。

(3)延时跳闸的延时时间 T 的数值应该大于列车启动时间的最大值。同时考虑到通过接触网分段时列车内的滤波器有一个充电过程,所以 T 的设定也要保证大于半个列车谐振周期及误差值。

DDL 保护分为 di/dt + ΔI 保护和 di/dt + Δt 保护两种。表 3-1 为典型变电所直流 750V 系统保护定值单。下面以其中 DDL 保护的 6 个整定值为例,分析 di/dt + ΔI 保护和 di/dt + Δt 保护的动作过程。

典型变电所直流 750V 系统保护定值单　　　　　表 3-1

设备安装地点	正线牵引变电所直流馈出断路器	
保护名称	保护试验整定	保护作用
大电流脱扣保护(Ids)开关本体速断	8400A	短路保护
保护启动值 E	60A/ms	中、远端保护
保护返回值 F	25A/ms	中、远端保护
ΔI_{max}(DDL + ΔI 保护设定值)	3500A	中、远距离保护
$t_{\Delta I_{max}}$(DDL + ΔI 保护延时时间)	2ms	中、远距离保护
T_{max}(DDL + Δt 保护设定值)	80ms	远端保护
ΔI_{min}(DDL + Δt 保护延时时间)	1800A	远端保护

①表 3-1 中,E = 60A/ms,表示电流上升率达到 60A/ms 时电流上升率保护 di/dt 启动,由此时开始计算延时。

②表 3-1 中,F = 25A/ms,表示电流上升率保护 di/dt 返回值,DDL 保护启动后,在延时时间内必须保证实测电流上升率 di/dt 一直大于 F 即 25A/ms,若小于 F,则保护返回,重新开始监测。

第一种情况 DDL + ΔI 保护,如图 3-16 所示,当实测电流上升率 di/dt 大于 E,保护启动,由此时开始计算电流增量 ΔI_{max},在延时阶段时(也就是电流上升率 di/dt ≥ E 后,并保持电流上升率 di/dt 大于返回值 F),如果电流增量大于 3500A(ΔI_{max}),延时 2ms,则保护立即出口,使开关跳闸。这就是 di/dt + ΔI 保护动作的情况,一般是线路中端短路。

设置 di/dt + ΔI 保护动作的整定值,要考虑以下四个参数的配合:电流上升率 di/dt 启动值 E(A/ms)、电流上升率 di/dt 返回值 F(A/ms)($E>F$)、最大电流增量 ΔI_{max}(A)、最大电流增量延时 $t_{\Delta I_{max}}$(ms)。

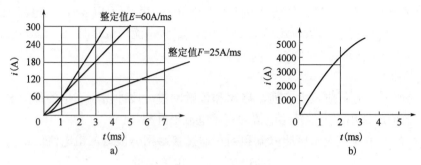

图 3-16 DDL + ΔI 保护示意图
a) 电流上升率 di/dt；b) 电流增量 ΔI_{max}

第二种情况 DDL + Δt 保护，如图 3-17 所示，当实测电流上升率 di/dt 大于 E，保护启动，持续到 T_{max}（80ms）延时时间时，如果电流增量大于 ΔI_{min}（ΔI_{min} = 1800A），则保护也出口，使开关跳闸。这就是 $di/dt + \Delta t$ 保护的动作情况，一般是线路末端短路。

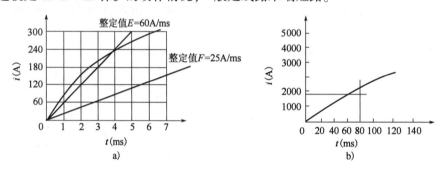

图 3-17 DDL + Δt 保护示意图
a) 电流上升率 di/dt；b) 电流增量 ΔI_{min}

设置 $di/dt + \Delta t$ 保护动作的整定值，要考虑以下四个参数的配合：电流上升率 di/dt 启动值 E（A/ms）、电流上升率 di/dt 返回值 F（A/ms）（$E > F$）、最小电流增量 ΔI_{min}（A）、最小电流增量延时 $t_{\Delta I_{min}}$（ms）。

以上两种情景的前提是，在电流上升率 di/dt 大于 E，保护启动后：电流上升率一直保持大于返回值 F（F = 25A/ms）。电流上升率 di/dt 返回延时整定值 80ms。

(三) 典型工况下 DDL 保护动作情况分析

电客车典型工况，如图 3-18 所示。

曲线 1：电流变化率 di/dt 小于 E，不是故障情况，该电流曲线是电客车在距离牵引变电所很远处启动时的电流曲线。

曲线 2：电流变化率 di/dt 小于 E，也不是故障情况，该电流曲线是电客车在距离变电站较近的位置启动时的电流曲线。

曲线 3：电流变化率 di/dt 大于 E 启动，电流增量虽然超过 3500A 整定值（ΔI_{max}），但延时时间不足 2ms（$t_{\Delta I_{max}}$），电流变化率 di/dt 延时小于 80ms（T_{max}）时，电流变化率 di/dt 即小于 F（25A/ms）了，故也不是故障情况。实际是电客车的受电弓与导线接触时电容器充电的电流曲线。

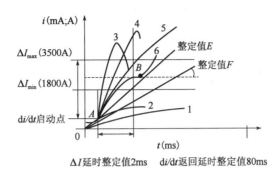

图 3-18 典型工况示意图

曲线 4：电流变化率 di/dt 大于 E 启动，电流增量超过 3500A 的整定值（ΔI_{max}），延时时间也大于 2ms（$t_{\Delta I_{max}}$），故可以肯定是短路故障，保护立即出口跳闸。

曲线 5：电流变化率 di/dt 大于 E 启动，持续时间超过了 di/dt 延时整定值 80ms（T_{max}），则肯定是故障情况。电流增量也超过 3500A 的整定值（ΔI_{max}），如果电流变化率 di/dt 保护未动作，则电流增量保护动作，使直流馈线断路器跳闸切除故障。

曲线 6：电流增量超过 3500A 的整定值（ΔI_{max}），有可能是故障情况。但是在电流上升的过程中，电流上升率 di/dt 回落到整定值 F（25A/ms）以下，因此保护返回。在 B 点，电流上升率 di/dt 再次大于 E，保护重新启动，并以 B 点作为新基准点计算电流增量（ΔI_{max}）和延时。该曲线实际是电客车驶进车站后重新启动的电流变化曲线。

三、直流馈线的双边联跳保护

典型案例：750V 系统 20 开关频繁继电保护动作跳闸

采用双边供电的接触网，双边联跳是广泛使用的一种保护手段，在一个供电区间内的接触网由其两端的变电所对其供电，当其中一个变电所的直流馈线断路器因为某些保护跳闸的同时，还会发出联跳指令，使为同一个供电区供电的相邻变电站直流馈线断路器也跳闸。

双边联跳保护能切除远端短路故障，跳闸命令是由感知到较大近端短路故障电流的变电站发出的。只要给同一段接触网供电的两个牵引变电所有一个正确跳闸，另一个也会立刻跳闸，因而可靠性很高。

当相邻两个变电所向同一区间供电时，当发生下述两种情况时需启动双边联跳功能：

(1) 此区间发生短路或过流，则相邻两个变电所内的相关馈线单元要实现双边联跳。

(2) 如果一个变电所发生框架泄漏故障，则相邻变电所内的所有可能向此变电所供电的馈线柜都要被联跳，并要求被闭锁。

（一）双边联跳保护原理

双边供电的接触网如图 3-19 所示，在一个供电区内由两个牵引变电所供电，左边一段接触网由变电站 A 和变电站 B（简称 A 站和 B 站，下同）供电，右边一段接触网则由 B 站和 C 站供电。

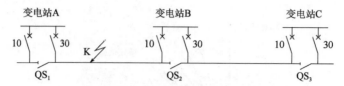

图 3-19　直流馈线供电示意图

QS_1—纵联隔离开关,需要越区供电时闭合,其他时间断开

当短路点发生在靠近 A 站的 K 位置时,A 站的 30 开关保护装置首先感知到短路故障电流,大电流脱扣保护动作。而 B 站的 10 开关则由于短路电流小等因素,保护装置有可能不动作。此时,A 站 30 开关的双边联跳保护则发出联跳命令,将 B 站的 10 开关跳开,而这与该开关中电流是否达到其整定值无关,这就是双边联跳保护。

(二) 常用术语

如图 3-19 所示,设 K 点发生短路后会发生如下现象。

1. 主跳与去联跳

距短路点较近的变电所 A 站短路电流大,其馈线保护装置感知到短路电流并动作,使馈线断路器跳闸,称为主跳。跳闸后其联跳装置向相邻 B 站发出联跳信号,称为去联跳。这时 A 站称为主跳站。

2. 被联跳

距短路点较远的 B 站 10 开关接收到 A 站联跳信号后跳闸,称为被联跳(不是保护装置发出的跳闸命令,是被动的)。B 站也称为被跳站。

A 站 30 开关跳闸后,延时 6s 重合闸会动作。此时,如果故障已经消失,30 开关就会重合成功,去联跳信号消失,B 站 10 开关重合闸启动,6s 后合闸成功,恢复正常的双边供电形式。如果故障未消失,30 开关就会重合失败,去联跳信号不消失,B 站 10 开关在 7.5s 时自动闭锁,等待人为操作。

在馈线开关跳闸时,变电值班员要确认是"主跳"还是"被联跳",并正确地向电力调度员报告,以便分析短路点位置,快速组织抢修。

(三) 双边联跳逻辑图

如图 3-20 所示的五种保护动作都能发出双边联跳信号,其中框架保护电流元件动作和紧急跳闸不允许重合闸,必须将其闭锁。

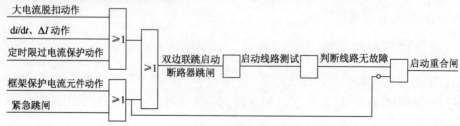

图 3-20　双边联跳逻辑图

(四)大双边供电下的双边联跳

当实现大双边供电时,利用纵向联络电动隔离开关的开合位置信号构成的回路,实现大双边联跳条件自动转换至相邻牵引变电所。如果通过直流馈线和直流母线与相邻变电所构成大双边供电时,则不需要进行转换。

如图 3-19 所示,在故障情况下,牵引变电站 B 退出运行,并通过纵向联络电动隔离开关构成相邻牵引变电站 A 和牵引变电站 C 大双边供电时,还是上述情况,如果有短路情况发生,则距离短路点 K 较近的牵引变电站 A 的馈线开关 30 的保护先动作,同时发出跳闸信号,并通过站间联跳电缆及牵引变电站 B 的联跳装置转换,向牵引变电站 C 的联跳装置发送跳闸信号,使牵引变电站 C 的对应馈线开关 10 跳闸。由于短路点 K 距牵引变电站 C 较远,牵引变电站 C 的对应馈线开关 10 的保护可能不动作,此时双边联跳保护就比较重要。

(五)双边联跳实现方式

双边联跳具体实现方式如图 3-21 所示,可在端子柜中为每台馈线柜中安装一台联跳继电器,并将同一个变电所相关馈线柜的辅助继电器触点相连,即可实现联跳转换。正常供电时,此辅助继电器不动作,同一变电所内的两台馈线柜双边联跳回路不会连通。一旦该变电所退出运行,合闸越区隔离开关进行越区供电时,辅助继电器同时动作,将两台馈线柜的联跳回路连通,从而实现联跳转换。

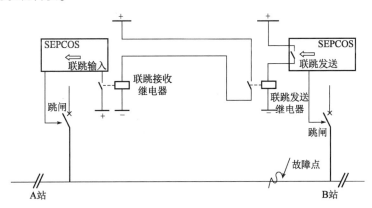

图 3-21 双边联跳示意图

设备的双边联跳特点:联跳方式为双边联跳;大双边供电时,采用越区联跳;联跳发送采用继电器触点形式,正常情况下为常开触点,故障时触点闭合。

四、框架保护

(一)概述

为了保证设备和人身的安全,各个城市轨道交通车站均设置一个综合接地装置,架空地线和各车站接地装置通过接地扁钢和电缆金属铠装等接在一起而形成城市轨道交通全线统一接地网。在一个变电所内,所有设备的接地

直流框架泄漏保护

均接于变电所综合接地装置上。相关资源见二维码。

直流牵引供电系统的接触网为正极,走行轨为负极。如果负极接地,则牵引负荷的回流除了由走行轨返回,还可以从地返回,但这样会使杂散电流增大,当杂散电流流出金属体时,会对金属产生电化学腐蚀,为了保护设备金属体和建筑结构钢筋的安全,必须减少进入城市轨道交通主体结构、设备及与其相关设施的杂散电流。因此,直流牵引供电系统设计为不接地系统,对直流供电设备如进线柜、负极柜、整流柜都采用绝缘安装,钢轨通过绝缘垫与大地绝缘,以减少杂散电流的泄漏,故正常情况下钢轨对地之间存在着阻值很大的泄漏电阻。

由于直流系统设备(包括走行轨)都是对地绝缘安装的,当发生正极对地绝缘下降时,由于地与负极之间存在过渡电阻,不能启动电流保护使对应的断路器跳闸(不考虑排流柜),设备外壳将带危险电压,危及人身安全,如在此基础上再发生负极接地故障,则会造成短路,短路电流达到几十千安,可能造成损坏设备、工作人员触电事故。为了防止这种情况的发生,在直流牵引系统设置了框架保护。框架保护是实时监视对地绝缘的直流供电设备正极与单点接地的柜体之间的绝缘状况,在其绝缘严重下降甚至短路时,作用于与之相关的直流断路器全部跳闸的一种保护设备。

(二)直流框架保护分类

直流框架保护以动作类型分为电流型、电压型两种。通常,电流型作为框架保护的主保护,电压型框架保护也是钢轨电位限制装置的后备保护。一般认为,电流型框架保护用于保护人身安全;电压型框架保护用于保护设备安全。

直流牵引系统的组成,如图3-22所示。

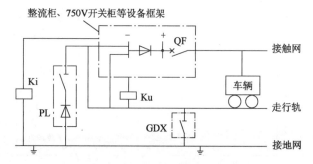

图3-22 直流牵引系统示意图

Ki-框架保护电流元件;Ku-框架保护电压元件;PL-排流柜;GDX-钢轨电位限制装置

(三)电流型框架保护动作原理

引起电流型框架保护的放电点归纳起来分为四类。

(1)放电点发生在整流器柜内。运行中引起这种放电的主要原因包括异物侵入(如老鼠等)、空气高湿度电离、直流电缆绝缘击穿等。

(2)放电点发生在正极母排或直流开关母线侧取电部分的导体。运行中引起这种放电的主要原因为雨水侵入导致母线与框架绝缘击穿。

(3)放电点发生在直流开关柜后端的正极电缆出线桩头上。运行中引起这种放电的主要原因包括异物入侵、因电缆高差引起雨水沿绝缘层倒流,导致绝缘击穿。

(4)放电点发生在负极母排附件。运行中引起这种放电的主要原因包括异物入侵,电缆与框架绝缘击穿。

因此,将整流柜、直流开关柜和设在室内的直流配电柜安装在绝缘板上(不包括排流柜),然后把它们的外壳用绝缘导线连接在一起,引至负极柜的接地母排。在负极柜处,绝缘板开了一个孔,用导线通过一个电流继电器将接地母排与接地网连接,如图3-23所示。这个继电器就是电流型框架保护的电流继电器,绝缘安装的设备外壳是在这里集中接地的。其意义是:

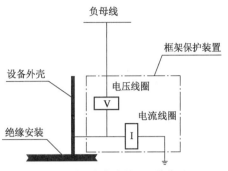

图3-23　直流框架保护原理接线图

(1)绝缘安装的设备,其外壳也是接地的。

(2)绝缘安装的设备的外壳是集中经过一个电流继电器线圈后一点接地的。

(3)如果发生正极对外壳放电,所有的电流都会流经电流继电器,达到电流继电器的整定值后就会引起保护动作跳闸。

直流牵引系统的正极连接至接触轨或架空接触网,有着良好的绝缘。负极连接至走行轨,为了防止杂散电流,走行轨对地是绝缘安装的。但是,由于各种条件的限制,负极对地的绝缘电阻率比较低(规定为15Ω·km)。

由于负极对地存在绝缘电阻,正极绝缘下降或对外壳放电时,就构不成电工学意义上的短路,但是仍然会产生接地电流,此电流不能确保电流保护可靠动作跳闸。电流型直流框架保护的电流继电器整定值低(80A),它会可靠动作,使所有向绝缘安装的电气设备供电的开关跳闸,防止事故的进一步扩大。

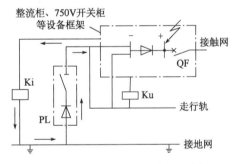

图3-24　直流开关柜正极碰壳短路示意图

电流型框架保护通过检测直流设备对地的泄漏电流来触发保护动作。当直流设备绝缘发生变化,例如:发生750V设备正极碰壳时,如图3-24所示,电流经"+"→设备外壳→Ki→接地网→PL→整流柜负极,构成回路,当直流设备对柜体的泄漏电流达到整定值,电流型框架保护元件Ki动作,本所内所有的直流开关、整流变压器进线开关,以及邻所向本供电分区供电的直流开关全部跳闸。PL在其中起到提高Ki电流保护元件灵敏度的作用。

电流型直流框架保护动作后,需要切除所有向本框架保护的范围供电的电源,如图3-25所示,具体跳闸的开关有:

(1)236(246)、237(247);

(2)60、70、10、20、30、40(90);

(3)左邻站对应30、40开关,右邻站10、20开关。

(四)框架保护动作后的处置

框架保护动作后一般表示绝缘安装的电气设备发生了正极绝缘下降或对外壳放电的故障。电流型直流框架保护动作后,通常电力调度员会要求该牵引变电站退出运行进行检查,这时需要故障变电站拉开16、26、36、46刀闸,而由相邻的左、右邻站实行大双边供电。本站退出后根据电力调度员命令办理好安全措施,对所有绝缘安装的直流设备进行检查,发现并处理放电或绝缘下降的设备缺陷。当伴随有速断保护动作时,应重点检查相应馈线部位。

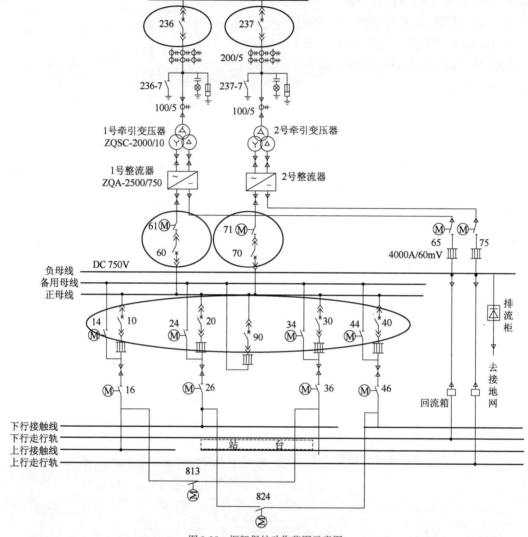

图3-25 框架保护动作范围示意图

电流型框架保护的电流继电器动作以后,需要人为手动复归后才能够恢复送电。相邻站40s后自动复归。

(五)电压型框架保护动作原理

正极接地时,由于地-负极过渡电阻的不确定性,如果电流继电器不动作,地-负极电压就会升高,会危及设备安全,作为后备需要设置电压型直流框架保护。电压型框架保护通过检测直流设备框架(地)对直流设备负极之间的电压(K_u)来触发保护动作。电压型直流框架保护设置了投/退开关,可以设置投入/退出。

如图 3-26 所示,电压型框架保护有两个定值,即一个低定值、一个高定值(各地、各线路有区别)。当线路检测元件测到的电压超过低定值(如图中 95V)时,经延时后保护发出报警信号;如果电压继续上升超过高定值(如图中 150V)时,经延时后保护向直流开关发出跳闸命令,迅速跳开本站内所有的直流开关、机组断路器及邻所向本区段供电的直流开关。框架保护动作于跳闸后,必须由人工复归后方可重新合上开关。现运行线上电压型框架保护是否动作于跳闸,以各线保护定值单为准。

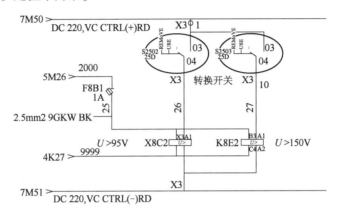

图 3-26　电压型框架保护原理示意图

(六) 框架保护运行注意事项

(1) 绝缘安装的设备外壳只允许有集中接地点一点接地,如果因接线错误,或金属类杂物短接绝缘板造成另外一点接地的话,在直流馈出线跳闸或其他情形的短路时,两点接地点间就会有电压差,可能会使电流型框架保护误动作。所以日常工作中要保持绝缘安装的设备对地绝缘良好。

(2) 有些线路框架保护是负逻辑(常闭触点)启动的,相关控制回路断线或接触不良也会引起框架保护误动作。所以日常工作中要注意检查相关控制回路接触良好。

(3) 框架保护动作后影响范围比较大,为了避免此缺陷,新建站把绝缘安装的直流设备分组结合,分别设置框架保护,以降低保护动作后的停电范围。

五、钢轨电位限制装置

(一) 钢轨电位升高的原因及危害

城市轨道交通直流牵引供电系统,钢轨对地是绝缘安装,正常情况下,钢轨对地电位一般为零。当供电区域有车辆运行或发生接触网短路故障时,由于钢轨对地是绝缘的,故障点与变电站的负极母线间存在着回流电阻,很大的短路电流会在故障点与负极母线间造成很大的电压差,故障点处的钢轨对地电位快速升高。有时钢轨对地电位较高,甚至超过安全电压。又由于列车车体与走行轨可靠接触,当列车停靠车站站台时,列车与站台(可视为大地)之间的电位差将会很大,如果超过允许范围(在最大负载时,钢轨上任意一点对地电位差应不大于60V),将危及乘客的人身安全。为了保障乘客的安全,在站台边缘板下设置了绝缘垫,还在钢轨和地之间设置了钢轨电位限制装置,其功能是不断检测钢轨与保护地之间的电位差,一旦走行轨与大地之间的电压超过安全值,就会将走行轨与大地自动短接,使危险电压消失。相关资源见二维码。

如图3-27所示,正常运行状态下,供电区段内列车运行时,钢轨中流过牵引负荷电流,造成钢轨对地电位的升高。钢轨对地电位的大小,主要与线路上机车的数量、负荷电流、牵引变电所间距、钢轨对地间的过渡电阻等因素相关。造成走行轨电位升高的原因很复杂,包括:

(1)由于正负极绝缘安装造成的对地悬浮状态会产生电压。

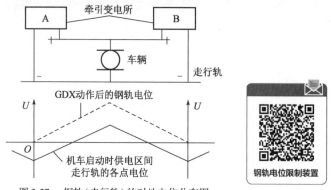

图3-27　钢轨(走行轨)的对地电位分布图

从杂散电流防护的角度考虑,走行轨对地要有较大的绝缘。但是绝缘越好,对地电位差就可能越大,对人身安全不利。

(2)正极送电,而负极开路。

这种情况正电位全部加在走行轨(负母线)上,造成其对地电位升高。这是一种极端情况,在系统中设置了联锁关系防止这种现象的发生(先合负极,再合正极)。

(3)牵引网串联回路的回流电阻比发生了变化。如走行轨回流电阻增加,电客车接触点的走行轨电位就会升高。

(4)列车电制动产生的反电势。

(5)电客车操作过电压。

当发生以下故障时,也会引起钢轨对地电位的陡升。

(1)接触网与钢轨发生短接。

(2)接触网对架空地线(地)发生短路故障。

(3)直流设备发生框架泄漏故障。

(4)牵引变电所整流变压器二次侧交流系统发生单相接地短路。

直流系统发生故障时,必须在短时间内切除故障或降低钢轨对地电位,以保证人身设备安全。

(二)钢轨电位限制装置的构成及动作原理

钢轨电位限制装置接在车站回流箱/均流箱(钢轨)和接地端子之间,如图3-28所示,在钢轨电位高于设定值后,将钢轨接地,限制钢轨与地之间的电位差,保证旅客和工作人员的人身安全。

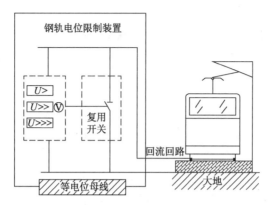

图 3-28　钢轨电位限制装置关系图

钢轨电位限制装置由短路复合开关电路（接触器回路、晶闸管回路）、测量和操作回路、信号接口端子、保护装置、防凝露加热器、状态显示设备等组成。

如图 3-29 所示，城市轨道交通钢轨电位限制装置主要组成部分为多级电压测量元件和短路复合开关，短路复合开关电路由直流接触器的常闭触点和晶闸管并联组成。

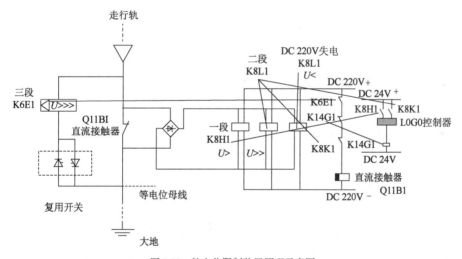

图 3-29　轨电位限制装置原理示意图

钢轨电位限制装置动作设置如下：

（1）当钢轨电位限制装置检测到钢轨与保护地之间的电压差大于装置一段动作电压 $U>$ 时（一段动作电压一般为 88V、90V，不高于 92V），接触器经过延时 T_1 时间后进行合闸，并经过延时 T_2(10s) 时间后自动恢复开断。当在规定的 T_3 时间内装置连续动作达到规定的次数时，短路装置不再自动恢复开断而处在闭合状态，需要按复归按钮使其复归。

（2）当钢轨电位限制装置检测到钢轨与保护地之间的电压差大于 120V（二段动作电压 $U\gg$）时，接触器立即动作，并保持闭合状态，需要手动复归。

（3）当钢轨电位限制装置检测到钢轨与保护地之间的电位差大于 500V（三段动作电压 $U\ggg$）时，晶闸管首先在 0.2ms 内导通，使钢轨与地连接，然后启动接触器合闸，接触器合闸后，晶闸管回路立即断开。晶闸管的参数能满足 1500V 正极对地短路时，耐受短路电流的要求(约80kA,约200ms)。

(4)当失去控制电源时,接触器线圈失电,其常闭触点闭合,钢轨与地处于被短接状态。这些整定值在各地、各条线路都不同。

(三)钢轨电位限制装置与电压型框架保护配合分析

电压型框架保护与钢轨电位限制装置保护,两者都是检测钢轨电位对地电压,不同之处如下:

(1)电压型框架保护的作用是侧重于保护直流设备安全,动作于相关进出线开关跳闸,隔离故障直流设备。

(2)钢轨电位限制装置保护的作用是降低钢轨对地电压,从而保护人身安全,而且不联跳相关进出线开关,牵引直流系统不受影响,列车仍可正常运行。

由于电压型框架保护电压整定值大于或等于对应的钢轨电位限制装置的值,而且动作延时时间较长,正常情况下当发生钢轨电位升高到一定值时,钢轨电位限制装置应首先动作,钢轨与地连通,将钢轨电压泄入大地,把电位钳制在地电位。一旦钢轨电位限制装置拒动时,电压型框架保护延时动作于报警或跳闸,起到了保障人身安全和设备安全的作用。

如线路没有发生短路故障,而是由于车辆运行中其他原因导致钢轨电位升高,理应由钢轨电位限制装置动作,但如果钢轨电位限制装置与电压型框架保护装置匹配存在问题,而使钢轨电位限制装置拒动,而由电压型框架保护装置动作,就会造成接触网大面积停电,严重影响城市轨道交通正常运营。

因此,钢轨电位升高到整定值,钢轨电位限制装置应首先动作,只有调整好钢轨电位限制装置和电压型框架保护时间配合关系,才能有效避免电压型框架保护误动作情况的发生。

六、直流系统的其他保护

(一)接触网热过负荷保护

接触网热过负荷保护作为电流上升率保护的辅助保护,当直流线路处于过负荷状态时,即使没有任何短路故障发生,接触线导线或馈线电缆的温度也会上升,当过负荷电流持续时间过长时,产生的热量会超过某些绝缘薄弱设备所允许的温度,引起这些设备不同程度的损坏。

接触网热过负荷保护就是要消除热过负荷故障,而不是短路故障。接触网热过负荷保护的对象是接触网,接触线有其自身固有的热特性,是一条以电流为变量的反时限曲线,这就要求保护装置整定的曲线与接触线的固有曲线进行配合。接触网热过负荷保护主要是根据接触网的电阻率、电阻率修正系数、长度、横截面面积、电流,计算出接触网的发热量,再根据接触网和空气的比热等热负荷特性及通风量等环境条件,由经验公式给出接触网的电缆温度。如图 3-30 所示,当测量的电缆温度超过 T_{alarm},给出报警信号;超过 T_{trip} 则跳开给该接触网供电分区的直流开关。开关跳开后,电缆逐渐冷却,当温度进一步下降,低于 $T_{reclosure}$ 后,则重新合上直流开关。

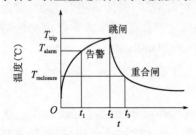

图 3-30 接触网热过负荷保护动作时序图

(二)定时限过电流保护

定时限过电流保护作为电流上升率保护的后备保护,通常该保护的电流整定值较小,其启动时不需躲过机车启动最大电流,而是靠延时来区分故障电流和机车启动电流。一般按馈线最大负荷电流考虑,以达到切除远端短路故障的目的,其动作延时时间 t 也较长,以避开列车启动的时间,其动作时限一般是十几秒到几十秒之间。缺点是不能快速切除故障电流,因而作为一种后备保护使用。

当电流超过定值时,保护启动,在延时的时间段内电流一直超过定值,可认为是短路电流,触发跳闸,如果中间任一时刻电流没有超过定值,保护自动返回,等待下次启动。

定时限过电流保护的整定电流的设定分为正反方向的值,正向定时限过电流保护仅用于检测馈出正方向电流,如果超出整定值,则保护装置触发断路器跳闸,测量值每 10ms 更新一次;反向定时限过电流保护仅检测馈出的反方向电流,当机车处于再生状态或当地牵引变电所整机组退出运行,直流馈线用于直流越区供电回路,如果线路发生故障,则会有反向电流通过直流馈线断路器,反向过电流保护用于检测并切除该故障。

(三)低电压保护

低电压保护是指当接触线的电压低于某一定值,经延时后电压仍未达到正常值,保护装置要发出跳闸命令,其保护原理如图 3-31 所示。

低电压保护的作用和定时限过电流保护一样,作为电流上升率保护的后备保护,一般与其他保护形式互相配合,不作为单独的保护使断路器调跳闸。

其整定值 U_{min} 及延时 t_{dmt} 必须与列车正常运行时的运行情况互相配合,应考虑最大负载下列车的启动电流和启动持续时间,还要考虑在一个供电区内多部列车连续启动的情况。

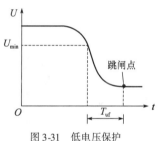

图 3-31　低电压保护
T_{uf}-低电压保护延时跳闸时间

当发生短路故障时,直流输出电压迅速下降很多,当输出电压小于 U_{min},保护启动,在一定的延时时间内输出电压一直保持小于 U_{min},则低电压保护发出动作信号。

单元 3.3　直流牵引系统控制功能

一、线路检测

(一)线路检测回路的意义

为了防止馈线断路器向业已存在故障的牵引网送电,造成不必要的损失,在断路器的控制回路中设置线路检测电路。在接到合闸命令时,线路检测电路首先启动,通过对 750V 线路电压或线路电阻的测试来判别线路是否正常,若线路正常,则断路器合闸;若线路故障或异常则闭锁合闸。此外,通过对测试电路上流经的电流进行测量,配合计算区段的电阻,也可判断接触网绝缘性能。

线路检测装置就是在断路器接到合闸命令后,先启动一个接触器,通过一个分压电阻向线路送电,通过测得的电压、电流计算出线路的绝缘电阻值,当这个电阻值大于设定的阻值后再启动断路器合闸送电。如果电阻值小于设定的阻值,则经过一段延时后再次测量。如果仍然不合格,则断路器将会被闭锁,不能合闸。这样就防止了断路器向已存在故障的线路上直接送电造成的严重后果。

(二)线路检测装置的工作原理

下面以 DC 750V 馈线的 SEPCOS 控制与保护系统为例进行说明。SEPCOS 控制与保护系统是直流馈线断路器(分闸柜)的控制、保护装置。线路测试部分在 SEPCOS 系统中仅仅是一个功能模块。

线路检测装置安装在断路器手车上,如图 3-32 所示。SEPCOS 系统的线路测试回路由电阻、熔断器、接触器和采样模块等组成。

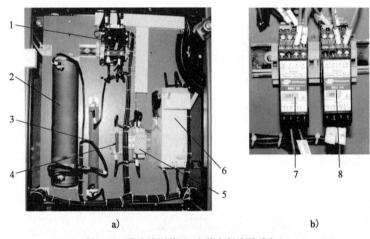

图 3-32 线路检测装置(安装在断路器手车上)
a)断路器手车左侧安装板;b)断路器手车右侧安装板
1-直流接触器 K14F1;2-限流电阻 R7C1;3-电阻 R7D1(10kΩ);4-电阻 R7D2(1MΩ);5-校准模块;6-熔断器 F7C1;7-测量放大器(电压回路);8-测量放大器(电流回路)

线路测试原理接线图如图 3-33 所示。在正常情况下在图示的主回路(粗实线)中,DC 750V 正母线通过断路器、分流器向接触轨送电。此时,SEPCOS 控制与保护装置需要显示牵引网电压,其测量回路,正极由 B 点接入,经 C、D、E、电阻 R7D2(1MΩ)、F、电阻 R7D1(10kΩ)和校准模块,接到 DC 750V 负母线 G,构成闭合回路。校准模块取得的电压值送至测量放大模块,经放大后送至 SEPCOS 控制与保护装置,显示线路侧 B 点的正常时的电压值,因此时电压较高,测量回路串入的电阻也很大。

在正常接触轨送电时(A 点有电,B 点无电),为了防止向有短路故障的接触轨送电,在闭合断路器的指令发出后,SEPCOS 控制与保护装置首先启动检测直流接触器 K14F1,其 2-1 触点闭合,电流由 A 出发,经熔断器 F7C1、限流电阻 R7C1、直流接触器 K14F1 的 2-1 触点、C 点、熔断器 F7C1,由 B 点接入馈线,经分流器向接触轨送电。

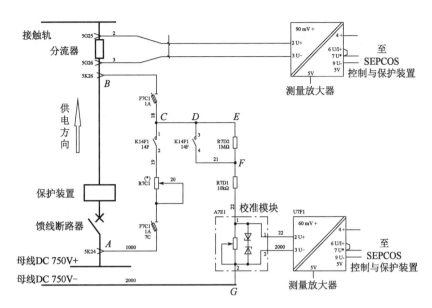

图 3-33　线路检测原理接线图

通过分流器的电流大小与接触轨的绝缘状态有关,并在分流器两端产生电压信号,经测量放大器放大后送入 SEPCOS 控制与保护装置。

与此同时,直流接触器 K14F1 的 3-4 触点也闭合,电阻 R7D2(1MΩ)被短接,B 点的测量则通过 A、C、D、F、电阻 R7D1(10kΩ)、校准模块,接到 DC 750V 负母线 G,构成闭合回路。校准模块取得的电压值送至测量放大器,经放大后送至 SEPCOS 控制与保护装置,显示线路测量时加在线路侧的实际电压,因为测量电压较低,测量回路串入的电阻也较小。

SEPCOS 控制与保护装置对得到的电流、电压信号进行模数转换,并计算接触轨与负极之间的绝缘电阻值(包括接触轨电阻、绝缘电阻、回流电阻):如果电阻值 R_x 大于设定的电阻 R_{min},则证明线路绝缘状况合格,不存在短路点,此时断路器进行合闸送电;如果电阻值 R_x 小于设定的电阻 R_{min},则证明线路存在短路点,接触器将在 10s 后再次闭合进行测试。如果合格,断路器合闸送电;如果仍不合格,则断路器会被闭锁,发出报警信号。

(三)线路测试状态分析

1. 状态图符号说明

U_f——线路电压;

U_{fLow}——馈线最低工作电压 450V;

$U_{fResidue}$——线路残压 150V;

U_Z——主母线电压(本站 750V 馈线柜母线电压)。

2. 状态图说明

如图 3-34 所示,状态图纵坐标表示电压,横坐标表示五种不同的状态,它说明了本站母线电压与线路电压的五种不同状态,在第五种状态中又分五种不同情况。图中的"×"表示线路电压、"*"表示本站母线电压,它们在图中的位置表示电压的高低。

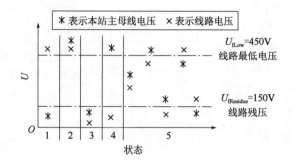

图 3-34 线路测试状态图

例如:图中状态 1,"*"在低于 150V 的位置,"×"在高于 450V 的位置。说明本站母线电压低于 150V;线路电压高于 450V。

3. 线路测试情况判别

馈线断路器线路测试可分为正常情况和非正常情况两种。

1) 正常情况下线路检测的分析

状态 1:$U_Z < 150V$ 主母线无电压(本站),$U_f > 450V$ 线路电压正常,说明相邻变电所馈线合闸成功。本站母线送电后,馈线断路器可以直接合闸。

状态 2:线路侧 $U_f > 450V$ 有正常电压,主母线 $U_Z > 450V$ 也有正常电压。说明相邻变电所已经合闸,本站总闸已经合闸,若电压差保护投入使用,则检测断路器母线侧和线路侧的电压差是否在允许范围;若电压差保护未投入,则直接合闸馈线断路器。

以上两种情况的馈线侧电压都正常,线路测试接触器不启动,两个常开触点断开加于限流电阻 R7C1、电阻 R7D1、电阻 R7D2 上的电压与正常运行时相同,所以采样端子输出与正常运行时相同的电压。

2) 非正常情况的判断与处理

状态 3:$U_Z < 150V$ 主母线无电压(本站),馈线侧无电压 $U_f < 150V$,线路测试的情况是馈线侧无电压,主母线无电压,禁止合闸。

状态 4:主母线电压正常 $U_Z > 450V$;馈线侧无电压 $U_f < 150V$,此时,线路测试接触器 K14F1 启动,K14F1 常开触点闭合,将本站 750V 线路电压通过 R7C1 加于电路,对线路电阻 R_C 进行测试。

R7C1 是测试用的分压电阻,其阻值较大,若线路有短路存在,750V 的高电压直接加于线路,会产生很大的短路电流,给线路设备造成很大伤害,有 R7C1 的分压后,大部分电压被 R7C1 分走,加于线路的电压只有很小一部分,此时即使线路有短路,也不会产生很大短路电流。

线路电流为 I_C,由分流器测得,由于电压采样回路内阻很大,可近似认为通过 R7D2 的电流为零,则流过 R7C1 的电流等于线路电流 I_C,R7C1 两端电压为 $I_C \times R7C1$。

图中加于馈线侧的电压:

$$U_C = 750 - U_{R7C1} = 750 - I_C \times R7C1 \tag{3-2}$$

所以测量的线路电阻为:

$$R_C = \frac{U_C}{I_C} = \frac{750 - I_C R_1}{I_C} = \frac{750}{I_C} - R_1 \tag{3-3}$$

从式(3-3)可见 R_C 与 750V 电压、线路电流 I_C 和 R7C1 有关,这三个参数都已知,由此测得 R_C 的值。

(1)当测量的线路电阻 $R_C > R_{min}$ 时,说明线路绝缘合格,允许断路器合闸; R_{min} 为允许断路器合闸的最小馈线电阻,可在一定范围内进行设定,如北京 750V 系统的 R_{min} 是 2.5Ω。

(2)当 $R_C < R_{min}$ 时,说明线路绝缘不合格,在就地模式下闭锁断路器,在遥控模式下按间隔时间 D,连续进行线路测试 N 次,若线路中故障还未消失,断路器不能合闸,若故障消失允许合闸。

状态 5:

状态 5 中的五种异常情况表述如下:

(1)主母线电压与线路电压都低于最低工作电压,高于线路残压。

即

$$450V > U_z > 150V \tag{3-4}$$

$$450V > U_f > 150V \tag{3-5}$$

(2)主母线电压高于最低工作电压,线路电压低于最低工作电压,高于线路残压。

即

$$U_z > 450V \tag{3-6}$$

$$450V > U_f > 150V \tag{3-7}$$

(3)主母线电压低于最低工作电压,高于线路残压并接近线路残压。线路电压,低于线路残压。

即

$$450V > U_z > 150V \tag{3-8}$$

$$U_f < 150V \tag{3-9}$$

(4)主母线电压低于最低工作电压,高于线路残压,线路电压高于最低工作电压。

即

$$450V > U_z > 150V \tag{3-10}$$

$$U_f > 450V \tag{3-11}$$

(5)主母线电压低于线路残压,线路电压低于最低工作电压,高于线路残压并接近线路残压。

即

$$U_z < 150V \tag{3-12}$$

$$450V > U_f > 150V \tag{3-13}$$

状态 5 中的五种情况都属于线路异常,禁止断路器合闸。750V 线路采用的直流供电方式,直流线路对地,就相当于电容的两个极板,所以即使断路器断开,电容的两个极板电压不一定完全消失,线路上仍有残剩电压,由于线路状况的复杂,有时会出现一些异常。

(四)状态判断逻辑图

(1)正常情况(图 3-35)。

(2)非正常情况。

非正常情况判断分为两种,如图 3-36 和图 3-37 所示。

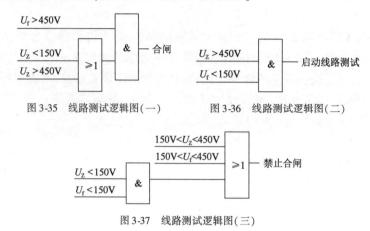

图 3-35　线路测试逻辑图(一)　　图 3-36　线路测试逻辑图(二)

图 3-37　线路测试逻辑图(三)

二、自动重合闸装置

(一)自动重合闸的定义

电力系统的实际运行经验表明,架空线路故障大多是瞬时性的故障,如雷击过电压引起的绝缘子表面闪络、树枝落在导线上引起的短路、大风时的短时碰线、通过鸟类的身体放电等,在线路被继电保护迅速动作控制断路器断开后,故障点的绝缘水平可自行恢复,故障随即消失。此时,如果把断开的线路断路器重新合上,就能够恢复正常的供电,减少停电时间,提高供电可靠性,常称这类故障为暂时性故障。因此,在电力系统中采用了自动重合闸装置,即当断路器由继电保护动作或其他非人工操作而跳闸后,能够自动控制断路器重新合上的一种装置。

此外,也有永久性故障,如由线路倒杆、绝缘子击穿或损坏等原因引起的永久性故障,在线路被断开之后,这些故障仍然存在。此时,如把线路断路器合上,线路还要被继电保护动作断路器再次断开。

(二)自动重合闸的分类

(1)按照自动重合闸装置作用于断路器的方式不同,可分为以下三种类型。

①三相重合闸。

三相重合闸是指不论线路上发生的是单相短路还是相间短路,继电保护装置动作后均使断路器三相同时断开,然后重合闸再将断路器三相同时投入的方式。当前一般只允许重合闸动作一次,故称为三相一次自动重合闸装置。

②单相重合闸。

在 220kV 及以上电力系统中,由于架空线路的线间距离大,相间故障的机会很少,而绝大多数是单相接地故障。因此,在发生单相接地故障时,只把故障相断开,然后再进行单相重合,而未发生故障的两相仍然继续运行,这样就能够大大提高供电的可靠性和系统并列运行的稳定性,这种重合闸方式称为单相重合闸。

如果是永久性故障,单相重合不成功,且系统又不允许非全相长期运行,则重合后,保护动作使三相断路器跳闸不再进行重合。

③综合重合闸。

综合重合闸是将单相重合闸和三相重合闸综合到一起,当发生单相接地故障时,采用单相重合闸方式工作;当发生相间短路时,采用三相重合闸方式工作。综合考虑这两种重合闸方式的装置称为综合重合闸装置。

(2)根据重合闸控制断路器连续合闸次数不同,可将重合闸分为多次重合闸和一次重合闸。

①多次重合闸一般使用在配电网中与分段器配合,自动隔离故障区段,是配电自动化的重要组成部分。

②一次重合闸主要用于输电线路,以提高系统的稳定性。

(3)重合闸的选择原则。

对一个具体的线路,究竟使用何种重合闸方式,要结合系统的稳定性分析,选取对系统稳定最有利的重合方式。一般遵循下列原则:

①没有特殊要求的单电源线路,宜采用一般的三相重合闸。

②凡是选用简单的三相重合闸能满足要求的线路,都应选用三相重合闸。

③当发生单相接地短路时,如果使用三相重合闸不能满足稳定性要求,而出现大面积停电或重要用户停电者,应当选用单相重合闸或综合重合闸。

(4)三相一次自动重合闸。

在电力系统中,三相一次自动重合闸的应用十分广泛。

当输电线路上不论发生单相接地短路还是相间短路时,继电保护装置均将线路三相断路器断开,然后自动重合闸装置启动,经预定延时(一般为0.5~1.5s)发出重合脉冲,将三相断路器同时合上。

若故障为暂时性的,则重合成功,线路继续运行。

若故障为永久性的,则继电保护再次将三相断路器断开,不再重合。动作逻辑,如图3-38所示。

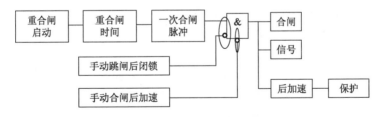

图3-38 三相一次自动重合闸动作逻辑图

由于下列原因,单侧电源线路的三相一次自动重合闸的实现较为简单。

①不需要考虑电源间同步的检查问题。

②三相同时跳开,重合不需要区分故障类别和选择故障相。

③只需要在希望重合时且断路器满足允许重合的条件下,经预定的延时,发出一次合闸脉冲。

(三)自动重合闸与继电保护的配合

1. 自动重合闸前加速保护

重合闸前加速保护一般又简称"前加速"。图3-39所示的网络接线中,假设每条线路上均装设过电流保护,其动作时限按阶梯形原则配合。因而,在靠近电源端保护3处的时限最长。

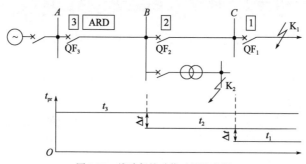

图3-39 线路保护动作时间示意图

如果装设自动重合闸前加速保护,任何一段线路发生故障时,第一次都由保护3无时限切除故障,断路器断开后启动重合闸:

(1)若重合于瞬时故障,迅速恢复供电,重合闸纠正了无选择性。

(2)若重合于永久故障,第二次按t_3选择性跳闸。

自动重合闸前加速保护的优点:

(1)能够快速地切除瞬时性故障。

(2)可能使瞬时性故障来不及发展成永久性故障,提高重合闸的成功率。

(3)使用设备少,只需装设一套重合闸装置,简单、经济。

自动重合闸前加速保护的缺点:

(1)装设自动重合闸的断路器的动作次数多,工作条件恶劣。

(2)永久性故障切除时间可能较长。

(3)若自动重合闸或断路器拒动,停电范围扩大。

2. 重合闸后加速保护

每条线路上均装有选择性的保护和自动重合闸。当线路发生故障时,首先保护有选择性动作切除故障,重合闸进行一次重合。若重合于瞬时性故障,则线路恢复供电;如果重合于永久性故障上,则保护装置加速动作,瞬时切除故障。

重合闸后加速保护的优点:

(1)第一次有选择性地切除故障,不会扩大停电范围。

(2)保证永久性故障能瞬时切除,并仍然有选择性。

重合闸后加速保护的缺点:

(1)第一次切除故障可能带有延时。

(2)每个断路器上都需要装设一套重合闸,与前加速相比较为复杂。

(四)城市轨道交通自动重合闸的应用

1. 城市轨道交通自动重合闸的应用情况

(1)由于电缆发生的短路故障基本上是永久性故障,因此规定全程是电缆的线路不设置重合闸,所以城市轨道交通供电系统只有直流馈线断路器装设了重合闸。

(2)直流馈线断路器重合闸为一次重合闸,延时为 6s。

(3)直流馈线使用的是微机保护装置,包括线路检测装置,可以在送电前对线路的绝缘进行检测,判断没有短路点后,方可进行重合,有短路点,则闭锁重合闸,发出信号,以避免对系统、设备安全造成威胁。

(4)空气断路器切断短路电流后,一定要等触点处的游离气体扩散,绝缘性能恢复后再合闸,避免再次合在短路点上,断路器无法灭弧造成事故。

(5)直流馈线断路器跳闸可重合一次。若重合闸未动,可试发一次,试发时应注意监视电流表,若指示不正常,应立即停下开关;若重合或试发未成功,报电力调度员听候处理。

2. 采用自动重合闸的技术经济效果

采用自动重合闸的主要技术经济效果有:

(1)大大提高供电可靠性,减少线路停电时间和次数,这对城市轨道交通供电这种一级负荷来说尤为重要。

(2)在高压输电线路上采用重合闸,还能提高电力系统并列运行的稳定性。

(3)对断路器本身由于机构不良或继电器误动作引起的误跳闸,也能起到纠正的作用。

基于以上原因,在牵引网采用了自动重合闸装置。但采用自动重合闸后,若重合于永久性故障上时,也将带来一些不利影响。不利影响主要有:

(1)若断路器重合于永久性故障上时,使供电系统多受一次故障冲击。

(2)若断路器重合于永久性故障上后,保护会使断路器第二次跳闸,断路器的工作条件变得更加恶劣,在很短的时间里,它要连续切断两次短路电流。

3. 对自动重合闸的基本要求

(1)自动重合闸闭锁条件。

①值班员手动操作或遥控操作断路器分闸时。

②馈线断路器(分闸)被进线断路器(总闸)联跳时。

③断路器紧急跳闸时。

④框架保护电流元件动作于跳闸回路时。

(2)当断路器因电量保护动作(框架保护除外)跳闸或被联跳后,经线路测试判断属于瞬时性短路故障后,重合闸均应动作,使断路器重新合闸。

(3)自动重合闸的重合次数应符合预先规定。如一次重合闸,装置应该只动作一次,当保护第二次跳闸后,重合闸不应该再重合。

(4)自动重合闸动作完毕应自动复归,任何情况下都不能处于不返回状态,使重合闸出现多次重合。

(5)重合闸时间应尽量短,这样可以缩短停电时间,提高供电可靠性。但也不能太短否则故障点的绝缘来不及恢复,重合不会成功。或断路器灭弧室的绝缘强度没有恢复,也会造成断路器灭弧能力不足,导致重大事故。

4. 自动重合闸逻辑图

综上所述,直流馈线断路器自动重合闸的逻辑如图 3-40 所示。

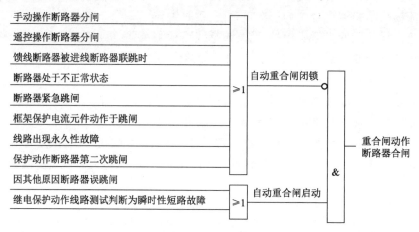

图 3-40　自动重合闸逻辑框图

习题及思考

一、填空题

(一)直流保护

1. 直流牵引系统继电保护整定原则是宁可_____,不可_____。
2. 大电流脱扣装置是直流_____自带的一种保护装置。
3. DDL 保护又称作_____和_____,是直流牵引网_____端短路的主保护。

(二)框架保护

1. 典型牵引变电站绝缘安装的设备包括_____、_____。
2. 直流配电柜(隧道柜)、纵联柜如果设置在变电站_____需要绝缘安装。
3. 通常框架保护包括_____型和_____型两种。
4. 电流型框架保护的电流继电器动作以后需要人为手动_____后才能够恢复送电。
5. 通常框架保护电压型的整定值为_____V 报警,_____V 跳闸;电流型的整定值为_____A。

(三)钢轨电位限制装置

1. 设置钢轨电位限制装置是为了防止_____之间的电位升高,危及乘客安全。
2. 当钢轨电位限制装置检测到钢轨与保护地之间的电压差大于_____V 时,直流接触器经过延时合闸,将_____短接。
3. 钢轨电位限制装置中的复用开关是由_____元件和_____组成。

二、简答题

1. 城市轨道交通供电系统由哪几部分组成？
2. 城市轨道交通供电系统的运行方式有哪几种？各有什么特点？
3. 直流牵引供电系统的组成及各部分的作用是什么？
4. 直流牵引供电系统的供电方式是什么？
5. 直流牵引供电系统保护的特点是什么？
6. 叙述大电流脱扣的整定原则及保护范围。
7. 什么是电流上升率 di/dt 保护？
8. DDL 保护是什么保护？它有什么优缺点？
9. 为什么需要设置双边联跳？什么是双边联跳的主跳站和被联跳站？
10. 根据双边联跳逻辑图，说明哪些保护动作需要双边联跳？
11. 框架保护分几种？它们的保护对象有哪些？如果框架保护动作，哪些开关需要跳闸？
12. 为保护乘客安全，钢轨电位限制保护是怎样工作的？
13. 电压型框架保护与钢轨电位限制装置保护的共同点和区别是什么？
14. 叙述线路测试的五种状态，并说明应在什么情况下启动线路测试接触器，进行线路电阻的测试。
15. 低压断路器的保护特性分为哪三段？

三、综合题

在下表中填写 DDL 保护 6 个整定参数的定义和典型牵引变电站的整定值。

参　　数	参数中文释义	整　定　值
E		
F		
ΔI_{max}		
$t_{\Delta I_{max}}$		
ΔI_{min}		
T_{max}		

单元 4　城市轨道交通低压交流系统保护

低压交流系统的保护主要由低压断路器配合微机保护来完成。本单元主要介绍低压断路器的保护特性及整定,以便理解低压交流系统的保护。

低压断路器是低压配电网络和电力拖动系统中常用的一种配电电器,它集控制和多种保护功能于一体,在正常情况下可用于不频繁地接通和断开电路以及控制电动机的运行。当电路中发生短路、过载和失压等故障时,能自动切断故障电路,保护线路和电气设备。

单元 4.1　常用断路器类型及其保护配置

常用的低压断路器主要有框架式断路器和装置式断路器两种。

一、框架式断路器

框架式断路器也称为万能式断路器,如图 4-1 所示,其所有零件都装在一个绝缘的金属框架内,常为开启式,可装设多种附件,更换触点和部件较为方便,多用在电源端总开关。过电流脱扣器有电磁式、电子式和智能式脱扣器等几种。断路器具有长延时、短延时、瞬时及接地故障四种保护,每种保护整定值均根据其壳架等级在一定范围内调整。框架式断路器能够提供全面保护的控制单元,其典型保护界面如图 4-2 所示。

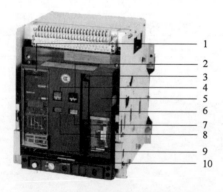

图 4-1　典型框架式断路器的结构示意图
1-故障跳闸指示/复位按钮;2-合闸按钮;3-手动储能手柄;4-分闸按钮;5-面板;6-铭牌;7-储能释能指示;8-合闸分闸指示;9-进出装置;10-位置指示

图 4-2　框架式断路器保护界面示意图

二、装置式断路器

装置式断路器除对外接线端子外,触点、灭弧室、脱扣器和操作机构等都装在一个塑料外壳内。辅助触点、欠电压脱扣器以及分励脱扣器等多采用模块化,结构非常紧凑,一般不考虑维修,适用于作为支路的保护开关。塑壳断路器通常含有热磁跳脱单元,而大型的塑壳断路器会配备固态跳脱传感器。典型装置式断路器如图4-3所示。

装置式断路器过电流脱扣器有电磁式和电子式两种,一般电磁式塑壳断路器为非选择性断路器,仅有长延时及瞬时两种保护方式;电子式塑壳断路器有长延时、短延时、瞬时和接地故障四种保护功能。部分电子式塑壳断路器还带有区域选择性联锁功能。

图4-3 典型装置式断路器

单元4.2 低压断路器主要技术参数及其意义

U_e:额定电压。

U_i:额定绝缘电压。

U_{imp}:绝缘冲击电压。

I_n:额定电流。

I_{cu}:额定极限短路分断能力,指按试验程序 O-t-CO 所规定的条件,断路器不能继续承载其额定电流能力的分断能力,即断路器能够可靠分断的短路电流。只在一定约束条件下,断路器可继续使用。

I_{cs}:额定运行短路分断能力,指按试验程序 O-t-CO-t-CO 所规定的条件,断路器能继续承载其额定电流能力的分断能力,即断路器仍能够可靠分断的最大短路电流。在切断该短路电流后,断路器仍可以使用。

I_{cm}:额定短路接通能力,指按试验程序 O-t-CO-t-CO 所规定的条件,断路器设备在额定工作电压、额定频率和规定的功率因数时能接通的短路电流。

I_{cw}:短时耐受电流,在规定的试验条件下,断路器能承载而不损坏的短时耐受电流值。短时耐受电流 I_{cw} 只适用于具有短路短延时特性的电器。通常 I_{cw} 的最小值是:当 $I_n \leqslant 2500A$ 时,$I_{cw} = 12I_n$ 或 5kA,而 $I_n > 2500A$ 时,$I_{cw} = 30kA$。

注:O-分断;t-间歇时间;CO-接通和分断。

单元4.3 低压断路器的保护特性

低压断路器的保护特性一般分为三段,如图4-4所示。图中曲线 A 为被保护用电设备承受故障电流的能力,随着电流的增大,允许流过电流的时间随之缩短。

一、过电流保护（一般为反时限特性）

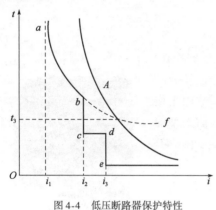

图 4-4 低压断路器保护特性

低压断路器的过电流保护第一段一般为反时限特性，当通过断路器的电流达到启动电流 i_1 时，保护装置延时启动，其动作时间较长。但当电流超过 i_1 时，电流越大，动作时间越短，但其最短时间也不会少于 t_3。曲线 abf 称为过电流保护的反时限特性，由于其最短时间（图 4-4 中 t_3）是有限制的，因此也称为有限反时限特性。这一段过电流保护适用于过负荷保护。

二、短延时速断保护

过电流保护的第二段是短延时保护，即图 4-4 中曲线 bcd。当电路中的电流达到第二段延时速断保护的启动电流 i_2 时，经过一个很短的延时（例如 0.1~0.4s）立即跳闸。这一段保护适用于发生较小短路电流时动作跳闸。一般这一段保护的动作时间应能调整。

三、瞬动速断保护

过电流保护的第三段是瞬时动作保护，即图 4-4 中 e 之后曲线，当短路电流足够大时（图中的 i_3），这一段保护瞬时动作使断路器立即跳闸，其跳闸时间一般只有 0.015~0.06s。

单元 4.4 低压断路器保护的整定

低压断路器保护的整定常用参数见表 4-1。

表 4-1 低压断路器保护常用参数列表

序 号	参数符号	参数含义
1	I_r	过载、过热电流值
2	T_r	电流过载之后的延时
3	I_{sd}	短路电流
4	T_{sd}	短路延时
5	I_i	短路电流（瞬时）
6	I_g	接地电流

一、瞬时过电流保护的整定

断路器所保护的对象中，有些电气设备在启动过程中，会在短时间内产生数倍于其额定电流的高峰值电流，从而使断路器在短时间内承受较大的尖峰电流。瞬时过电流保护的动作电流必须躲过线路的尖峰电流。如图 4-5c) 所示，瞬时速断保护的整定，需要选择额定电流的倍数。

二、短延时过电流保护的整定

短延时过电流保护的动作电流,也应躲过线路的尖峰电流。短延时过电流保护的动作时间可以进行设置,按前后级保护装置的保护选择性来确定,应使前一级保护的动作时间比后一级保护的动作时间长一个时间级差。如图4-5a)、b)所示,短延时速断保护的整定需要选择过电流整定值的倍数和延时。

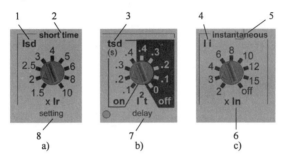

图4-5　典型低压断路器瞬时过电流及短延时过电流保护整定界面
1-短路电流;2-短延时;3-短路延时;4-短路电流(瞬时);5-瞬动保护;6-额定电流;7-延时;8-装置

三、长延时过电流保护的整定

长延时过电流保护主要是用来保护过负荷,因此,其动作电流只需要躲过线路的最大负荷电流,即计算电流。长延时过电流保护的动作时间应躲过允许短时过负荷的持续时间,以免引起低压断路器的误动作。如图4-6所示,长延时过电流保护的整定需要选择额定电流的倍数和延时。当电流超过长延时过电流保护的整定值进入延时阶段时,其右侧的报警灯就会闪烁。

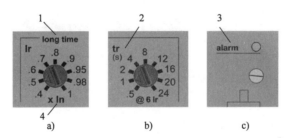

图4-6　典型断路器长延时保护整定界面
1-长延时;2-过载后的延时;3-报警;4-额定电流

四、保护整定示例

例如:有一台低压空气断路器的额定电流为200A,现要求将其长延时过电流保护整定为100A,4s;短延时过电流保护整定为150A,0.3s;瞬时速断保护整定为400A,其调整如下:
(1)长延时过电流保护整定:将I_r旋钮调整到刻度0.5处;将t_r旋钮调整到刻度4s处。

(2) 短延时过电流保护整定:将 I_{sd} 旋钮调整到刻度 1.5 处;将 t_{sd} 旋钮调整到刻度 0.3s 处。

(3) 瞬时速断保护整定:将 I_i 旋钮调整到刻度 2 处。

典型案例：380V电缆末端短路，405空气开关继电保护动作跳闸

习题及思考

1. 写出下列符号代表的中文意思。

I_r:

T_r:

I_{sd}:

T_{sd}:

I_i:

I_g:

2. 简答题:400V 断路器上常用的保护包括哪些?

3. 填出典型低压断路器瞬时过电流及短延时过电流保护整定界面名称。

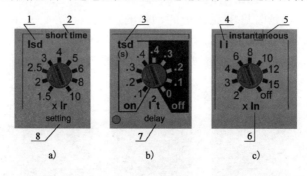

单元 5　城市轨道交通微机保护与自动装置

本单元主要介绍微机保护装置的结构及应用,以及备用电源自动投入装置的应用。

传统的继电保护是通过某种模拟量之间的大小比较来判断故障,而微机保护则是通过对A/D转过来的数字量进行精准的运算和比较来判断故障。微机保护是由硬件和软件两部分组成的,硬件是实现继电保护功能的基础,硬件系统代替了传统继电保护装置,简化了电气线路,配合软件完成微机保护功能。软件则是实现继电保护原理的基础,即软件程序不同,可以实现不同原理的保护功能。

微机保护与传统的继电保护装置相比较,具有如下特点:

(1)维护调试方便。

保护功能是由程序完成,只要程序和设计时一样,就必然会达到设计时的要求,不用逐台检验每一种功能是否正确。微机保护具有很强的自检功能,一旦发现硬件损坏就会发出警报。

(2)可靠性高。

可靠性是继电保护的基本要求,通过不断地完善,微机保护的可靠性已经完全能够满足电力系统的要求。

(3)易于获得附加功能。

可以通过配置的打印机、显示屏、网络提供电力系统故障后的多种信息,有助于运行部门对事故的分析和处理。

(4)灵活性大。

只需通过改变微机软件程序就可改变保护性能和功能,保护性能得到很好改善。系统运行方式改变时,微机保护还可以远方变更保护定值。

(5)充分利用计算机的智能特点,改善了传统继电保护装置功能单一的情况,简化了传统继电保护实现保护功能的复杂电气线路,易获得较复杂的保护性能。

单元 5.1　微机保护装置硬件组成及原理

一、微机保护装置的硬件组成

一般典型的微机保护装置是由五个部分构成的,即数据采集系统、CPU 主系统、开关量输入/输出系统、人机接口以及电源。微机系统的开关量输入通道负责实时采集断路器位置及各类辅助开关的状态,模拟量通道负责实时采集电流、电压等模拟信号,模拟信号通过 A/D 转换为数字量信号,微机系统的 CPU 负责对输入的数字量、开关量进行运算,并与程序中的预设值进行比较、判断是否发生故障,如有故障发生,将由微机系统进行逻辑判断,然后通过开关量输出通道输出断路器的跳闸命令。

目前,微机继电保护所采用的微机结构是网络形式的插件结构,网络形式的插件结构事先约定了结构与通信方式的并行信息连接线,其特点是对插座的每一根引线的意义和物理位置都作了严格的规定,与之相关的插件都需按总线规则约定设计并通过总线传递信息。

如图 5-1 所示,典型插件结构把整个硬件逻辑系统按照功能和电路特点划分为若干部分,每个部分做在一块印刷电路插件板上,板的对外连接通过插头引出。微机保护机箱内装有相应的插座,印制板均可方便地插入和拔出,通过机箱插座间的连线将各个印制电路板连成整体,并实现到总线板上端子排的输入输出线的连接。这种结构的优点是互换性强,按照标准总线规划设计,得到在数据、地址、控制线之间的合理布置,抗干扰性能强。

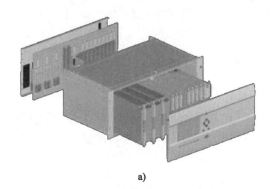
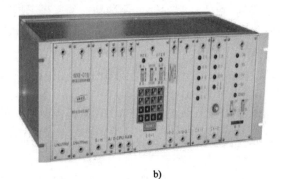

a)　　　　　　　　　　　　　　　b)

图 5-1　微机型保护装置结构示意图

a) 网络形式的插件结构;b) 典型插件结构

微机型保护装置的硬件由以下电路板组成。

(1) 模拟量输入变换插件板。
(2) 前置模拟低通滤波器插件板。
(3) 采样及 A/D 变换插件板。
(4) CPU 插件板。
(5) 人机对话辅助插件板。
(6) 开关(数字量)输入/输出插件板。
(7) 出口继电器插件板。
(8) 电源插件板。
(9) 通信插件板。

二、微机保护硬件装置原理

图 5-2 所示为一种典型的微机保护硬件结构示意框图。

(一)数据采集系统

输入保护装置的电压、电流信号是模拟量。由于计算机是一种数字设备,只能接收数字脉冲信号,所以需要将电压、电流模拟量转换为计算机能够识别的数字量。因此,数据采集系统就是妥善处理这类信号,完成微型机主系统信号输入接口功能。

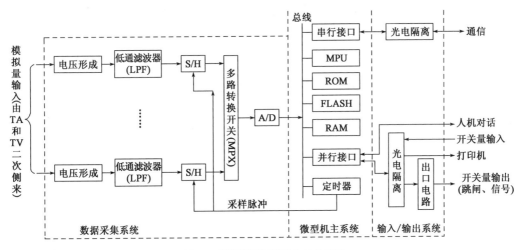

图 5-2　微机保护硬件结构示意框图

数据采集系统包括电压形成、模拟滤波(ALF)、采样保持(S/H)、多路转换(MPX),以及模数(A/D)转换等功能块,完成输入的模拟量转换为系统所需的数字量的任务。微机保护装置中,其对应的硬件是前置模拟低通滤波器插件板、采样及 A/D 变换插件板、模拟量输入变换插件板。模拟量输入板,也称作模数转换板。数据采集系统,如图 5-3 所示。

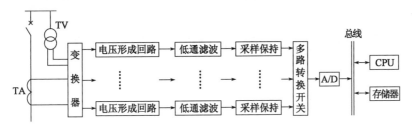

图 5-3　数据采集系统

1. 变换器

微机保护要从电流互感器和电压互感器取得信息,但这些互感器的二次侧电流或电压量不能适应模数变换器的输入范围要求,故需对它们进行变换。一般采用各种中间变换器来实现变换,交流电压信号可以采用小型中间变压器;而交流电流信号变换为成比例的电压信号,可以采用电流变换器(TA)或电抗变换器等。

交流电流的变换一般采用电流变换器,并在二次侧并联电阻取得所需电压(改变电阻值就可以改变输出范围的大小)。电流变换器最大的优点是:只要铁芯不饱和,其二次电流及并联电阻上电压的波形就可基本保持与一次电流波形相同且同相,即可以做到不失真变换。这一点对微机保护是很重要的。因为只有在这种条件下做精确的运算与定量分析才是有意义的。但是电流变换器在非周期分量的作用下容易饱和,线性度差,动态范围也小。

电抗变换器铁芯带有气隙而不易饱和,线性范围大,且具有移相作用。但它会抑制直流分量,放大高频分量,因此,二次侧的电压波形在系统暂态过程时将发生畸变。至于移相作用,在微机保护中可以很容易地通过软件来完成,因此,移相作用意义不是很大。在微机保护中,电抗变换器的使用范围并不多,但有时在暂态时需变换输入波形就要采用电抗变换器的特性,例如变压器保护等。

2. 电压形成回路

由于微机保护的模数转换芯片只能接收±5V或±10V范围内的电压信号,电力线路的电流互感器二次侧额定电流为5A或1A,所以需要采用电流变换器或电抗变换器实现电流向±5V电压的转换。而电压互感器二次侧的额定电压为100V,所以需要采用电压变换器实现100V转变±5V电压的转换。

3. 低通滤波器

电力系统中电流、电压中可能含有相当高的频率分量(如2kHz以上)。为了将信号波频率限制在一定频带内,一般利用低通滤波器将高频分量滤掉,防止高频分量与工频分量混叠,这样可降低采样频率,即降低对硬件的要求。最简单而且常用的模拟低通滤波器是RC低通滤波器。

4. 采样保持电路(S/H)

大多数继电保护需要采集多个输入信号,如三相电流、三相电压等。在每一个采样周期需要对通道的量全部同时采样,如图5-4a)所示。微机保护系统只能对数字量进行运算和判断,所以必须将连续模拟量变为离散量。采样保持电路的作用就是在一个极短的时间测出模拟量在该时刻的瞬时值,并在模数转换器进行转换期间保持输出电压不变,以供模数转换。采样保持电路输出了一个阶梯电压波形,在保持阶段无论何时进行模数转换,都反映了采样值,如图5-4b)所示。

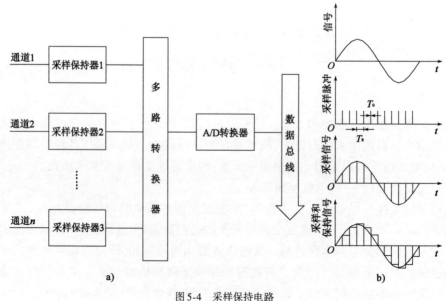

图5-4 采样保持电路
a)采样通道;b)采样波形

采样间隔时间的倒数称为采样频率,采样频率越高,采样越精确,但对 A/D 转换器的转换速度要求也高,投资也就越多。

5. 多路转换开关

当需要对多个模拟量进行模数变换时,由于 A/D 转换器的价格较贵,通常不是每个模拟量输入通道设置一个 A/D 转换器,而是多路输入模拟量共用一个 A/D 转换器,中间经过多路转换开关切换,即模拟量多路转换开关 MPX;模拟量多路转换开关 MPX 中最重要的部分是电子开关 AS,它是用数字电子逻辑控制,因此节省硬件及成本。多路输入模拟量共用一个 A/D 转换器,利用多路开关轮流切换各通路,达到分时转换的目的。为了保证阻抗、功率方向等不受影响,对各个模拟量要求同时采样,以准确地获得各量之间的相位关系。

6. A/D 转换

将输入的模拟量按照一定的运算法则进行编码,转换成计算机能识别的数字量,以便进行处理、存储、控制和显示。

(二)CPU 主系统

CPU 主系统主要执行编制好的程序,对由数据采集系统输入的原始数据进行分析、处理,完成各种继电保护的测量、逻辑和控制功能,从而实现各种继电保护功能。如有故障发生,发出保护动作信号。此外,CPU 主系统还能与其他设备进行通信,向运行人员提供人机对话信息等。CPU 电路插件是由中央处理器、可擦可编程只读存储器(EPROM)、电擦除可编程只读存储器(EEPROM)、随机存取存储器(RAM)、定时器(CLOCK)等电子元器件构成。

(三)开关量(或数字量)输入/输出系统

开关量即触点状态信号,接通或断开(识别外部条件)。开关量输入回路包括断路器和隔离开关的辅助触点或跳合闸位置继电器触点输入,外部装置闭锁重合闸触点输入,轻、重气体继电器触点输入,还包括装置上连接片位置输入等回路。

开关量输出主要包括跳闸出口、重合闸出口及就地和中央信号出口等。

开关量输入/输出系统由微型机若干个并行接口适配器、光电隔离器件及有触点的中间继电器等组成,输入系统用于采集有触点的量作为开关量输入(如断路器的状态、温度信号);其输出回路一般都采用并行输出端口来控制有触点的继电器,输出启动信号、信号报警、跳闸等,完成保护各种功能。

在微机保护中常用光电耦合器来输入或输出开关量信号。光电耦合器是把发光器件和光敏器件组合在一起,实现以光信号为媒介的电信号变换。由于发光器件和光敏器件之间相互绝缘,可以实现输入和输出两侧电路之间的电气隔离。

1. 微机保护装置的开关量输入

开关量输入主要分为两种:一种是直接接至微型机的并行接口,如图 5-5a)所示,例如安装在装置面板上的触点信号输入、用于人机对话的键盘上的触点信号;另一种是为了抑制干扰经过光电耦合器进行电气隔离,然后接至并行接口(包括打印机接口),如图 5-5b)所示。

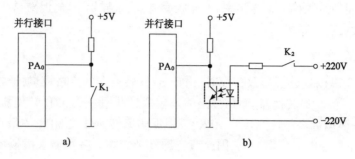

图 5-5 开关量输入信号
a) 直接输入; b) 接光电耦合器输入

2. 微机保护装置的开关量输出

微机保护装置并行接口即可以作为开关量的输入口,也可以作为开关量的输出口。将并行接口的 PA 口设置为输出方式,将 PB 口设置为输入方式。如图 5-6a) 所示,为了提高抗干扰能力,输出回路中也加光电耦合器,可实现两侧电气回路的电气隔离,同时也可以进行不同逻辑电平的转换,例如输出的开关量的通信接口。如图 5-6b) 所示,对于保护跳闸的出口信号(及本地信号)的输出,一般采用并行接口经过光电耦合器控制继电器的方式。对于重要的保护跳闸出口信号,为了防止误发信号,还需要增加与非门环节。

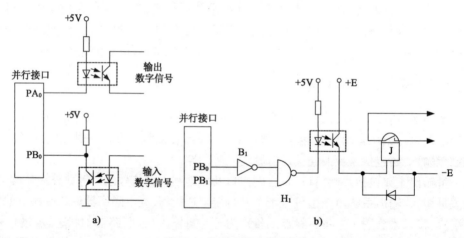

图 5-6 开关量输出信号
a) 输出开关量的通信接口; b) 保护跳闸出口信号

(四) 人机接口部分

在许多情况下,保护 CPU 系统必须接受操作人员的干预,例如整定值的输入、调试,工作方式的变更,对保护 CPU 系统状态的检查等都需要人机对话。这部分工作在 CPU 控制之下完成,通常可以通过键盘、汉化液晶显示、打印机、信号灯、音响或语言告警等来实现人机对话。同时,现代人机接口部分还应含有多个通信网络接口,保护装置通过网络接口可直接与变电所的设备通信、交换信息。

(五)电源部分

电源是微机保护装置的重要组成部分,微机保护装置中的各插件板是由各种芯片及电子元器件构成,它们的工作电压一般都是 5V、+15V、-15V、24V 等直流电压。微机保护系统对电源的要求较高,通常这种电源是逆变电源,即将直流逆变为交流,再把交流整流为微机系统所需的直流电压。它把变电所强电系统的直流电源与微机弱电系统电源完全隔离开。通过逆变后的直流电源具有极强的抗干扰水平,对来自变电所中因断路器跳合闸等原因产生的强干扰可以完全消除掉。

单元 5.2 微机保护装置软件组成及原理

微机保护装置的硬件原理基本相同,各种不同功能、不同原理的微机保护,主要的区别体现在微机软件上,只要将算法与程序结合,并合理安排程序结构,就能够实现不同的保护功能。微机保护的硬件功能可分为人机接口和保护接口两大部分,与之相对应的软件也分为接口软件和保护软件两大部分。根据程序流程结构划分,程序分为主程序和中断程序,微机保护的软件程序也不例外,根据人机接口和保护接口的软件程序实现的功能及其重要性,在微机主程序和中断程序里既有人机接口程序又有保护软件程序。

一、按微机硬件功能划分的软件构成

(一)接口软件

接口软件是指人机接口部分的软件,其程序分为监控程序和运行程序。监控程序主要是键盘命令处理程序,是为接口插件及各 CPU 保护插件进行调节和整定而设置的程序。运行程序由主程序和定时中断服务程序构成。主程序的任务是完成巡检、键盘扫描和处理及故障信息的排列和打印;定时中断服务程序包括软件时钟程序,以硬件时钟控制并同步各 CPU 插件的软件时钟和检测各 CPU 插件启动元件是否动作的检测启动程序。

(二)保护软件

微机保护软件主要是由数字滤波器、保护算法、保护逻辑三类程序组成。通常微机保护是靠数字滤波器先滤除噪声或不利于保护工作的信号,然后对数字滤波器的输出进行数据分析、运算,得到被保护设备运行的各类参数,最终进入保护逻辑程序作出判断和处理。

1. 保护逻辑

微机保护逻辑程序分为主程序和两个中断服务程序。
主程序一般由三大模块构成:
(1)初始化和自检循环模块。
(2)保护逻辑判断模块。
(3)保护跳闸和后加速处理模块。

中断服务程序有定时采样中断服务程序和串行口通信中断服务程序。

2. 保护算法

在微机保护中,模拟电压和电流量经过数据采集系统进行预处理之后,转换成微机能够识别的数字量,计算机将这些数字信号进行分析、运算、判断,以实现各种继电保护功能的方法,称为保护算法。保护算法是微机保护的核心,各种微机保护有不同的算法,同一种保护也可以用不同的算法实现,继电微机保护算法比较简单。保护算法的主要任务是从包含有噪声分量的输入信号中,快速、准确地计算出所需的各种电气量参数。所以,保护算法的内容主要就是滤波和参数计算。实际上,滤波是为了准确地提取参数,参数计算才是目的,才是实现保护功能的基础。更重要的是要充分发挥微机的优越性,寻求新的保护原理和算法,要求运算工作量小,计算精度高,以提高微机保护的灵敏性和可靠性。

继电保护的种类很多,按保护对象分为元件保护、线路保护等,按保护原理分为差动保护、距离保护和电压、电流保护等。然而,不管哪一类保护的算法,其核心归根结底不外乎是算出可表征被保护对象运行特点的物理量,如电压、电流的有效值和相位以及测量阻抗等,或算出它们的序分量,或某次谐波分量的大小和相位等。只要计算出这些基本的电气参数,便不难构成各种不同原理的微机保护。一般来说,只要找出任何能够区分正常与短路的特征量,微机保护就可以予以实现。

二、按程序流程的基本结构划分的软件构成

根据程序流程结构划分,程序分为主程序和中断程序。微机保护装置程序,如图 5-7 所示。

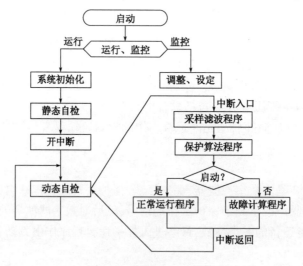

图 5-7 微机保护装置程序

(一)主程序

主程序的任务是完成巡检、键盘扫描和处理及故障信息的排列和打印。主程序启动后,进入监控程序或者运行程序(如果没有进行调整和设定,则执行运行程序),并且按固定的采样

周期接收采样中断进入采样程序,在采样程序中进行模拟量采集与滤波、开关量的采集、装置硬件自检、交流电流断线和启动判据的计算,根据是否满足启动条件而进入故障处理程序或正常运行程序,如图 4-7 所示。

1. 故障处理程序

故障处理程序中进行各种保护算法计算、跳闸逻辑判断以及事件报告、故障报告及波形的整理。根据被保护设备不同,保护的故障处理程序有所不同。例如,对于线路保护来说,一般包括纵联保护、距离保护、零序保护、电压电流保护等处理程序。

2. 正常运行程序

正常运行程序中进行采样值自动零漂调整及运行状态检查。

(1)检查开关位置状态:三相无电流,同时断路器处于跳闸位置动作,则认为设备不在运行。线路有电流但断路器处于跳闸位置动作,或三相断路器位置不一致,经 10s 延时报断路器位置异常。

(2)交流电压断线:交流电压断线时发 TV 断线异常信号。TV 断线信号动作的同时,将 TV 断线时会误动的保护(如带方向的距离保护等)退出,自动投入 TV 断线过流和 TV 断线零序过电流保护,或将带方向保护经过控制字的设置改为不经方向元件控制。三相电压正常后,经延时发 TV 断线信号复归。

(3)交流电流断线:交流电流断线发 TA 断线异常信号。保护判出交流电流断线的同时,在装置总启动元件中不进行零序过电流元件启动判别,且要退出某些会误动的保护,或将某些保护不经过方向控制。

(4)电压、电流回路零点漂移调整:随着温度变化和环境条件的改变,电压、电流的零点可能会发生漂移,装置将自动跟踪零点的漂移。

(二)中断服务程序

为了保证微机保护装置的实时性要求,中断服务程序有定时采样中断、串行口通信中断、定时器中断、电源异常中断等。既有属于接口的软件程序,又有属于保护的软件程序。

单元 5.3　中压供电系统微机保护装置

中压供电系统的微机保护装置种类很多,下面以城市轨道交通供电系统常用的 PSL640 系列数字式线路保护装置(图 5-8)为例,介绍其结构、组成、功能、操作界面、对外接线端子等。

PSL640 系列数字式线路保护装置是以电流电压保护及三相重合闸为基本配置的成套线路保护装置,适用于 66kV 及以下电压等级的配电线路。

PSL640 具备相间电流保护、零序电流保护、定时限方式或反时限方式的选择、方向闭锁、电压闭锁、自动重合闸、TV 断线自动检测、过负荷告警及跳闸、接地选线、零序电压 $3U_0$ 越限告警、低频减载、低压减载、遥测、遥控、遥信功能。

 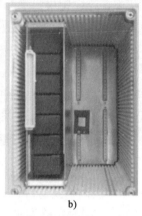 

图 5-8　PSL640 系列数字式线路保护装置

a)微机保护装置的操作面板;b)微机保护装置的机箱内部;c)微机保护装置的背面

一、PSL640 系列数字式线路保护装置硬件说明

(一)外形结构

装置采用整面板形式,面板上包括汉化液晶显示器、信号指示灯、操作键盘等,面板靠下部位的运行操作区还设置了手动分闸、合闸开关及用于区分就地与远方操作等功能的切换开关,跳闸、合闸出口压板也设置于运行操作区。

(二)交流模块

交流模块包括电压输入和电流输入两个部分,电压输入元件由电压变换器构成;电流输入元件由电流变换器和并联电阻构成。

(三)CPU 模块

主要由数据采集系统、开关量输入及输出部分、CPU 系统、通信部分、时钟回路等部分组成。

(四)电源模块

本模块为直流逆变电源模块。直流 220V 或 110V 电压输入经抗干扰滤波回路后,利用逆变原理输出本装置需要的三组直流电压,即 5V、24V(1)和 24V(2)。三组电压均不共地,且采用浮地方式,同外壳不相连。

(1) +5V 为用于 CPU 的工作电源。

(2) 24V(1)为用于驱动继电器的电源。

(3) 24V(2)为用于外部开入的电源。

(五)逻辑及跳闸模块

本模块内包括逻辑继电器及跳闸继电器两类。

1. 逻辑继电器

逻辑继电器由 CPU 模块直接驱动,这类继电器包括:出口回路开放继电器 QDJ、跳闸继电器 TJ 及其重动继电器 CKJ1、合闸继电器 HJ 及其重动继电器 CKJ2、出口中间继电器 CKJ3 ~ CKJ8、信号继电器 CKJ9、装置异常告警及闭锁继电器 GJ、告警或呼唤信号继电器 GJX、信号复归继电器 FGJ 等。

QDJ 为出口回路总开放继电器,在本装置内用于跳合闸的出口中间继电器,其负电源均经该继电器闭锁,该继电器的设置可有效防止某路开出损坏时保护的误动作。

装置告警信号分为本地告警及中央告警信号两种方式。如 CPU 自检时发现装置有严重异常情况,则立即驱动装置异常告警及闭锁继电器 GJ 和信号继电器 GJX。装置异常告警及闭锁继电器 GJ 动作后除自保持外,其常闭触点将切断 CPU 模块的 24V 跳闸电源。信号继电器 GJX 为磁保持继电器,点亮装置面板上本地告警信号灯的同时,输出一副触点至中央信号。这种情况称为本地告警。

中央告警信号主要是反应装置所对应一次设备的异常运行工况,用于提醒运行人员,称为呼唤。装置在此种情况下仅驱动信号继电器 GJX,由该继电器的触点分别给出当地及中央信号。

2. 跳闸继电器

跳闸继电器主要由各种操作回路继电器构成,包括跳闸位置继电器 TWJ、合闸位置继电器 HWJ、手动跳闸继电器 STJ、跳闸保持继电器 TBJ、合闸保持继电器 HBJ 等。

(六)人机对话模块

本模块的显示窗口采用四行、每行 12 个汉字的液晶显示器,还配置了丰富的灯光指示信息。主要功能是显示保护 CPU 输出的信息,扫描面板上的键盘状态并实时传送给保护 CPU。

二、PSL640 系列数字式线路保护装置软件功能说明

本装置采用实时计算各保护元件的方式,不再设置专门的启动元件,所有元件均实时计算出。

(一)低电压元件

低电压元件在三个线电压中的任意一个低于低电压整定值时动作,开放被闭锁保护元件。利用此元件,可以保证装置在电机反馈等非故障情况下不出现误动作。

(二)过电流元件

当任一相电流大于 Ⅰ 段电流定值 1.2 倍时,装置瞬动段出口跳闸的时间不大于 40ms(包括继电器的固有动作时间)。为了躲开线路避雷器的放电时间,本装置中 Ⅰ 段也设置了可以独立整定的延时时间。

(三)零序过电流元件

零序过电流元件的实现方式基本与过电流元件相同。

(四)反时限元件

本装置相间电流及零序电流均带有定时限、反时限保护功能,通过设置控制字的相关位可选择定时限或反时限方式。

(五)加速元件

本装置的加速回路包括手合加速及保护加速两种,加速功能设置了独立的投退压板。

保护加速分为前加速或重合后加速方式,可由控制字选择其中一种加速方式。

(六)充电保护

本装置用作充电保护时,只需投入加速压板、整定加速电流及时间定值,加速方式由控制字选择为后加速方式即可实现该功能。断路器处于分位大于 30s 后该功能投入,充电保护功能在断路器合上后开放约 3s。

(七)三相重合闸

具备三相一次重合闸和二次重合闸功能。由相应软压板实现功能总投退,控制字 KG2.11 = 1 时投入二次重合闸功能。输出触点为"重合闸重动"(X5:1,X5:3)和"备用出口 1"(X5:7,X5:8)。

1. 启动方式

完成重合闸充电后,可以由保护启动和不对应启动两种方式启动重合闸。

保护启动重合闸为保护动作,判别断路器位置和无电流后,开放重合闸 10s。

在不对应启动重合闸方式中,仅利用 TWJ 触点监视断路器位置。考虑许多新设计的变电站,尤其是综合自动化站,可能没有手动操作把手,手跳时利用装置信号跳闸模块上的手动跳闸继电器(STJ)常开触点来实现重合闸的闭锁。

2. 重合闸方式

通过控制字 KG2.0 和 KG2.1 可选择重合闸的方式:不检方式、检无压方式、检同期方式。

3. 闭锁条件

装置设置的重合闸"放电"条件(或门条件)有:

(1)控制回路断线后,重合闸延时 10s 自动"放电"。
(2)弹簧未储能端子高电位,重合闸延时 2s 自动"放电"。
(3)闭锁重合闸端子高电位,重合闸立即"放电"。
(4)手动跳闸或遥控跳闸,重合闸立即"放电"。
(5)低周减载,低压解列,或过负荷跳闸动作,重合闸立即"放电"。

(八)过负荷元件

过负荷元件监视三相的电流。

(九)TV 断线检测

在下面三个条件之一得到满足的时候,装置报发"TV 断线"信息并点亮告警灯:

(1) 相电压均小于8V,某相(A或C相)电流大于0.25A,判为三相失压。
(2) 三相电压和大于8V,最小线电压小于16V。
(3) 三相电压和大于8V,最大线电压与最小线电压差大于16V,判为两相或单相TV断线。

装置在检测到TV断线后,可根据控制字选择,或者退出带方向元件、电压元件的各段保护,或者退出方向、电压元件。TV断线检测功能可以通过"模拟量求和自检"控制字投退。

(十) 小电流接地选线

小电流接地选跳系统由本装置、母线开口三角电压监视装置和主站构成。当系统发生接地时,$3U_0$升高。当本装置感受到$3U_0$有突变且大于10V,即记录当前的$3U_0$、$3I_0$。与此同时,母线开口三角电压监视装置向主站报送接地信号。主站则在接到接地信号后调取各装置内记录的$3U_0$、$3I_0$采样,计算后给出接地点策略。

(十一) 数据记录

本装置具备故障录波功能。可记录的模拟量为I_a、I_b、I_c、$3I_0$、U_a、U_b、U_c、U_x等,可记录的状态量为断路器位置、保护跳闸合闸命令。

三、操作显示界面认知

(一) 面板布置

PSL640系列数字式线路保护装置面板布置如图5-9所示,主要包括显示屏、键盘、信号灯、操作板块、串行接口等部分。

(二) 键盘

键盘各按键及其功能如图5-10所示,主要包括方向键、修改键、定值区切换键、放弃键、回车键等。用来完成参数查看或设定操作。

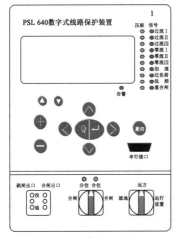

图5-9 面板示意图

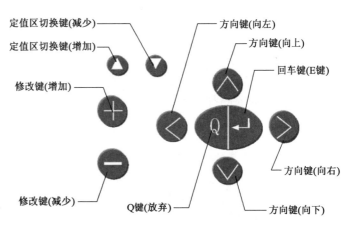

图5-10 键盘及其功能示意图

(三) 信号灯

信号灯及其功能如图 5-11 所示,绿灯代表保护投入,红灯代表保护动作。

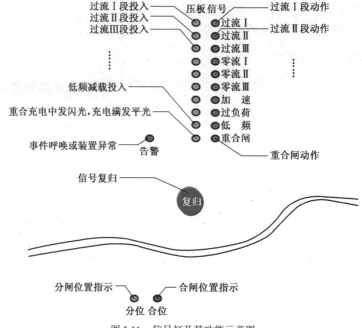

图 5-11 信号灯及其功能示意图

(四) 操作区

操作区的功能如图 5-12 所示。主要包括保护跳闸出口、重合闸出口压板,就地分、合把手和远方/就地选择开关。

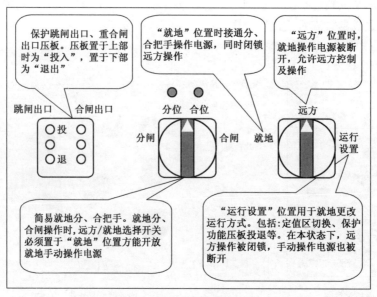

图 5-12 操作区及其功能示意图

（1）保护跳闸出口、重合闸出口压板：压板置于上部时为"投入"，置于下部时为"退出"。

（2）就地分、合把手：就地分、合操作时，远方/就地选择开关必须置于"就地"位置方能开放的手动操作电源。

（3）远方/就地选择开关：包括就地、远方、运行设置三个位置。

①"就地"位置时接通分、合把手操作电源，同时闭锁远方操作。

②"远方"位置时，就地操作电源被断开，允许远方控制及操作。

③"运行设置"位置用于就地更改运行方式。包括：定值区切换、保护功能压板投退等。在本状态下，远方操作被闭锁，手动操作电源也被断开。

（五）串行接口

串行接口是本装置与 PC 机连接口，如图 5-13 所示。用于连接继电保护装置与 PC 机。

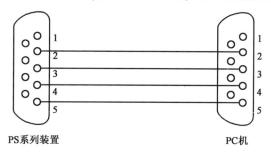

图 5-13　串行接口示意图

四、菜单结构认知

显示画面菜单结构如图 5-14 所示。

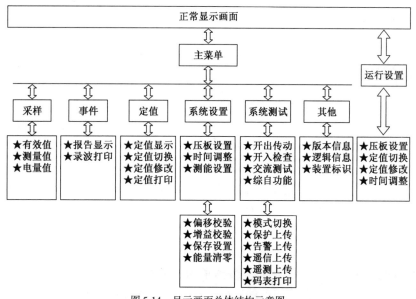

图 5-14　显示画面总体结构示意图

注：有★标记的菜单项负责执行具体的功能

（一）采样

有效值：实时显示各模拟量通道的有效值和相位角。
测量值：实时显示各测量量的大小。
电量值：实时显示各电度量的大小。

（二）事件

(1) 事故报告的查看、主动显示、打印。
(2) 录波报告的打印。

（三）定值

定值显示：显示各个定值区的整定值。
定值切换：从一个定值区切换到另一个定值区运行（只能在已整定的有效定值区之间相互切换）。
定值修改：修改选定定值区中的整定值。
定值打印：打印选定定值区的定值单。

（四）系统设置

压板设置：各种功能软压板投退。
时间调整：调整装置时间。
测能设置：
(1) 偏移校验：校正零漂。
(2) 增益校验：线性度校验。
(3) 保存设置：保存校正的设置。
(4) 能量清零：电度量清零。

（五）系统测试

开出传动：各输出开关量手动控制输出或返回。
开入检查：开入量实时显示。
交流测试：各模拟量通道的有效值和相位角的实时显示。
综自功能：用于与后台监控及远动主站信息对点使用。主要包括以下内容。
(1) 模式切换：装置运行的"正常模式"和"报文测试模式"选择。
(2) 保护上传：逐条发送保护 SOE 报文。
(3) 告警上传：逐条发送告警报文。
(4) 遥信上传：逐条发送遥信量变位信息。
(5) 遥测上传：逐条发送遥测量，固定发送值为满刻度值的一半。
(6) 码表打印：打印装置内部的各种通信码表，包括保护 SOE 表、告警信息表、软压板信息表、遥信量表、遥测量表。

(六) 其他

显示程序版本信息、逻辑信息及装置标识。

(七) 运行设置

保护软压板设置、定值切换、定值修改及时间调整。

五、对外接线端子认知

图 5-15 所示为对外接线端子的布置图,主要有交流输入端子(X1、X2),开关量输入端子(X3),电源输入输出端子(X4),触点输出端子(X5),中央信号、位置触点及跳/合闸回路端子(X6)与网络接口。

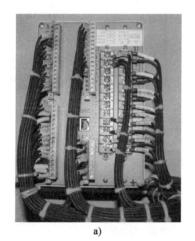
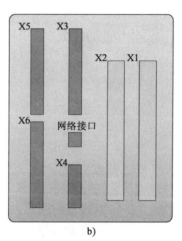

图 5-15　对外接线端子布置示意图

(一) 交流输入端子

交流输入端子排各端子的功能如图 5-16 所示。值得注意的是,本装置配置了两种不同输入范围的零序电流输入端子,在系统中性点接地方式不同时,方便用户选择所需的接入端子。其中,I_0、I_0' 为小电阻接地系统零序电流(简称零流)输入端,电流输入范围 0.1~20A,故不宜采用 I_a、I_b、I_c 求和的方式产生 I_0。I_{0c} 为小电流接地系统单相接地时接地选线用零序电流输入端。

(二) 开关量输入端子

开关量输入端子及其功能示意图如图 5-17 所示。在典型设计中,X3-11 端子正常通过屏柜端子接至 X4-2(开入 24V 地),而 X3-1~X3-10 号端子通过外部相应触点接至 X4-1(开入 +24V)。

(三) 电源输入输出端子

电源输入输出端子及其功能示意图如图 5-18 所示。

(四) 触点输出端子

触点输出端子及其功能示意图如图 5-19 所示。

	X2			X1	
小电流接地系统零序电流极性端	I_{0c}	1	1	I_a	A相电流极性端
小电流接地系统零序电流非极性端	I_{0c}'	2	2	I_a'	A相电流非极性端
		3	3	I_b	B相电流极性端
		4	4	I_b'	B相电流非极性端
		5	5	I_c	C相电流极性端
		6	6	I_c'	C相电流非极性端
线路抽取电压极性端	U_x	7	7	I_0	小电阻接地系统零流极性端
线路抽取电压非极性	U_{xn}	8	8	I_0'	小电阻接地系统零流非极性端
母线A相电压	U_a	9	9	I_{ac}	A相电流极性端(测量TA)
母线B相电压	U_b	10	10	I_{ac}'	A相电流非极性端(测量TA)
母线C相电压	U_c	11	11	I_{cc}	C相电流极性端(测量TA)
中性点	U_n	12	12	I_{cc}'	C相电流非极性端(测量TA)

图 5-16 交流输入端子及其功能示意图

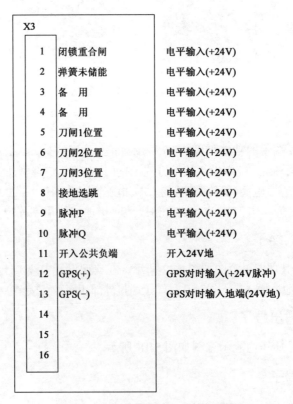

图 5-17 开关量输入端子及其功能示意图

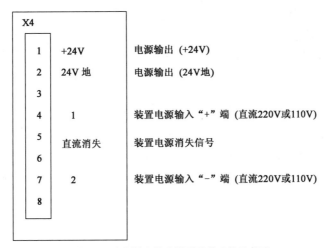

图 5-18 电源输入输出端子及其功能示意图

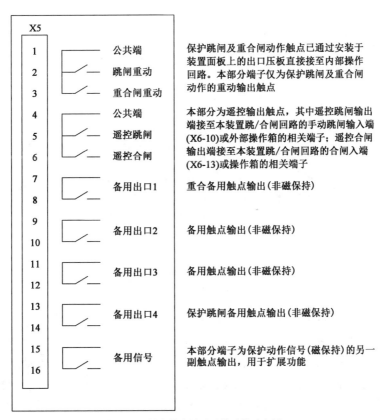

图 5-19 触点输出端子及其功能示意图

X5-1～X5-3：保护跳闸及重合闸动作触点已通过安装于装置面板上的出口压板直接接至内部操作回路。本部分端子仅为保护跳闸及重合闸动作的重动输出触点。

X5-4～X5-6：本部分为遥控输出触点，其中遥控跳闸输出端接至本装置跳/合闸回路的手动跳闸输入端(X6-10)或外操作箱的相关端子；遥控合闸输出端接至本装置跳/合闸回路的合闸入端(X6-13)或操作箱的相关端子。

X5-7～X5-8：重合备用触点输出(非磁保持)。

X5-9～X5-12：备用触点输出(非磁保持)。

X5-13～X5-14：保护跳线备用触点输出(非磁保持)。

X5-15～X5-16：本部分端子为保护动作信号(磁保持)的另一副触点输出,用于扩展功能。

(五) 中央信号、位置触点及跳/合闸回路端子

中央信号、位置触点及跳/合闸回路端子及其功能示意图如图 5-20 所示。本装置配置了包括手动跳/合闸操作把手及跳/合闸出口压板在内的完备的就地操作回路,此回路完全独立于装置的弱电回路,以满足紧急情况的需要。简化了组屏及安装于开关柜上时的接线工作。

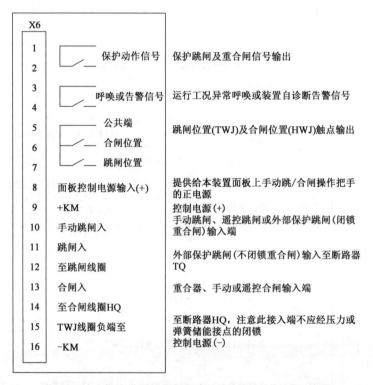

图 5-20　中央信号、位置触点及跳/合闸回路端子及其功能示意图

考虑到不同运行方式的需要,本装置对传统的接线方式仍保留了接入端。例如,设置 X6-10(手动跳闸入)、X6-11(跳闸入)、X6-13(合闸入)端子后,以跳/合闸重动触点输出(X5-2、X5-3)作为保护跳/合闸中间出口,经外部跳/合闸出口压板后分别接至跳/合闸操作回路的入口,即可实现传统接线方式。此时,需把装置面板上的跳闸及合闸出口压板打至退出位置。装置面板上的手动跳/合闸操作把手的停用也只需断开面板控制电源输入(X6-8),外部装设的手动操作把手可由 X6 的相关端子接入本装置的操作回路。

单元 5.4　直流牵引供电系统典型微机保护装置

目前,在城市轨道交通运营线路上,安装于直流开关柜中的微机型测控保护装置主要有西

门子公司的 SITRAS DPU96、Sitras Pro 和赛雪龙公司的 SEPCOS。下面分别介绍西门子公司的 SITRAS DPU96 和赛雪龙公司的 SEPCOS 装置。

一、DPU96 保护装置

(一) DPU96 保护装置结构原理

DPU96 数字式保护和控制装置是以微处理器为基础(图 5-21),用来完成直流快速断路器的控制和保护,避免直流开关设备和接触网设备出现过负荷和短路情况,并根据电流的变化在达到最大短路电流之前检测出短路的发生,启动相应保护来跳开直流快速断路器,迅速切除故障回路,保护供电设备的安全。

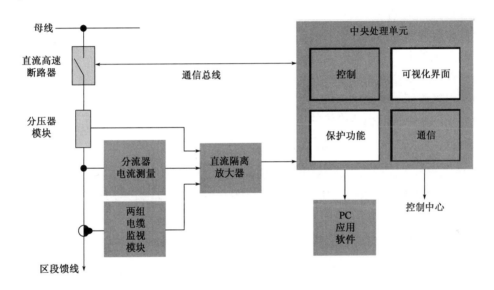

图 5-21　DPU96 数字式保护和控制装置系统配置图

为了便于一次设备直流电流和电压的测量并且有效地进行电气隔离,采用直流隔离放大器(DPU96 BA)和分压器模块(DPU96 VD),将分流器的二次电流与分压器的二次电压送到隔离放大器,经隔离、放大后通过光纤与中央处理单元(DPU96 PU)进行信息传输,由中央处理单元进行监测、处理。

1. DPU96 中央处理单元(DPU96 PU)

PU 为中央单元,主要实现保护算法和人机界面;通过通信总线直接与中央信号系统通信,几乎所有的功能都可以集成到中央处理单元中。主要用于避免接触网过负荷,并在电流变化过程中甚至达到最大工作电流之前检测出短路的发生。

具备的基本特性有:

(1) I_{max}(静态过电流分析)。

(2) ΔI(涌流分析)。

(3) di/dt(电流上升率分析)。

(4) 热保护。

(5) 定时限过电流保护。

(6) 断路器故障保护。

(7) 输出电压监视。

(8) 测量存储器。

(9) 事件存储器。

(10) 报警存储器。

2. DPU96 直流隔离放大器(DPU96 BA)

直流隔离放大器和分压器模块用于电气隔离和电流及电压测量。测量值通过光纤电缆输出到 DPU96 PU 中央处理单元中,也可以进行模拟输出。

具备的测量功能有:

(1) 测量区段馈线电流。

(2) 测量测试电压。

(3) 测量区段线路电压。

(4) 测量区段测试电流。

(5) 用于两个电缆监视器模块的电缆监视。

3. DPU96 分压器模块(DPU96 VD)

与直流隔离放大器相匹配,测量供电区段的线路电压。

通用的分压器可用于系统电压最大达 DC 1000/2000/4000V,它与 DC 10V 的直流隔离放大器上的输入信号相匹配。

4. DPU96 应用软件(DPU96 SW)

保护装置存储并处理大量信息。借助 DPU96 SW 软件,可以方便有效地使用保护装置的各项功能,并且便于菜单引导式参数设置和操作。

(二)DPU96 保护装置保护和控制功能

1. 保护功能

(1) 过电流保护。

(2) $di/dt + \Delta I$ 保护。

(3) 电缆温度保护。

(4) 双边联跳保护。

2. 控制功能

直流快速断路器的操作和控制是通过带有集成自动测试和自动重合闸系统的 DPU96 的馈线开关柜来实现的。

交流电经整流器整流后,通过直流馈线开关柜向各个供电区段供电。采用带有直流快速断路器的专用开关设备,当发生故障时能够有选择地切除故障馈线供电区段。断路器触点的快速开启和极短的燃弧时间能有效确保对短路电流的限制。

为了保护供电区段并有效地监视和控制直流快速断路器,在输出的每个馈线柜低压室内安装一套单独的 DPU96 装置,结合控制面板实现具备集成的自动测试功能和自动重合闸系统。DPU96 数字式保护和控制装置对开关位置进行监视,采集开关设备的位置信号、所有开关柜内的事故、报警信号,并在开关柜当地显示,同时通过变电所内综合自动化通信网络送往电力监控系统;实现开关间的联锁、联动、闭锁的功能。

正常操作断路器合闸时,对线路进行多次测试,线路正常则允许合闸;线路存在持续性故障,则闭锁合闸。当接触网发生故障时,断路器由于保护动作而分闸,测试装置对线路进行测试并判别故障性质,如故障是瞬时性的,自动重合闸系统将使断路器重新合闸;如故障是永久性的,直流断路器不再重新合闸。

考虑到需方便设备维护、检修以及实际运行中要提高馈线供电区段的供电质量,还设置了直接合闸功能和快速合闸功能。

二、SEPCOS 保护装置

SEPCOS 是瑞士赛雪龙公司研制的远程控制和保护系统,用于城市轨道交通系统、铁路系统等。它是基于几个微处理器的多功能电子系统,对直流变电所的馈电单元和整流器单元提供控制和保护。SEPCOS 作为直流牵引网络的保护继电器,由两部分组成:保护继电器即 SEPCOS-PRO,集成测量、监视和保护功能;控制/命令继电器即 SEPCOS-PLC,集成自动控制、显示和通信的功能。

(一)SEPCOS 保护装置接线原理图

SEPCOS 保护装置接线原理图,如图 5-22 所示。

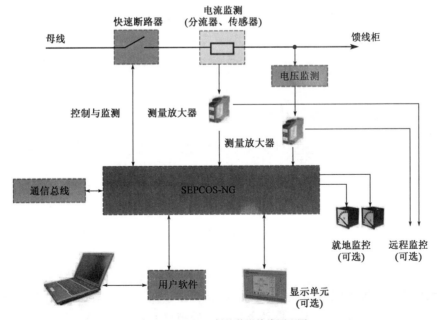

图 5-22　SEPCOS 保护装置接线原理图

(二) SEPCOS 保护装置的组成

SEPCOS-NG 由一系列标准板组成。主要包括:ATLAS CPU 板、以太网板、12 开入板、6 开出板、辅助电源板、串行连接板、显示接口板、显示模块、PRO-CPU 板等。

SEPCOS 保护装置的组成,如图 5-23 所示。

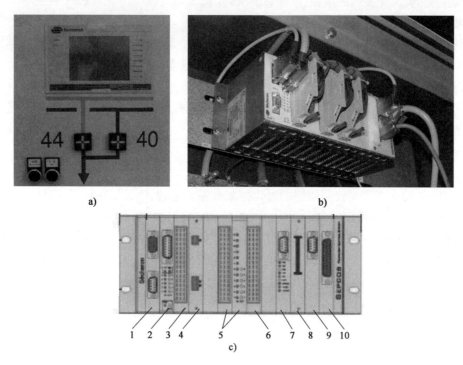

图 5-23 SEPCOS 保护装置组成图
a)SEPCOS 保护装置的操作面板;b)SEPCOS 保护装置的主机;c)SEPCOS 保护装置显示接口板
1-PRO-COM 板;2-PRO-CPU 板;3-PRO-I/O 板;4-辅助电源板;5-PLC-I/O 板;6-LS 板;7-以太网信息板;8-CF 卡板;9-以太网板;10-显示接口板

(三) SEPCOS 保护装置的功能

SEPCOS 的功能分为三类:保护、控制和记录功能。下面简要介绍保护功能和控制功能。

1. 保护功能

基于微处理器的基础和自动化系统;用于测量和分析牵引回路电流和电压的 4 通道差分模拟输入;保护与记录功能;断路器的分闸与闭锁控制与断路器状态的读取;用于电流表与电压表的 2 通道模拟量输出。

(1) $I_{\max +}$ 保护。

有时线路中的故障电流(过载电流或短路电流)小于断路器的整定值,通过测量,分析馈电回路的正向电流 I_f,可检测出低于断路器整定值的短路电流和过载电流。

测量正向电流 I_f,如果 $I_f >$ 设定的 I_{max+},SEPCOS 开始计时,如果当计时 $t >$ 设定的 T_+,则发出跳闸指令。

(2) DDL 保护。

电流上升率 di/dt 和电流增量 ΔI 构成。

(3) 接触网热保护。

当接触网长期通过大负荷电流而使导线发热时,热过负荷保护跳开馈线断路器。通过连续测量馈电电流,计算热载 θ_t,$\theta_t = (1 - e^{-t/\tau})(I/I_{rated})^2$。

SEPCOS 通电后,θ_t 的初始值 $\theta_{t0} = 0.98\theta_A$,$\theta_A$ 为设定的报警值。断路器合闸后,如果馈电回路连续流过大电流,当电流大于设定值 I_{rated} 时,保护装置启动此保护功能。当达到 θ_A 时,SEPCOS 发出警报。如果 θ_t 继续上升,当 $\theta_t \geq 1.01\theta_A$ 时,SEPCOS 发出指令使断路器分闸,同时可发出闭锁信号。只有当 $\theta_t < \theta_A$ 时,断路器才能重新合闸。

(4) U_{min}($U_{feederlow}$) 保护。

此保护为低电压保护,通过测量线路电压来判断并切除故障。

测量线路电压 U_f,如果 $U_f <$ 设定值 U_{min},且时间 t 超过设定值 T_{set},则发出信号,使断路器跳闸。

(5) ΔU 保护。

本功能为电压差,当线路已由邻站馈线供电时,在闭合本所断路器前,先比较母线电压和线路电压的电压差,当电压差大于设定值时,闭锁合闸。

如果 $U_r - U_f <$ 设定值 ΔU_{r-f},允许断路器合闸。

如果 $U_r - U_f >$ 设定值 ΔU_{r-f},闭锁断路器合闸。

其中,U_f 为线路电压;U_r 为母线电压;$U_{fResidue}$ 为馈线残压设定值;ΔU_{r-f} 为电压差设定值。

当线路电压 U_f 小于馈线设定值 $U_{fResidue}$,不闭锁断路器合闸。

(6) 联跳功能。

当 SEPCOS 检测到故障(通过保护功能)时,使断路器分闸,并发出联跳信号,同时使给该段线路或该网络供电的所有断路器跳闸并锁定。

① 相邻变电所间的双边联跳。

当本变电所一台断路器跳闸时,必须使相邻变电所内向同一区间供电的断路器同时跳闸;其功能可通过联跳电缆及两侧直流开关柜中的联跳继电器来实现,每条馈线 SEPCOS 数字式保护监控单元的联跳接收与发送采用独立的回路。

② 越区供电时三个变电所间联跳。

当处于中间的变电所退出运行时,合闸越区隔离开关进行越区供电时,其相邻的两个变电所馈线断路器可以进行联跳转换。联跳发送继电器的输出信号不是送给相邻站的相应馈线柜的联跳接收继电器,而是通过联跳转换继电器传送给下一牵引变电所的相应馈线柜的联跳接收继电器。联跳转换只与本所端子柜间接线有关,不需要任何外界连线。

2. 控制功能

控制功能通常用于开关设备的电气合分闸,根据系统的状态和规定的要求,允许或禁止合闸操作。

(1) 电保持型断路器控制分合闸的功能。

电保持型断路器在合闸后,只需流过很小的电流即可使断路器保持在合闸位置。

其合闸顺序为 SEPCOS 输出 1s 脉冲,使合闸保持线圈得电,断路器合闸。

其分闸顺序为使合闸保持线圈失电,断路器分闸。

(2) 磁保持型断路器控制分合闸的功能。

磁保持型断路器的合闸线圈为短时通电型。

其合闸顺序为 SEPCOS 输出 1s 脉冲,合闸线圈得电,断路器合闸,合闸后合闸线圈失电。

其分闸顺序为 SEPCOS 输出 1s 脉冲,使合闸线圈流过反磁极电流,断路器分闸,分闸后合闸线圈失电。

(3) 自动重合闸功能/防跳。

自动重合闸是指在线路出现故障断路器分闸后,经过一定延时后,SEPCOS 发出重合闸信号,使断路器自动重合闸。如果在时间间隔 T 内断路器遇故障又分闸,则重合闸次数计 1,若重合闸次数达到 N 次但合闸仍不成功,则闭锁重合闸。闭锁可通过电气或手动方式复位。

典型案例:750V 保护装置故障处理

(4) 线路测试功能。

线路测试功能用于对馈线断路器进行控制。在馈线断路器合闸前,利用线路测试装置对线路状态进行测试,可以防止断路器与故障点或已经过载的线路相连通。

单元 5.5　备用电源自动投入装置

备用电源自动投入装置是指在工作电源因故障断开以后,能自动而迅速地将备用电源投入到工作中或将用户切换到备用电源上去,从而使用户不致被停电的一种自动装置,简称备自投。正确应用备自投,可以提高电网供电的可靠性。

备自投作为电力系统中常用的一种自动安全装置,其发展与继电保护装置一样经过了电磁整流型—晶体管型—集成电路型—微机型四个主要阶段。各阶段的主要技术区别在于对采集电流量、电压量、开关量的方法和运算方式、逻辑功能的实现方式上不同。目前,以微机型备自投为应用主流,它将电流量、电压量等模拟量,经压频变换器元件转换为数字量,再送到装置的数据总线上,通过预设程序对数字量和开关量进行综合逻辑分析,并根据分析结果作用于相关断路器,从而实现自动切换功能。

一、对备自投的基本要求

根据电网运行经验,备自投只有满足下列基本要求,才能更好地发挥作用。

(1) 备自投装置必须在工作母线因某种原因失去电压而闭锁条件不成立的情况下动作。

(2) 备自投装置应该保证停电的时间尽可能短,使电动机的自启动容易一些。

(3) 备自投装置只应动作一次。

(4) 备自投动作,自投于永久性故障的设备上,应加速跳闸。

(5)当电压互感器的熔断器熔断时,备自投不应误判。
(6)当备用电源无电压时,备自投不应动作。
(7)备自投装置应在工作电源确已断开后,再将备用电源投入。
(8)工作电源手动分闸时,备自投不应动作。
(9)联络断路器代替进线断路器而进线又失压时,不允许备自投动作。

二、城市轨道交通牵引变电所运行方式

图 5-24 是一个牵引变电所 10kV 进线简化图,本部分以此图为例进行讲解。

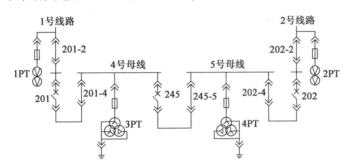

图 5-24　牵引变电所 10kV 进线开关与母线联络断路器

(一)城市轨道交通牵引变电所正常运行方式

变电所两路进线分别带 10kV 两段母线全负荷运行,201、202 合闸,245 分闸。

(二)进线失压备自投成功后的非正常运行方式

1. 运行方式一

因某种原因,1 线路电源失压,造成 4 号母线无电,经一定延时,201 跳闸→245 自动合闸→由 2 号进线通过母线联络断路器带全站负荷运行。

2. 运行方式二

因某种原因,2 线路电源失压,造成 5 号母线无电,经一定延时,202 跳闸→245 自动合闸→由 1 号进线通过母联带全站负荷运行。

三、备自投逻辑

备自投工作逻辑是指:当工作电源因故障断开时,备用电源自动投入运行需要具备的条件。

正常运行时,4 号、5 号母线都是分列运行,若某一侧电源线路停电,对应的线路和母线就会失压,这种失压信号是通过电压互感器一次反映到二次继电保护装置上的,而电压互感器一次、二次回路断线,反映到继电保护装置上的现象也是失压,为区分线路真正失压和电压互感器断线,一般电压回路的采样都要经两个电压互感器,继电保护装置要同时接到两个电压互感器失压信息,结合进线断路器的位置才判断为进线失压。图 5-24 所示的两段母线采用了

1PT、2PT、3PT、4PT 四个电压互感器。

（1）1PT、2PT 分别为 1 号、2 号进线电压互感器，采集 1 号、2 号线路电压信息。

（2）3PT、4PT 分别为 4 号、5 号母线电压互感器，采集 4 号、5 号段母线电压信息。

（3）只有线路 PT 和母线 PT 同时失压才能判定为电源失压。

（4）若无线路 PT（线路电压互感器），则可从配电变压器二次侧 400V 提取采样电压代替线路 PT。

为了完成这个判断任务，备自投装置不但需要接入 1PT、2PT、3PT、4PT 的二次侧电压信号，还要接入进线断路器、母线联络断路器的位置信号，必要时还要接入配电变压器的二次电压信号，才能完成逻辑判断任务。

（一）备自投动作必须具备的条件

1. 备自投允许投入条件（简称备自投允许）

只有满足了允许条件后，备自投装置才能进入充电准备状态，充电准备需要一定延时才能完成，所以备自投两次动作的时间间隔不能少于 10~15s。由这个时间来保证备自投只动作一次，因为第二次自投来不及充电。

2. 备自投闭锁条件

只要闭锁条件中有一条成立，备自投就会被闭锁。

3. 备自投启动条件

在满足备自投启动条件下，而备自投闭锁条件无一条成立，备自投才能使母线联络断路器合闸。

只有满足上面三条备自投才能出口动作。

（二）备自投动作举例

备自投动作举例，如图 5-25 所示。

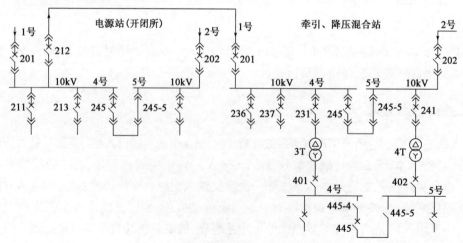

图 5-25　电源站与牵引变电所主接线简化图

1. 运行方式一

1) 备自投允许条件

(1) 4 号、5 号母线均有三相电压。

(2) 201、202 在合闸位,245 在分闸位(245 处于热备用状态,即 245 小车在工作位,断路器在分闸;245-5 在工作位)。

2) 备自投闭锁条件

若有下列情况之一,必须闭锁备自投:

(1) 手动分闸进线断路器。

(2) 遥控分闸进线断路器。

(3) 进线断路器故障跳闸。

3) 备自投启动条件

(1) 1 号线路失压、4 号母线失压,它们的电压 $< 30\% U_N$(由 1PT、3PT 测得)。

(2) 2 号进线三相电压均高于 $70\% U_N$、5 号母线三相电压均高于 $70\% U_N$(由 2PT、4PT 测得)。

(3) 201、202 在合闸位,245 在分闸位。

经一定延时确认后,进线断路器 201 跳闸,启动母线联络断路器 245 合闸,由 2 号线路电源通过母联带全站负荷运行,并保证不会向故障点反送电。

2. 运行方式二

(1) 备自投允许条件:与运行方式一相同。

(2) 备自投闭锁条件:与运行方式一相同。

(3) 备自投启动逻辑。

① 2 号线路失压、5 号母线失压,它们的电压 $< 30\% U_N$(由 2PT、4PT 测得)。

② 1 号线路三相电压均高于 $70\% U_N$、4 号母线三相电压均高于 $70\% U_N$(由 1PT、3PT 测得);

③ 201、202 在合闸位,245 在分闸位。

经一定延时确认后,进线断路器 202 跳闸,启动母线联络断路器 245 开关合闸,由 1 号线路电源通过母联带全站负荷运行,并保证不会向故障点反送电。

若备自投不成功,相应的开关应不按时限,加速跳闸。

注:PT 断线检测方法如下。

方法 1:当母线任一相电压小于 30V,或负序电压大于 8V(一相断线后电路不对称,产生负序分量),同时线路电流互感器有电流,持续 10s,则判断为 PT 断线。

方法 2:断线一相的相电压小于 30V,与断线相有关系的线电压下降,两正常相之间的线电压不变。

四、备自投举例

(一) 电源站与牵引变电所备自投的时限配合

电源站 245 动作时限 < 牵引变电所 245 动作时限 < 牵引降压变电所 445 动作时限。

(二)电源站、牵引变电所的备自投关系分类

电源站与牵引变电所主接线简化如图 5-25 所示。

电源站、牵引变电所的备自投关系分三种情况(下面以 1 号进线失压 201 跳闸为例进行说明)。

1. 情况 1

电源站 1 号进线 201 失压跳闸→电源站 245 自投→牵引变电所供电方式不变。

2. 情况 2

电源站 1 号进线 201 失压跳闸→电源站 245 自投不成功→牵引变电所 201 失压跳闸→牵引变电所 245 自投(400V 系统供电方式不变)。

3. 情况 3

电源站 1 号进线 201 失压跳闸→电源站 245 自投不成功→牵引变电所 201 失压跳闸→牵引变电所 245 自投不成功→401 分闸→445 自投。

习题及思考

一、简答题

1. 简述微机保护的结构及作用。
2. 微机保护的硬件由哪几部分组成？各自的作用是什么？
3. 微机保护的软件由哪几部分组成？各自的作用是什么？
4. PSL640 系列数字式线路保护装置的功能有哪些？
5. DPU96 保护装置的功能有哪些？
6. SEPCOS 保护装置的功能有哪些？
7. 简述电磁型继电器保护装置与微机保护的关系。
8. 什么是备用电源自投装置？对其要求有哪些？

二、画图题

画出基于 SEPCOS 的保护与控制系统图。

单元 6　典型牵引变电站的继电保护配置与联锁关系

在学习了城市轨道交通供电系统常用的继电保护种类之后，本单元以 10kV 牵引降压混合变电站为例，分系统研究其典型继电保护配置、各种保护范围和自动关系、联锁关系情况，这些知识是城市轨道交通供电系统运行、操作、事故处理的基础。典型 10kV 牵引降压混合变电站供电系统图，如图 6-1 二维码所示。

图 6-1　典型 10kV 牵引降压混合变电站供电系统图

单元 6.1　城市轨道交通供电系统保护配置原则

本单元主要讲解城市轨道交通供电系统保护的配置原则与配置方案，主要包括：城市轨道交通高压交流系统的保护配置、城市轨道交通中压交流系统的保护配置、牵引变电站直流牵引系统的保护配置以及城市轨道交通低压交流系统的保护配置四部分。

一、城市轨道交通高压交流系统的保护配置

城市轨道交通高压系统保护主要是指外部电源为集中式供电方式时主变电所 110kV 部分的保护。

高压系统保护包括主变电所高压进线保护、主变电所高压桥开关保护和主变压器保护。

（一）主变电所高压进线保护

对于主变电所高压进线，主要应考虑单相接地短路和相间短路，对应这两种故障形式，设相应的保护装置。

对于单相接地短路，应装设零序电流保护。对于相间短路，可装设线路纵联差动保护装置和过电流保护装置。

（二）主变电所高压桥开关保护

如果主变电所高压侧采用桥形接线，那么高压桥开关的保护形式，应和高压进线的保护形式一致，主要应考虑单相接地短路和相间短路。

（三）主变压器保护

主变压器在出现下列故障及异常运行状态时，应装设相应的保护装置。

(1)绕组及其引出线的相间短路和在中性点直接接地侧的单相接地短路。
(2)绕组的匝间短路。
(3)外部相间短路引起的过电流。
(4)中性点直接接地电力网中外部接地短路引起的过电流及中性点过电压。
(5)过负荷。
(6)油面降低。
(7)变压器温度升高或油箱压力升高或冷却系统故障。

具体的保护设置包括：

(1)气体保护。

当主变压器采用油浸式变压器时，应装设气体保护。当壳内故障产生轻微瓦斯或油面下降时，应瞬时动作于信号；当产生大量瓦斯时，应断开主变压器的各侧断路器。

(2)纵联差动保护。

对于主变压器内部的短路故障，主变压器装设纵联差动保护，也可装设电流速断保护和电流保护，该项保护装置应动作于断开主变压器的各侧断路器。

(3)过电流保护。

对于主变压器低压侧电缆相间短路引起的主变压器过电流，应装设过电流保护。

(4)零序电流保护。

在中性点直接接地的高压电力网中，当主变压器中性点直接接地运行时，对外部单接地引起的过电流，应装设零序电流保护。

(5)温度保护。

对变压器温度升高和冷却系统故障，应装设可作用于信号或动作于跳闸的温度保护装置。

(6)压力释放保护。

当变压器内部严重故障或其他原因如呼吸堵塞、负荷太大温度高等，导致变压器油箱内压力过大时，压力释放阀动作，喷出油，释放压力，跳开高低压两侧断路器。

二、城市轨道交通中压交流系统的保护配置

城市轨道交通中压交流系统的保护主要包括电源保护与母线保护、牵引整流机组保护和配电变压器保护三部分。其中，电源保护与母线保护主要包括：主变电所中压进线保护、主变电所中压馈线保护、主变电所中压母线联络断路器保护、电源开闭所进线保护、电源开闭所中压联络馈线保护、电源开闭所母线联络断路器保护、变电所进线保护、变电所联络馈线保护、变电所母线联络断路器保护、变电所母线PT(线路PT)保护等。

(一)电源保护与母线保护

1. 供电系统主变电所的保护配置

1) 主变电所中压进线保护

对于主变电所中压进线保护，主要结合下列故障或异常运行，装设相应的保护装置。

(1)相间短路：装设电流速断保护和过电流保护。

(2)单相接地短路:当主变压器中性点直接接地时,应装设零序电流保护;当主变压器中性点非直接接地时,在中压母线上装设零序电压报警装置。

(3)过负荷:对可能时常出现过负荷的电缆线路,应装设过负荷保护。保护装置带时限动作于信号,当危及设备安全时,也可以动作于跳闸。

2)主变电所中压馈线保护

对于主变电所中压馈线保护,应结合中压线路的下列故障或异常运行,装设相应的保护装置。

(1)相间短路:一般装设电流速断保护和过电流保护。当采用电流速断保护和过电流保护不能满足选择性、灵敏性或速动性的要求时,可以采用线路纵联差动保护作为主保护,电流速断保护和过电流保护作为后备保护。

(2)单相接地短路:当主变压器中性点直接接地时,装设零序电流保护;当主变压器中性点非直接接地时,在中压母线上装设零序电压报警装置。

3)主变电所中压母线联络断路器保护

主变电所中压母线联络断路器一般装设过电流保护和速断保护,其中,速断保护仅在分段开关合闸瞬间投入,合闸完成后自动解除。

2. 电源开闭所的保护配置

1)电源开闭所进线保护

对于电源开闭所进线保护,应结合下列故障或异常运行,装设相应的保护装置。

(1)相间短路:装设电流速断保护和过电流保护。电流速断保护分为无时限速断保护和带时限速断保护。当不允许带时限切除短路故障时,应设无时限速断保护;当无时限速断保护不能满足选择性动作时,可设带时限速断保护;当采用电流速断保护和过电流保护不能满足选择性、灵敏性或速动性的要求时,可以采用线路纵联差动保护作为主保护,电流速断保护和过电流保护作为后备保护。

(2)单相接地短路:当电源系统为中性点经低电阻接地方式时,应装设零序电流保护;当电源系统为中性点不接地方式时,在中压母线上装设零序电压报警装置。

(3)进线开关电源侧线路发生故障或电源系统发生故障时,本站的一段母线失压,失去供电能力,需装设进线失压跳闸保护,为母线联络断路器合闸,用另一路电源带全站负荷做好准备。

电源开闭所进线保护内容、保护动作整定值由当地电力部门负责,考虑到城市轨道交通中压网络可靠运行的需要,建设单位应与当地电力部门协商。

2)电源开闭所中压联络馈线保护

对于电源开闭所中压联络馈线保护,应结合中压线路的下列故障或异常运行,装设相应的保护装置。

(1)相间短路:应装设电流速断保护和过电流保护。电流速断保护分为无时限速断保护和带时限速断保护。当不允许带时限切除短路故障时,应设无时限速断保护;当无时限速断保护不能满足选择性动作时,可设带时限速断保护。当采用电流速断保护和过电流保护不能满足选择性、灵敏性或速动性的要求时,可采用线路纵联差动保护或电流选跳保护作为主保护,过电流保护作为后备保护。若采用电流选跳保护作为主保护时,当本站中压网络馈线设电流选跳保护时,相邻变电所对应的中压网络进线也应设电流选跳保护,两开关的电流选跳保护结合在一起,保护该段中压线路。

(2)单相接地短路:当变压器中性点直接接地时,应装设零序电流保护;当变压器中性点非直接接地时,在中压母线上装设零序电压报警装置。

3)电源开闭所母线联络断路器保护

电源开闭所母线联络断路器应装设过电流保护和速断保护,其中,速断保护仅在分段开关合闸瞬间投入,合闸完成后自动解除。

另外,可以选择设合环选跳保护,在设备检修等特殊情况下,允许短时合环运行,保证系统的连续供电。此保护方式应征得当地电力部门的同意。

3. 配电变电所的保护配置

(1)变电所进线保护、变电所联络馈线保护与电源开闭所对应配置相同。

(2)变电所母线联络断路器保护。

变电所母线联络断路器应装设过电流保护和速断保护,其中,速断保护仅在分段开关合闸瞬间投入,合闸完成后自动解除。

(3)变电所母线 PT(线路 PT)保护。

变电所母线 PT 和线路 PT 保护,包括 PT 断线报警和零序电压报警。

①PT 断线报警:母线 PT 或线路 PT 一次回路熔断器熔断信号、二次回路微断开关的分闸信号,若母线 PT 或线路 PT 装在隔离手车上,还应包含 PT 手车的非工作位置信号。

②零序电压报警:适用于中压消弧线圈接地系统,采用三相五柱式 PT,通过开口三角形绕组测零序电压。

(二)牵引整流机组的保护

牵引整流机组主要设下列一些保护。

(1)速断保护:用于保护牵引变压器的一次电缆、接线端、一次绕组和二次绕组的一部分的短路。

速断保护定值应躲过牵引变压器励磁涌流,对牵引变压器一次侧最小短路具有速动性。

(2)过电流保护:保护牵引变压器的二次侧短路、牵引整流器短路、牵引整流器直流电缆短路,并作为直流母线的后备保护。

(3)过负荷保护:根据需要选择是否设置过负荷保护。牵引变电所设两套牵引整流机组,构成等效 24 脉波整流。牵引整流机组过负荷能力参照《地铁设计规范》(GB 50157—2013)标准:

①100%——连续运行。

②150%——运行 2h。

③300%——运行 1min。

由于牵引整流机组有较高的过负荷能力,因此,可不设过负荷保护,若要设过负荷保护,则应为过负荷报警。

(4)温度保护:牵引变压器过温报警、牵引变压器超温跳闸、整流器过温报警和整流器超温跳闸。

(5)零序保护:适用于小电阻接地系统。

(6)整流器硅元件保护:整流器硅元件的设置有两种形式,一个桥臂上设一个硅元件;另一个桥臂上设两个硅元件并联。

①一个臂上设一个硅元件的整流器,其硅元件保护应为一个硅元件故障时,启动保护跳闸。

②一个臂上设两个硅元件的整流器,其硅元件保护分两种:当一个硅元件故障时,只报警;当同一桥臂上两个硅元件均故障时,应启动保护跳闸。

整流器硅元件保护的具体设置,需结合所选用的整流器的形式而定。

(7)处于本站直流设备框架泄漏保护的保护范围内:当直流设备框架泄漏保护启动后,联跳牵引整流机组中压侧断路器以及本站内所有直流断路器及相邻牵引变电所直流馈线断路器,将本站内直流牵引供电系统完全断电隔离。

(8)整流机组交流断路器联跳直流侧断路器,简称"机组联跳总闸":适当牵引整流机组中压侧断路器跳闸后,联跳直流进线断路器分闸,可以将牵引整流机组断电。用于直流进线开关为断路器的情况。当直流进线采用隔离开关时,无此功能。

(三)配电变压器的保护

城市轨道交通供电系统中电力变压器一般配备速断保护、零序电流保护等保护类型。

(1)速断保护:主要用以防止变压器高压侧引出线及内部短路故障,再以定时限过电流保护将保护范围延伸至变压器低压侧,以延时截断变压器低压侧引出线或相间出现的短路故障。

(2)零序电流保护:主要用于防御变压器一次引线及一次绕组可能出现的单相接地故障。

(3)电力变压器10kV过电流保护是变压器二次侧的主保护,以及400V开关保护的远后备保护,在400V母线出现短路故障而400V进线保护拒动的情况下,能延时动作断开电力变压器10kV开关以断开故障,这对于保证城市轨道交通供电设备的安全具有重要意义。

(4)温度保护:根据实际情况设置温度保护,温度保护分为过温报警和超温跳闸两级。250kV·A以下容量的配电变压器可以不设温度保护。

三、牵引变电站直流牵引系统的保护配置

直流系统保护是城市轨道交通直流牵引供电系统安全可靠供电的重要一环,从直流主接线形式的构成角度考虑,直流系统的保护可分为直流进线保护、直流馈线保护和框架保护等。

牵引变电所内的直流保护系统必须在系统发生故障时快速、准确地切除故障,同时又要避免列车在正常运行时一些电气参数的变化引起保护装置误跳闸。后备保护的存在增加了故障切除的可靠性,同时也增加了与主保护配合的难度,所以保护的配置也不宜过多。不同的牵引变电所,其电气特性不同,运行要求不同,所以保护装置的整定值不同,甚至保护的配置也不

相同。

(一) 直流进线保护

1. 电流速断保护

该保护为直流断路器本身自带的一种大电流脱扣保护。当直流进线采用直流断路器时,本身自带该保护。当直流进线采用隔离开关时,则无此保护。

2. 被牵引整流机组中压侧开关联跳

当直流进线采用断路器时设此功能。当牵引整流机组中压侧开关动作跳闸后,应联跳对应的直流进线断路器,将牵引整流机组断电隔离。

3. 被框架保护联跳

适用于直流断路器,若直流进线采用隔离开关,则无此功能。当框架保护启动时,联跳本站所有直流开关、牵引整流机组中压侧开关、相邻牵引变电所对应的直流馈线断路器,将本站的直流牵引供电系统断电隔离。

(二) 直流馈线保护

1. 电流速断保护

该保护为直流断路器本身自带的一种大电流脱扣保护,主要是在近端金属性短路时迅速使断路器跳闸,切断断路故障。

2. DDL 保护

与大电流脱扣保护配合,用于对牵引网中、远距离短路进行保护。

3. 过电流保护

作为电流上升率保护的后备保护,通常该保护的电流整定值较小,其启动时不需躲过机车启动最大电流,而是靠延时来区分故障电流和机车启动电流。

4. 热过负荷保护

当牵引网采用接触网供电方式时,可以设此保护功能。

5. 车站综合后备盘(IBP 盘)紧急分闸

当车站内设有 IBP 盘时需配备该功能。通过操作车站 IBP 盘上的紧急分闸按钮,将本站对应馈线开关跳闸,并联跳相邻牵引变电所对应馈线开关。

6. 被框架保护联跳

当框架保护动作后,联跳本站所有馈线开关,并联跳相邻牵引变电所对应馈线开关。

7. 被进线开关联跳

当进线采用断路器时需设此保护功能。当一路进线故障跳闸后,另一路进线再分闸;或者当一路进线分闸后,另一路进线再故障跳闸,则联跳所有馈线开关,实现变电所联跳保护功能。

8. 被相邻牵引变电所直流馈线断路器联跳

当相邻牵引变电所的一台直流馈线断路器因故障跳闸后,将联跳本站直流馈线断路器,实现变电所联跳保护功能。

9. 牵引变电所联跳保护

虽然直流馈线断路器设置了多重保护,但都属于近后备保护,无远后备保护。当开关失灵时,将无法切除故障电流。考虑到直流断路器的失灵情况,在牵引变电所直流系统各开关处设联跳保护。当直流进线开关或直流馈线开关中,有任意一台开关拒动时,发出联跳信号,将本牵引变电所范围内的所有直流进线断路器和直流馈线断路器联跳分闸,实现短路电流的完全切除。

10. 线路故障测试及自动重合闸

直流馈线带有线路故障性质判断的自动重合闸装置。

四、城市轨道交通低压交流系统的保护配置

在电气故障情况下,为防止因间接接触带电体而导致人身电击,因线路故障导致过热造成损坏,甚至导致电气火灾,低压配电线路应装设短路保护、过负荷保护和接地故障保护,用以分断故障电流或发出故障报警信号。低压配电线路上下级保护电器的动作应在一定条件下具有选择性,各级之间应能协调配合,要求在故障时,靠近故障点的保护电器动作,断开故障电路,使停电范围最小。

(一)低压进线保护

低压配电系统的第一级、第二级保护开关,应具有动作选择性。低压进线断路器的过负荷特性应与配电变压器允许的正常过负荷相配合,使配电变压器容量得到充分利用而又不影响配电变压器的运行寿命。同时,低压进线断路器的保护与配电变压器中压侧保护、低压馈线回路保护之间应有良好的动作选择性。为方便上下级协调配合,一般情况下,低压进线开关设以下保护。

1. 长延时保护

低压进线的长延时保护整定电流应等于或接近于配电变压器低压侧额定电流。

2. 短延时保护

短延时保护的整定电流应大于或等于馈线回路中断路器最大瞬动保护整定值的1.3倍,时限可取0.4s。

3. 瞬动保护

为了便于与低压馈线回路的选择性配合,一般情况下,低压进线断路器不设瞬动保护。

(二)低压母线联络断路器保护

低压母线分段断路器的保护装置应和低压进线断路器的保护装置一致,一般采用两级保

护:长延时保护、短延时保护。低压进线断路器与母线分段断路器的短延时保护应至少保持一个时间级差,当进线断路器的时限取 0.4s 时,母线分段断路器的时限应取 0.2s。

(三)低压馈线开关保护

低压馈线断路器一般设以下三种保护。

1. 长延时保护

低压馈线断路器长延时保护的动作整定值应结合低压配电系统的接线形式及下一级开关的整定值统筹考虑。

2. 瞬动保护

低压馈线断路器的瞬动保护,应和下一级开关的瞬动保护之间,考虑动作选择性配合。

3. 接地故障保护

当低压配电系统采用 TN 接地形式时,若瞬动保护等满足灵敏度及切断时间要求时,用瞬动保护兼作接地故障保护用,而不用单独设接地故障保护元件。当配电线路较长,接故障电流较小,一般短路保护难以满足接地故障保护灵敏度的要求。这时,可以采用零序流保护或漏电保护,实现接地故障保护功能。

单元 6.2　10kV 系统的继电保护、自动关系与联锁关系

一、10kV 系统的主接线

如图 6-1 二维码所示,10kV 牵引降压混合变电站的进线电压是 10kV,电源来自城市电网和城市轨道交通系统的主变电站(或电源开闭站),主接线为单母线分段,两路进线分别来自不同的电源,经进线开关(201、202)各自带一段母线(4 号母线、5 号母线)运行,母线联络断路器(245)处于热备用状态。

两路进线中,其中 1 号进线为中性点经小电阻接地系统;2 号进线为中性点经不接地系统。在 1 号进线设置有线路电压互感器,其所带的 4 号母线设有母线电压互感器。2 号进线没有设线路电压互感器,只是其所带的 5 号母线设有母线电压互感器。

为了保证可靠性,还由右侧相邻的牵引变电站引来一路备用电源,经由 225 开关接在 5 号母线,正常情况下 225 在工作位分闸状态,作为备用电源。

10kV 母线所带的负荷包括:

配电变压器两台,分别由 4 号母线的 231 开关和 5 号母线的 241 开关供出。

牵引整流机组两台,为了减小高次谐波对电源系统的影响,均接在 4 号母线,分别由 236、237 开关供出。

二、继电保护配置

(一)进线断路器(201、202)的保护配置

(1)进线失压,进线开关延时3s跳闸。

当进线开关(201、202)电源侧线路发生故障或电源系统发生故障时,本站的一段母线(4号母线或5号母线)失压,失去供电能力。如果在躲过上级开关重合闸动作时间或母线联络断路器动作时间后(约3s,各站有所不同),仍未来电,这时进线开关(201或202)跳闸,隔离电源侧故障点,为母线联络断路器(245)合闸,用另一路电源带全站负荷做好准备。

(2)过电流保护,延时0.3s或0.5s。

正常情况下进线断路器(201、202)仅带本段负荷运行,一路进线失压时带全站负荷运行。过电流保护是本段母线(非正常时包括另一段母线)的主保护,也是各出线开关(231、241、236、237等,下同)的后备保护。由于出线开关母线侧短路和出线侧近端短路的短路电流相近,没有设置速断保护,以防止其与下级速断保护的时间竞争,造成越级跳闸,引起的停电范围扩大。也就是牺牲了速动性,保证了选择性。

(3)零序电流保护,延时0s。

中性点经小电阻接地系统都要设置零序电流保护。中性点不接地系统为了方便应对将来的系统接地方式变更也设置了零序电流保护。由于牵引变电站处于供电系统的末端,零序电流保护延时只能是0s,电流整定值与下级开关略有不同,选择性不能可靠地保证。零序电流保护是本段母线(非正常时包括另一段母线)单相接地故障的主保护,也是各出线单相接地故障的后备保护。

(4)光纤线路纵向差动保护,延时0s。

给本站供电的上级电源变电站馈线开关(图中222、213),其速断保护的保护范围有可能延伸到本站的母线部分,当本站母线故障时,上级速断保护有可能抢先于本站进线开关(201、202)的过电流保护动作,继而在"进线失压、母联自投"保护的作用下,母线联络断路器(245)自动合闸,造成向短路的母线再次送电的事故。为了防止这种情况的发生,部分变电站设置了光纤线路纵向差动保护。进线线路发生故障时,由光纤线路纵向差动保护动作使上级开关(222或213)和本站开关(201或202)跳闸,启动"进线失压、母联自投"保护。而母线故障时仅本站开关(201或202)过电流保护动作跳闸,不会引起母线联络断路器自投动作,避免了事故扩大。

(二)母线联络断路器(245)的保护配置

(1)电流速断保护,延时0s。

电流速断保护是本段线路的主保护,当本站进线故障时,在"进线失压、母联自投"保护的作用下,母线联络断路器(245)自动合闸,如此时母线有故障,电流速断保护可以无延时地将合闸到故障线路上的母线联络断路器跳闸,以免造成向短路的母线再次送电的事故。

(2)进线失压,母联自投,自投时限0.3s。

201、202均在合闸位置后,充电(延时)完成后备自投装置投入运行。正常运行时,两段母线是分列运行的,若某一侧电源线路停电,对应的线路和母线就会失压。如果在躲过上

级开关重合闸动作时间或母线联络断路器动作时间后,仍未来电,备自投延时0.3s合母线分段断路器,用另一路电源带全站负荷。备自投仅动作一次,备自投设置自投后加速跳闸。差动保护动作跳闸进线断路器,需通过母线联络综合保护装置合闸母线分段断路器。下一级母线分段断路器与上一级母线分段断路器,设置时限投入配合关系。双路电源失压不启动备自投。

(3)后加速跳闸(部分站有),延时0s。

备自投设置自投后加速跳闸,如果合闸于故障线路,无延时加速跳闸,防止事故扩大。

(三)联络电源断路器(225)的保护配置

(1)电流速断保护,延时0s。

电流速断保护是本段线路的主保护,可以无延时地将合闸到故障线路上的联络电源断路器跳闸,防止向故障线路再送电。电流速断保护分为无时限速断保护和带时限速断保护。当不允许带时限切除短路故障时,应设无时限速断保护;当无时限速断保护不能满足选择性动作时,可设带时限速断保护。当采用电流速断保护和过电流保护不能满足选择性、灵敏性或速动性的要求时,可采用线路纵联差动保护或电流选跳保护作为主保护,过电流保护作为后备保护。

(2)过电流保护,延时0.3s。

同进线断路器。

(3)零序电流保护,延时0s。

同进线断路器。

(四)配电变压器断路器(231、241)的保护配置

(1)电流速断保护,延时0s。

电流速断保护是配电变压器的主保护,反映变压器绕组和引出线的相间短路,保护瞬时动作于断开变压器的高压侧断路器。保护范围是从保护安装处的电流互感器一次侧→变压器高压套管引出线→变压器一次绕组,若短路电流大有可能保护到变压器二次部分绕组。当灵敏度不能满足要求时,应装设差动保护。

(2)过电流保护,延时0.5s。

过电流保护反映变压器低压侧相间短路并作为变压器主保护的后备保护以及400V开关的远后备保护。若电流速断保护因某种原因拒动,经过一定延时(如0.5s)变压器过电流保护动作,保护装置动作后,断开变压器高压侧断路器。电力变压器10kV过电流保护作为400V开关保护的远后备保护,在400母线出现短路故障而400V进线保护拒动的情况下,能延时动作断开电力变压器10kV开关以断开故障,这对于保证城市轨道交通供电设备的安全具有重要意义。

(3)零序电流保护,延时0s。

在变压器中性点经低电阻接地运行的系统中,零序电流保护用于反映变压器高压侧,以及外部元件的接地短路。

(4)过负荷报警。

过负荷保护是反映变压器过负荷运行状态的一种保护,在一定范围内和短时间的过负荷,

断路器不会跳闸,只是作为一种不正常运行来监视,所以一般过负荷保护延时较长,只发预告信号,其动作电流一般按额定电流的1.3倍整定,延时9s动作报警。变压器过负荷运行有时间限制,按具体产品说明书或现场运行规程掌握。

(5)变压器过热。

干式变压器F级130℃报警,150℃跳闸。

(6)变压器开门跳闸或报警。

配电变压器在带电运行时强行开门,则联跳断路器(231、241)跳闸或报警,以确保人员安全。

(五)牵引整流机组断路器(236、237)的保护配置

(1)电流速断保护,延时0s。

电流速断保护是牵引变压器的主保护,反映变压器绕组和引出线的相间短路,保护瞬时动作于断开变压器的高压侧断路器。速断保护定值应躲过牵引变压器励磁涌流,对牵引变压器一次侧最小短路具有速动性。

(2)过电流保护,延时0.5s。

过电流保护能反映牵引变压器的二次侧短路、牵引整流器内部短路及直流侧断路,同时作为变压器电流速断保护的后备保护,还可以作为直流母线短路的远后备保护,在直流母线出现短路故障而直流进线保护拒动的情况下,能延时动作断开牵引变压器10kV开关以断开故障。

(3)零序电流保护,延时0s。

在变压器中性点经低电阻接地运行的系统中,零序电流保护用于反映变压器高压侧,以及外部元件的接地短路。

(4)过负荷报警,延时20s。

由于牵引整流机组有较高的过负荷能力,所以过负荷保护延时较长,且仅设置为过负荷报警。

(5)一个硅元件故障报警。

在发生一只硅元件故障击穿后,整流柜可继续运行,但要求值班员加强监视,因此只发报警信号。

(6)同一桥臂两个硅元件故障跳闸(机组断路器与总闸)。

发生同一桥臂两只硅元件击穿后,机组断路器(236或237)和直流快速开关(60或70)跳闸并发信号,这时应及时安排检修。

(7)变压器过热。

干式变压器F级130℃报警,150℃跳闸。

(8)整流柜过热。

整流柜温度达到90℃报警,120℃跳闸。

(9)变压器开门跳闸或报警。

变压器在带电运行时强行开门,则联跳牵引整流机组断路器(236、237)跳闸,并报警,以确保人员安全。

(10)整流柜开门跳闸或报警。

整流器在带电运行时强行开门,则联跳牵引整流机组断路器(236、237)跳闸,并报警,以确保人员安全。

(11) 整流柜处于框架保护的保护范围内,框架保护动作时启动 236、237 断路器跳闸。

(12) 机组联跳总闸。

牵引整流机组断路器(236、237)跳闸时联跳对应总闸跳闸,防止反送电。

三、自动关系与联锁关系

(一)进线断路器(201、202)与母线分段(联络)断路器(245)之间的联锁控制

(1) 为了防止两路进线电源并列,在进线断路器与母线分段断路器之间,设有"三合二"联锁控制,在任何情况下,两个进线断路器与母线分段断路器之间,只允许有两个断路器在合闸位置,另一个断路器则必须在分闸位置。逻辑图如图 6-2 所示。

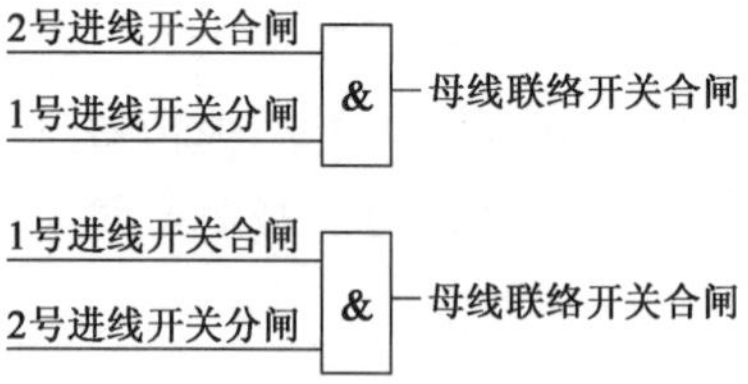

(2) 开闭所(电源站)的进线断路器与母线分段断路器之间。

图 6-2 进线断路器与母线分段断路器"三合二"逻辑图

① 在正常情况下,也设有"三合二"联锁控制,进线断路器与母线分段断路器之间,只允许有两个断路器在合闸位置,另一个断路器则必须在分闸位置。

② 因为一个电源站带有多个牵引变电站,为了防止城市电网设备检修对城市轨道交通供电系统的影响,电源站一般与城市电网签有允许短时合环倒闸的协议,为此还设有合环保护。在母线联络断路器柜上设有合环选跳转换开关,这种方式可在母线不停电的情况下倒换工作电源。正常情况下,合环选跳转换开关置于退出位。当采用合环选跳方式时,合环选跳转换开关置于合环选跳位,合环选跳可以选跳 1 号进线开关或 2 号进线开关或母线联络断路器。

(二)交流 10kV 进线断路器(201 或 202)与进线隔离柜(201-2 或 202-5)、提升隔离柜手车(201-4 或 202-5)联锁关系和合闸条件

当采用分散式供电方案设电源开闭所时,电源开闭所电源进线端的接线形式,应符合当地电力部门的要求。在进线端设隔离柜,作为电源开闭所与城市电网之间的一个明显断开点,当电源开闭所进线电源退出时,城市电力部门要求将电源开闭所进线隔离柜手车拉到退出位,形成一个电气断开点。进线提升柜的设置,和母线分段隔离柜的设置一样,由于开关柜无法在一个柜体内做到母线提升,因此单设进线提升柜。进线提升柜也可兼作计量用。

1. 进线断路器(201 或 202)与进线隔离柜(201-2 或 202-5)、提升隔离柜手车(201-4 或 202-5)联锁关系

进线断路器与进线隔离开关、提升隔离柜手车是串联关系,为了防止"空送电"和"带负荷拉合隔离开关"的情况,在隔离手车设有行程开关,推入工作位时,行程开关被压住(常开触点闭合,常闭触点打开),拉出时行程开关释放。在断路器的合闸控制回路中串有隔离手车行程开关的常开触点;在断路器的分闸控制回路并联有行程开关的常闭触点。隔离手车未推入工作位时,断路器不能在工作位合闸,防止空送电。断路器在工作位合闸后(此时隔离手车肯定已经在工作位)强行拉出隔离手车将导致断路器跳闸,以防止带负荷拉隔离开关事故。逻辑

图如图 6-3 所示。

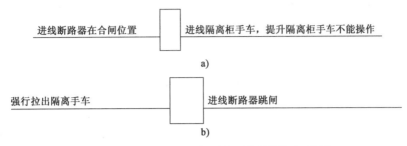

图 6-3 进线断路器与进线隔离柜手车联锁关系逻辑图

2. 进线断路器合闸条件

当进线开关在分闸位置时,通过开关状态辅助触点,解除闭锁电磁铁,进线隔离柜手车和进线提升隔离柜手车才能进行拉出、推入操作。当进线开关手车在工作位时,若要进行合闸操作,则进线隔离柜手车、进线提升柜手车必须在工作位置,且两路进线开关和母线联络断路器之间的"三合二"联锁满足要求时,才能对该进线开关进行合闸操作。交流 10kV 断路器不设置来电自复功能,应按调度令操作进线断路器合闸。逻辑图如图 6-4 所示。

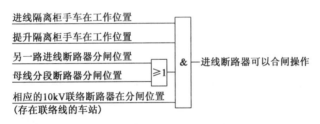

图 6-4 进线断路器合闸条件逻辑图

(三) 母线联络断路器(245)与母线隔离手车(245-5)的联锁关系和合闸条件

隔离手车的操作和隔离开关的操作一样,不能带负荷操作,需要在母线联络断路器和母线分段隔离柜的隔离手车之间设联锁。

当母线联络断路器在合闸位置时,通过开关状态辅助触点,启动闭锁电磁铁回路,母线分段隔离柜的隔离手车不能进行拉出、推入操作。

当母线联络断路器在分闸位置时,通过开关状态辅助触点,解除闭锁电磁铁,母线分段隔离柜内的隔离手车才能进行拉出、推入操作。逻辑图如图 6-5 所示。

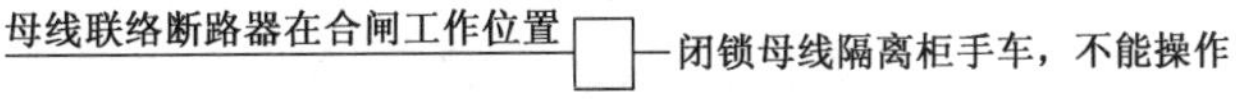

母线联络断路器在合闸工作位置 —— 闭锁母线隔离柜手车,不能操作

图 6-5 母线联络断路器与母线隔离手车的联锁关系逻辑图

(四) 进线断路器(201、202)与联络断路器(245)之间联锁关系和合闸条件

1. 母线联络断路器合闸条件

根据进线断路器与母线分段断路器之间"三合二"联锁控制,在任何情况下,两个进线断

路器与母线分段断路器之间,只允许有两个断路器在合闸位置,另一个断路器则必须在分闸位置。因此,两路进线断路器只有一个在合闸位置,且母联隔离手车在工作位置时,母线联络断路器才可以进行合闸操作。逻辑图如图6-6所示。

图6-6 母线联络断路器合闸条件逻辑图(一)

2. 两路电源失压,联络断路器225合闸条件

此情况只用于本站两路电源都失压,必须从相邻站引入电源的情况。在需要联络断路器给相邻变电所送电时,联络断路器可以用连接片强制选择进线断路器与联络断路器同时合闸。各站联络断路器分合闸条件以各条线具体运行方式决定。逻辑图如图6-7所示。

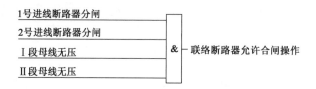

图6-7 母线联络断路器合闸条件逻辑图(二)

(五)牵引变压器、配电变压器、交流10kV侧开关柜联锁联跳关系

1. 牵引变压器、整流器与交流10kV侧馈线开关(236、237)之间联锁关系

牵引变压器、整流器与中压侧馈线开关之间联锁设置的主要目的是:若误操作或强行开门操作时,中压侧馈线开关跳闸,防止人员触及带电体,保证人身安全。

变压器根据电压等级、容量大小的不同,一般选用带外壳或不带外壳两种形式,若采用不带外壳形式的变压器时,一般在变压器外围应设防护网或防护栏。当采用带外壳的变压器时,外壳开门处一般设有电磁锁,在变压器带电运行情况下,不允许开门操作,只有当变压器中压侧馈线开关在分位置时,才允许进行变压器开门操作。若变压器在带电运行时强行开门,则联跳变压器中压侧馈线开关分闸,并报警,以确保人员安全。

城市轨道交通选用的整流器,一般采用柜式设备。整流器的柜门和中压侧馈线断路器之间设联锁:当对应的中压馈线断路器在分闸状态时,才允许进行整流器开门操作;当对应的中压馈线断路器在合闸状态时,不允许进行整流器开门操作,如图6-8所示。若整流器在带电运行时强行开门,则联跳对应的中压馈线断路器,并报警,以确保人员安全,如图6-9所示。

图6-8 变压器柜门闭锁逻辑图

图 6-9　牵引变压器与交流 10kV 侧开关柜(236、237)联锁联跳关系逻辑图(一)

当变压器和整流柜柜门都关好时,中压侧馈线断路器才可合闸操作,如图 6-10 所示。

图 6-10　断路器闭锁逻辑图

2. 配电变压器与交流 10kV 侧开关柜(231、241)联锁联跳关系

以上逻辑也可用于无人值班降压站,配电变压器 10kV 侧环网柜负荷开关,逻辑关系如图 6-11 所示。无人值班降压站,配电变压器 10kV 侧开关柜称为环网柜,里面只配有负荷开关或熔断器,没有断路器,所以没配保护装置。一旦负荷开关跳闸或熔断器熔断,配电变压器二次侧 401 和 402 开关失压自动跳闸。

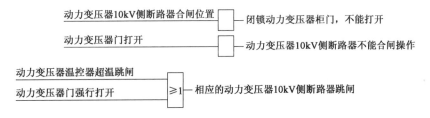

图 6-11　配电变压器与交流 10kV 侧开关柜联锁联跳关系逻辑图

(六)牵引变压器 10kV 侧断路器(236、237)和直流 750V 直流进线断路器(60、70)联跳关系及分合闸条件

结合直流牵引供电系统的主接线形式,直流进线开关有两种配置方式:一种是进线配置直流隔离开关,另一种是配置直流断路器。进线开关采用隔离开关时,牵引整流机组中压侧与直流进线隔离开关之间设置联锁关系。直流进线采用直流断路器时,牵引整流机组中压侧与直流进线断路器之间设置联跳关系。

牵引整流机组高压侧与直流进线断路器之间联跳关系:牵引整流机组高压侧馈线开关跳闸后,联跳直流进线断路器;另外,根据调度命令,将负极隔离开关手动分闸,实现整个牵引整流机组完全断电,退出运行。

直流进线采用隔离开关时,若牵引整流机组中压侧馈线开关跳闸,不联跳直流进线隔离开关,此时,需根据调度命令,手动将直流进线隔离开关分闸,手动将负极隔离开关分闸,实现整个牵引整流机组完全断电,退出运行。逻辑图如图 6-12 所示。

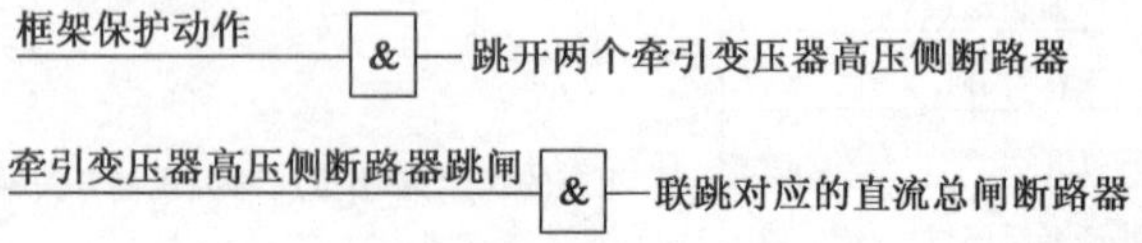

框架保护动作 ——&—— 跳开两个牵引变压器高压侧断路器

牵引变压器高压侧断路器跳闸 ——&—— 联跳对应的直流总闸断路器

图 6-12 牵引整流机组高压侧与直流进线断路器之间联跳关系逻辑图

(七) 系统运行控制与联锁

系统运行控制与联锁是指两个电源之间，以及两座变电所之间用于故障转换所设的控制与联锁，包括备自投功能、主变电所中压应急联络开关的联锁、中压网络应急联络开关的联锁、直流双边联跳功能、低压进线与母线联络断路器控制方式五个方面。

1. 交流 10kV 进线断路器(201、202)失压条件

如图 6-13 所示，必须同时满足相对应的进线线路无电压、本段母线无电压且进线断路器在合闸位置、另一段母线的 PT 有电四个条件，才能判断进线断路器失压自动跳闸。

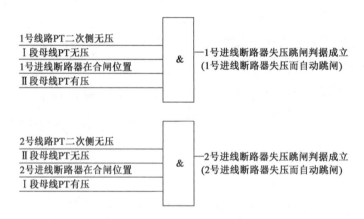

图 6-13 交流 10kV 进线断路器失压条件逻辑图

2. 母线联络断路器(245)合闸条件

在讲解母线联络断路器合闸条件之前先介绍 RS 触发器工作原理：当 S 为 1 时，触发器输出端 Q 为"1"；R 为"1"时，触发器输出端 Q 为"0"，所以 R 为置零输入端，用于闭锁，如图 6-14 所示。

母线联络断路器合闸必须具备四个条件：

(1) 备自投允许。

当备自投就地、备自投远方都投入，母联未合闸、母联保护未启动时，R 输出为零，解除备自投闭锁。

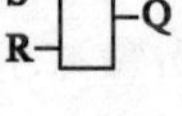

图 6-14 RS 触发器示意图

如图 6-15 所示，此时只要满足"与门"左侧输入条件，经 15s 充电，备自投充电完成。

(2) 闭锁判据。

只要满足图 6-16"或门"左侧任意一个输入条件相过流启动或零序过流启动，母联将被闭锁不能合闸。

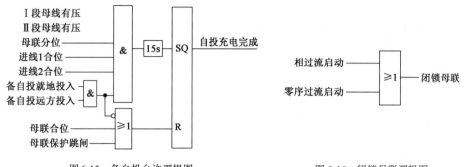

图 6-15 备自投允许逻辑图　　图 6-16 闭锁母联逻辑图

闭锁条件分两部分：

①在备自投允许里，一旦出现闭锁条件，不允许备自投充电，将其闭锁。

②当备自投充电已经完毕，又出现闭锁判据，则直接闭锁母线联络断路器合闸回路。

（3）启动备自投。

如图 6-17 所示，当满足"与门"左侧输入条件时，启动备自投。手动分闸、遥控分闸，因不符合备自投启动条件，所以备自投不会启动。

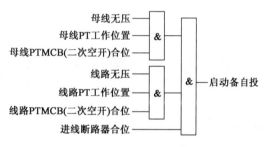

图 6-17 备自投装置启动逻辑图

（4）合母联（图 6-18 逻辑电路只画了 1 号进线部分，因此以 1 号进线为例说明，2 号进线情况相似）。

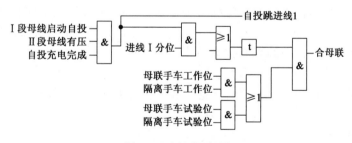

图 6-18 合母联逻辑图

在闭锁条件不成立的情况下，此时备自投装置动作情况如下：

①当 1 号线路失压后→Ⅰ段母线失压→Ⅰ段母线启动自投，此时若Ⅱ段母线有压，且备自投装置充电完毕，经一定延时，备自投装置发出跳闸命令跳开 1 号进线开关。

②当 1 号进线开关跳闸后，经一定延时，并手车位置符合要求，备自投装置发出合闸命令合母联。

153

3.备自投总逻辑

备自投总逻辑图如图6-19所示。

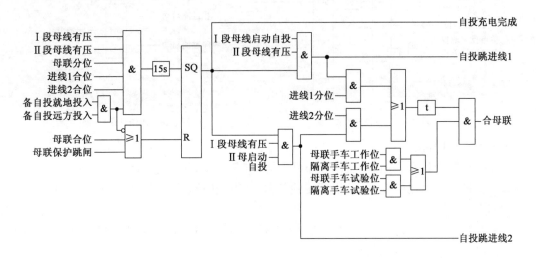

图6-19 备自投总逻辑图

单元6.3 直流750V系统的继电保护、自动关系与联锁关系

一、直流750V系统的主接线

如图6-1二维码所示,750V直流供电系统是由牵引变压器、整流柜、直流断路器与牵引网构成的。牵引网由馈出线、750V直流配电柜(隧道柜)、接触轨(三轨)、缓冲箱、走行轨、均流箱、回流箱和回流线等组成。牵引变压器和整流装置整体称为整流机组,为了减小高次谐波对电源系统的影响,两台整流机组均接在4号母线,分别由236、237开关供电。整流机组通过直流进线断路器(60、70)给正母线供电,通过65、75电动隔离开关给负母线供电。正母线通过直流馈出断路器(10、20、30、40)给接触轨供电,负母线通过回流箱接至走行轨。机车从接触轨受电,通过牵引电机后由走行轨回流至负母线。接触轨是分段供电的,每段称为一个供电区间,一个供电区间的接触轨都由相邻两个变电站双边同时供电。全线路的负极电源是不分段的,也就是说各个变电站的负极是连在一起的。

直流750V系统的主接线采用的是单母线加旁路母线的接线方式,当10、20、30、40断路器中任何一个发生故障不能合闸时,可以通过与其对应的电动隔离开关14、24、34、44和备用断路器90替代其向馈出线供电,提高了供电的可靠性。

直流牵引供电系统的电流走向是:整流柜正极→直流进线断路器→直流正母线→直流馈出断路器→直流配电柜→接触轨→机车受流器→机车断路器→牵引逆变器→牵引电机→牵引逆变器→轮对→走行轨→回流线→回流箱→回流电缆→直流负极母线→65、75电动隔离开关→负极电缆→整流柜负极。

二、直流 750V 系统的继电保护配置

(1) 60(70) 直流进线断路器(总闸开关)保护配置。

①大电流脱扣保护,延时 0s。

直流断路器自带的本体保护,是主保护,固有分闸时间仅几毫秒,在发生近端金属性短路时,瞬时跳闸。

②速断保护(部分站单独设有)。

③本断路器处于框架保护的保护范围内,框架保护动作时启动本断路器跳闸。

④机组联跳总闸。

机组断路器因速断、过流、零序、同一桥臂两个硅管故障等原因跳闸时,机组失去供电能力,联跳对应总闸跳闸,防止反送电。

⑤总闸联跳分闸。

两总闸同时跳闸,或另一总闸在分位,本总闸跳闸时,直流母线失去供电能力,联跳四个分闸跳闸,防止反送电。

(2) 10(20、30、40、90) 直流馈线断路器的保护配置。

①大电流脱扣保护,延时 0s。

直流断路器自带的本体保护,是主保护,固有分闸时间仅几毫秒,在发生近端金属性短路时,瞬时跳闸。

②速断保护,延时 0s。

根据需要可以单独设置速断保护。

③DDL 保护,最大延时 80ms。

DDL 保护主要用来切除大电流脱扣保护不能切除的故障电流较小的中、远端短路故障。

④过电流保护,延时 40s。

作为电流上升率保护的后备保护,通常该保护的电流整定值较小,其整定时不需躲过机车启动最大电流,而是靠延时来区分故障电流和机车启动电流。

⑤自动重合闸,延时 6s。

直流断路器的重合不允许带故障试合后加速跳闸,那样对断路器的寿命有较大的影响。因此,必须在确认线路发生的是非永久性短路故障时才允许合闸。为保证不带故障合闸必须进行线路测试。

⑥本断路器处于框架保护的保护范围内,框架保护动作时启动本断路器跳闸。

⑦总闸联跳分闸。

两总闸同时跳闸,或另一总闸在分位,本总闸跳闸时,直流母线失去供电能力,联跳四个分闸跳闸,防止反送电。

⑧与相邻站对应开关的双边联跳。

虽然直流馈线断路器设置了多重保护,但都属于近后备保护,无远后备保护。当开关失灵时,将无法切除故障电流。考虑到直流断路器的失灵情况,在牵引变电所直流系统各开关处设联跳保护。当直流进线开关或直流馈线开关中有任意一台开关拒动时,发出联跳信号,将本牵引变电所范围内的所有直流进线断路器和直流馈线断路器联跳分闸,实现短路电流的完全切除。

(3)每个牵引变电所的整流器和负极柜设一套框架泄漏保护;其他直流开关柜设一套框架泄漏保护;再生制动电能吸收利用装置设一套框架泄漏保护。

(4)再生制动电能吸收利用装置。

①数字通信电流保护。

②电流速断保护。

③过电流保护。

④零序电流保护。

⑤过负荷保护。

⑥温度保护(变压器及双向变流器内部保护)。

⑦再生制动电能吸收利用装置 IGBT 保护(再生制动电能吸收利用装置内部保护)。

三、直流 750V 系统的自动关系与联锁关系

(一)直流进线断路器(60、70)与进线电动隔离开关(61、71)、负极电动隔离开关(65、75)之间的联锁关系

当直流进线断路器在合闸位置时,直流进线隔离开关不允许进行分、合操作,负极隔离开关不允许进行分、合闸操作;当直流进线断路器在分闸位置时,直流进线隔离开关才允许进行分、合闸操作,负极隔离开关才允许进行分、合闸操作;当负极隔离开关在分闸位置时,直流进线隔离开关不允许进行合闸操作;当直流进线隔离开关在分位置时,直流进线断路器不允许进行合闸操作。

直流进线断路器(60、70)、进线电动隔离开关(61、71)、负极电动隔离开关(65、75)的操作顺序为:

(1)合闸操作顺序:65→61→60;75→71→70。

(2)分闸操作顺序:60→61→65;70→71→75。

1.进线断路器(60、70)与直流进线隔离开关(61、71)之间的联锁关系

进线隔离开关合闸条件与分闸条件逻辑图如图 6-20、图 6-21 所示。

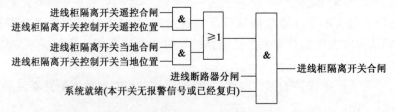

图 6-20 进线隔离开关合闸条件逻辑图

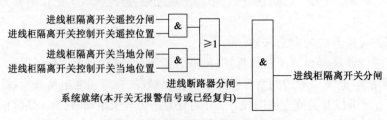

图 6-21 进线隔离开关分闸条件逻辑图

2. 进线断路器(60、70)与负极电动隔离开关(65、75)联锁关系

负极隔离开关合闸条件与分闸条件逻辑图如图 6-22、图 6-23 所示。

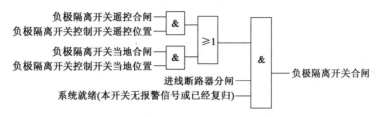

图 6-22　负极隔离开关合闸条件逻辑图

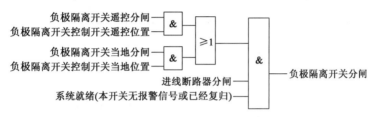

图 6-23　负极隔离开关分闸条件逻辑图

(二) 进线断路器(60、70)的联锁关系

1. 进线断路器合闸条件

如图 6-24 所示,框架故障保护动作后,进线断路器需要手动就地复归。

图 6-24　进线断路器合闸条件逻辑图

2. 进线断路器分闸条件

如图 6-25 所示,进线断路器遥控分闸且进线断路器的控制开关在遥控位置时,或进线断路器当地分闸且进线断路器的控制开关在当地位置时可分闸。

3. 进线断路器跳闸条件

如图 6-26 所示,负极隔离开关电磁锁解锁、框架保护动作、相应交流机组 10kV 馈线开关动作、逆流保护动作、大电流保护动作时,联跳并闭锁正极进线断路器。

图 6-25　进行断路器分闸条件逻辑图　　图 6-26　进行断路器跳闸条件逻辑图

4. 联跳

如图 6-27 所示,一路进线断路器大电流脱扣保护动作且另一路进线断路器分闸状态,联

跳所有馈线断路器。

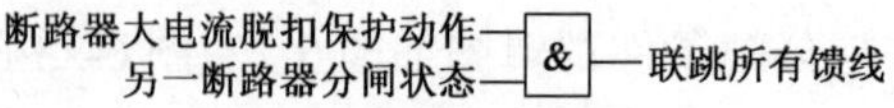

断路器大电流脱扣保护动作 ——&—— 联跳所有馈线
另一断路器分闸状态

图6-27　联跳逻辑图

(三) 直流馈线断路器 (分闸) 的联锁关系

1. 直流馈线断路器合闸条件

如图6-28所示，馈线断路器遥控合闸且馈线断路器的控制开关在遥控位置或馈线断路器当地合闸且馈线断路器的控制开关在当地位置；系统就绪（本断路器无报警信号或已经复归）；馈线断路器工作位且旁路隔离开关分闸位，或馈线断路器试验位三个条件同时满足才能合闸。

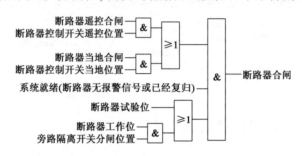

图6-28　直流馈线断路器合闸条件逻辑图

2. 直流馈线断路器分闸条件

如图6-29所示，馈线断路器遥控分闸且馈线断路器的控制开关在遥控位置，或馈线断路器当地分闸且馈线断路器的控制开关在当地位置时，可进行分闸操作。

3. 直流馈线断路器跳闸条件

如图6-30所示，当紧急跳闸、被邻站联跳、断路器电流保护动作或框架保护动作任意一种情况发生时，均可使断路器跳闸。

图6-29　直流馈线断路器分闸条件逻辑图　　图6-30　直流馈线断路器跳闸条件逻辑图

4. 跳闸并闭锁馈线断路器重合闸

如图6-31所示，当框架保护电流元件动作、断路器本体及综控室IBP盘按钮紧急分闸，跳闸并闭锁馈线断路器重合闸。

5. 跳闸不闭锁馈线断路器重合闸

如图6-32所示，DDL+ΔI 或 DDL+T 电流保护动作，联跳相邻站对应馈线断路器，不闭锁重合闸。

图 6-31 跳闸并闭锁馈线断路器重合闸逻辑图

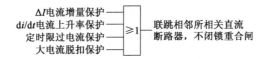

图 6-32 跳闸不闭锁馈线断路器重合闸逻辑图

6. 联跳并闭锁所有馈线柜内的馈线断路器

如图 6-33 所示,当一路进线断路器处于分闸状态,另一路进线断路器跳闸时;或者两路进线断路器故障跳闸时,联跳并闭锁所有馈线柜内的馈线断路器。

图 6-33 联跳并闭锁所有馈线柜内的馈线断路器逻辑图

(四)馈线断路器旁路隔离开关(14、24、34、44)基本闭锁联动逻辑图

旁路断路器在同一时间只能替代一台故障馈线断路器运行,不能同时替代多台馈线断路器。旁路隔离开关与旁路断路器是串联关系,所以要设置防误操作的联锁关系;旁路隔离开关与馈线断路器是并联关系,所以也要设置联锁关系,防止并列运行。当某一直流馈线断路器在分闸位置,且其他旁路隔离开关均在分闸位置,以及旁路断路再合器在分闸位置时,该直流馈线回路的旁路隔离开关才能进行合闸操作,如图 6-34、图 6-35 所示。

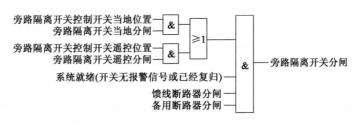

图 6-34 旁路隔离开关分闸条件逻辑图

直流馈线断路器、旁路隔离开关和旁路断路器之间的顺序操作流程操作:

(1)旁路断路器替代 10 断路器运行的:分断 10→将 10 开关小车拉至试验位→合 14→合 90,由旁路断路器 90 代替 10 馈线断路器。旁路断路器代替 20、30、40 馈线断路器同理。

(2)旁路断路器退出,10 断路器投入运行的操作:将 10 开关小车推至工作位→分断 90→分断 14→合 10,恢复 10 馈线断路器继续供电。20、30、40 馈线断路器恢复供电操作同理。

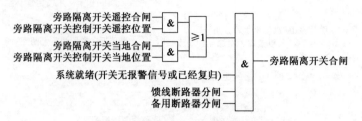

图 6-35　旁路隔离开关合闸条件逻辑图

操作顺序通过操作回路实现闭锁。

(五) 备用断路器联锁关系(90)

1. 备用断路器合闸条件

如图 6-36 所示,备用断路器遥控合闸且备用断路器的控制开关在遥控位置或备用断路器当地合闸且备用断路器的控制开关在当地位置;系统就绪(本断路器无报警信号或已经复归);备用断路器工作位或试验位三个条件同时满足备用断路器才能合闸。

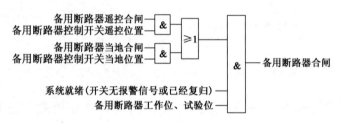

图 6-36　备用断路器合闸条件逻辑图

2. 备用断路器分闸条件

如图 6-37 所示,备用断路器遥控分闸且备用断路器的控制开关在遥控位置,或备用断路器当地分闸且备用断路器的控制开关在当地位置时,可进行分闸操作。

3. 备用断路器跳闸条件

如图 6-38 所示,当紧急跳闸、被邻站联跳、断路器电流保护动作或框架保护动作任意一种情况发生时,均可使备用断路器跳闸。

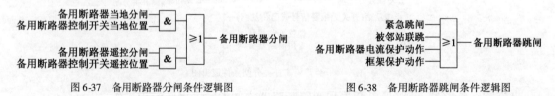

图 6-37　备用断路器分闸条件逻辑图　　　图 6-38　备用断路器跳闸条件逻辑图

(六) 上网隔离开关(16、26、36、46)联锁、闭锁关系

当直流馈线断路器在合闸位置时,上网隔离开关不允许进行分、合闸操作。当旁路断路器和同回路旁路隔离开关在合闸位置时,上网隔离开关不允许进行分、合闸操作。当纵向隔离开关在合闸位置时,上网隔离开关不允许进行合闸操作。只有当直流馈线断路器在分闸位置,旁

路隔离开关或旁路断路器在分闸位置、纵向隔离开关在分闸位置时,上网隔离开关才允许进行分、合闸操作,如图6-39、图6-40所示。

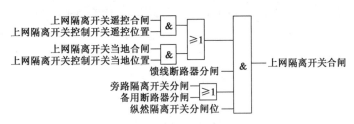

图6-39　上网隔离开关合闸条件逻辑图

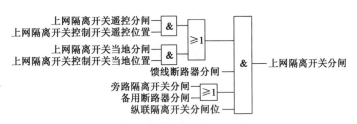

图6-40　上网隔离开关分闸条件逻辑图

上网隔离开关、旁路隔离开关及直流馈线断路器之间的操作顺序是:先合上网隔离开关,再合直流馈线断路器或旁路隔离开关,分闸顺序正好相反。

(七)纵联柜隔离开关联锁关系

相应供电区间的两个相应的上网柜隔离开关都处于分闸位置,且左、右相邻两侧供电臂上无压时,本柜隔离开关才能分合闸操作。

当大双边供电时,通过越区隔离开关的辅助触点自动实现大双边联跳关系的转换。

单元6.4　400V配电系统的继电保护、自动关系与联锁关系

一、400V配电系统的主接线

400V配电系统的主接线如图6-1所示。400V系统为双电源供电,主接线形式为单母线分段。为了提高供电可靠性,两台配电变压器的电源分别取自10kV的4号母线和5号母线,低压侧通过401、402各带一段母线运行,母线联络断路器445处于热备用状态,进线失压母线联络断路器自投装置投入运行。400V配电系统401、402、445的自动投切关系由安装在445柜上的运行方式选择开关控制,共有"自投自复""自投手复""手投自复""手投手复"四种运行方式。当系统运行方式改变为单台配电变压器带全站负荷运行时,系统可以自动地将不重要的空调、广告等三级负荷断开,以减小负荷。恢复正常后三级负荷自动投入。

为了保证车站照明系统和重要负荷的供电可靠性,变电站还设有交流应急电源系统,一般称作事故柜,其接线见主接线图(图6-1二维码)。404、405、406是抽屉式柜,每个抽屉开关内

部是一个空气开关和一个接触器的串联组合,空气开关一般编号为404、405、406,与其串联的接触器称作4C、5C、6C。正常运行时,404、405、406空气开关合闸,4C、5C、6C接触器则根据电源情况自动断开或闭合。当400V母线有电时,接触器4C闭合,向应急母线(事故母线)供电,通过出线开关给车站的事故照明系统或EPS应急照明系统供电;5C闭合,向左邻站(各条地铁线路设计不同)的区间工作照明系统供电,同时作为左邻站应急电源系统(事故柜)的备用电源。6C的电缆侧是由右侧邻站(各条地铁线路设计不同)5C接来的备用电源,正常时6C处于分位。当由于全站失压等原因引起400V母线无电时,接触器4C自动断开,接触器5C断开,接触器6C自动闭合,应急母线(事故母线)转由来自右邻站的备用电源供电。

二、400V配电系统的继电保护配置

(一)400V进线断路器(401、402)保护配置

1. 电流保护Ⅰ、Ⅱ、Ⅲ段

电流速断保护称为Ⅰ段,延时0s,限时电流速断保护称为Ⅱ段,延时0.5s,定时限过电流保护称为Ⅲ段,延时1s。Ⅰ段和Ⅱ段保护共同组成线路的主保护,Ⅲ段保护作为本线路Ⅰ、Ⅱ段保护的近后备,也作为下一线路的远后备。

2. 失压延时4s后跳闸

当进线开关(401、402)电源侧线路发生故障或电源系统发生故障时,本站的一段母线(4号母线或5号母线)失压,失去供电能力。这时,母线联络断路器动作时间后(约4s,各站有所不同),仍未来电,这时进线开关(401或402)跳闸,隔离电源侧故障点,为母线联络断路器(445)合闸,用另一路电源带全站负荷做好准备。然后母线联络断路器(445)合闸,用另一路电源带全站负荷。

(二)400V母线联络断路器445保护配置

1. 电流保护Ⅰ、Ⅱ、Ⅲ段

电流速断保护称为Ⅰ段,延时0s,限时电流速断保护称为Ⅱ段,延时0.5s,定时限过电流保护称为Ⅲ段,延时1s。Ⅰ段和Ⅱ段保护共同组成线路的主保护,Ⅲ段保护作为本线路Ⅰ、Ⅱ段保护的近后备,也作为下一线路的远后备。

2. 进线失压,母联自投(四种运行方式:自投自复、手投手复、手投自复、自投手复)

401、402均在合闸位置后,充电(延时)完成后备自投装置投入运行。正常运行时,两段母线是分列运行的,若某一侧电源线路停电,对应的线路和母线就会失压,备自投延时合母线分段断路器,用另一路电源带全站负荷。备自投仅动作一次,备自投设置自投后加速跳闸。同时,要考虑与上一级母线分段断路器,设置时限投入配合关系。双路电源失压不启动备自投。

三、400V配电系统的自动关系与联锁关系

(一)400V进线开关与母线联络断路器联锁、闭锁关系

1号进线断路器401及2号进线断路器402与母线联络断路器445之间,设有"三合二"联锁,即同时只允许两个开关处在合闸位置,另一个开关在分闸位置。如图6-41所示。

(二)400V进线开关联锁、闭锁关系

400V进线开关联锁、闭锁关系是指配电变压器二次侧的1号进线断路器401或2号进线断路器402失压后,与母线联络断路器445进行倒闸的模式,如图6-42所示。这种模式的转换用两个转换开关,一个转换开关选择就地/远方,另一个转换开关选择"投母联、复进线"的转换方式。

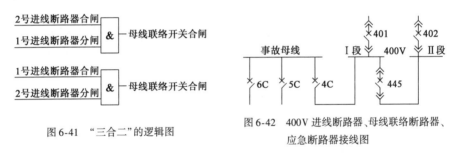

图6-41 "三合二"的逻辑图

图6-42 400V进线断路器、母线联络断路器、应急断路器接线图

"投母联、复进线"转换开关有四种模式:手投手复、手投自复、自投手复、自投自复。

远方操作默认自投自复模式,就地操作可选:手投手复、手投自复、自投手复、自投自复四种模式。

模式中的"投"是指进线失电后母线联络断路器是自动还是手动投入;"复"是指进线来电后将母联断开,进线开关恢复至合闸位置是自动还是手动。

线路正常运行状态:401、402合闸,445分闸,三级负荷全部合闸、低压两路进线电压正常。

1. 就地/手投手复模式

(1)1号(或2号)进线失电。

401(或402)4s后自动分闸→三级负荷开关自动分闸(三级负荷开关方式开关在自动位置时),由值班员根据情况就地手动操作445合闸。

(2)1号(或2号)进线电压恢复正常。

445手动分闸→401(或402)手动合闸→三级负荷全部自动合闸(三级负荷开关方式开关在自动位置时)。

2. 就地/手投自复模式

(1)1号(或2号)进线失电。

401(402)4s后自动分闸→三级负荷开关自动分闸(三级负荷开关方式开关在自动位置时),由值班员根据情况就地手动操作445合闸。

(2)1号(或2号)进线电压恢复正常。

445自动分闸→401(402)自动合闸→三级负荷全部自动合闸(三级负荷开关方式开关在自动位置时)。

3. 就地/自投手复模式

(1)1号(2号)进线失电。

401(402)4s后自动分闸→三级负荷开关自动分闸(三级负荷开关方式开关在自动位置时),445自动合闸。

(2)1号(2号)进线电压恢复正常。

445手动分闸→401(402)手动合闸→三级负荷全部自动合闸(三级负荷开关方式开关在自动位置时)。

4. 就地/自投自复模式

(1)1号(2号)进线失电。

401(402)4s后自动分闸→三级负荷开关自动分闸(三级负荷开关方式开关在自动位置时),445自动合闸。

(2)1号(2号)进线电压恢复正常。

445自动分闸→401(402)自动合闸→三级负荷全部自动合闸(三级负荷开关方式开关在自动位置时)。

5. 远方/自投自复模式

(1)1号(2号)进线失电。

401(402)自动分闸→三级负荷开关自动分闸(三级负荷开关方式开关在自动位置时),445自动合闸。

(2)1号(2号)进线电压恢复正常。

445自动分闸→401(402)自动合闸→三级负荷全部自动合闸(三级负荷开关方式开关在自动位置时)。

(三)4C、5C、6C应急事故柜控制逻辑

事故母线接于本站400V电源,空气断路器4C、5C、6C接于事故母线,正常运行状态:6C与右邻站的5C连接,处于断开位置,4C闭合,向本站事故母线供电;5C闭合向左邻站区间工作照明供电,同时送到左邻站的6C,作为左邻站事故母线的应急备用电源。当本站全所停电时,4C、5C断开,6C闭合,事故母线通过右邻站的5C获得400V电源。

4C、5C、6C转换开关有"就地""远方"两个位置,它们的倒闸逻辑关系如下:

1. 4C、5C、6C转换开关在"就地"位置时的三种状态

(1)4C开关失压跳闸→联跳5C→6C开关手动投入。

(2)手动分闸4C→联跳5C开关→6C不动作。

(3)手动分5C开关、4C开关→6C开关均不动作,需手动操作6C。

2. 4C、5C、6C 转换开关在"远方"位置时的"自动、手动"两种模式

(1) 当转换开关打到"远方"位为"自动"模式时。
① 4C 开关失压跳闸→联跳 5C→6C 开关自投。
② 4C 开关上级电源恢复→6C 开关跳闸→4C 开关自投。
(2) 当转换开关打到"远方"位,为"手动"模式时。
① 4C 开关失压跳闸→联跳 5C→6C 开关远方点动合闸。
② 远方手动分闸 4C→联跳 5C 开关→6C 不动作。
③ 远方手动分 5C 开关、4C 开关→6C 开关均不动作,需远方点动操作 6C。

典型案例：402开关失压不跳闸，母联开关445不自投

习题及思考

一、填空题

1. 设计处于分断位置运行的 10kV 联络断路器(如 225)的合闸条件是_____。
2. 400V 配电系统"进线失压母联自投"的运行方式包括：手投手复、_____、_____、_____四种。
3. 与硅整流管串联的是快速_____,与硅整流管并联的是阻容元件是_____保护。

二、简答题

1. 简述 10kV 系统的主接线。
2. 10kV 系统设置了哪些保护？
3. 描述 10kV 系统的联锁关系。
4. 简述直流 750V 系统的主接线。
5. 直流 750V 系统设置了哪些保护？
6. 描述直流 750V 系统的联锁关系。
7. 简述 400V 系统的主接线。
8. 400V 系统设置了哪些保护？
9. 描述 400V 系统的联锁关系。

三、读图题

下图中 A 牵引变电站与 B 牵引变电站为相邻变电站。某日,A 牵引变电站的 DC 750V 系统因故障退出运行,由 B 牵引变电站对此 A—B 区间单边供电。在此情况下：

(1) 如 A 点发生永久性短路,请描述继电保护和开关的动作情况,分析对运行的影响。
(2) 如 B 点发生永久性短路,请描述继电保护和开关的动作情况,分析对运行的影响。
(3) 如 C 点发生司机操作不当,引起牵引电流变化率超过 DDL 保护定值,请描述继电保护和开关的动作情况,分析对运行的影响。

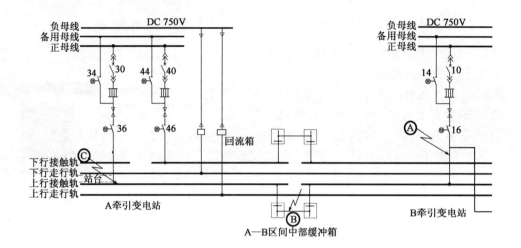

四、问答题

1. 设某牵引变电站 10kV 1 号进线电源的中性点运行方式为经低电阻接地系统,在正常运行方式下,发生 4 号母线 A 相单相金属性接地。请描述继电保护动作情况,开关的动作情况,设备运行情况。

2. 设某牵引变电站的牵引整流机组接在 10kV 4 号母线,在正常运行方式下,1 号牵引整流器 A—正桥臂两支并联的硅整流元件同时击穿。请描述继电保护动作情况,开关的动作情况,设备运行情况。

3. 简述 225(215)10kV 联络断路器的保护配置。

4. 简述 231(241)动变 10kV 侧断路器的保护配置。

5. 简述 60(70)直流进线断路器的保护配置。

6. 简述 10kV 系统进线路断路器 201 的失压跳闸条件。

7. 写出 236(246)237(247)整流机组 10kV 侧断路器,也称机组开关的保护配置。

8. 简述 10(20、30、40、90)直流馈线断路器的保护配置。

知识拓展

微机保护校验装置

近年来,随着我国电力工业的迅速发展,新型继电保护装置,特别是微机型继电保护装置得到广泛应用,同时对继电保护装置测试技术提出了更高的要求。微机保护校验装置就是由早期的单个仪器仪表等组成的测试线路发展而来的一体化保护校验装置。它不但提高了测试精度和工作效率,而且也大大降低了工作人员的劳动强度。同时,缩小了产品的体积、降低了功耗、提高了输出功率,通过升级版本,其相关功能不断完善。

目前,微机保护校验装置类型很多,大多能满足继电保护的校验及调试功能。国内生产厂家有广东昂立、北京国电、深圳凯旋、武汉豪迈等。下面以广东昂立的典型微机保护校验装置

为例进行介绍。

一、微机保护校验装置简介

为了能保证继电保护装置始终处于正常的工作状态,应该定期对继电保护装置进行校验。广州 ONLLY 系列的微机保护校验装置,外形结构如拓展图 1 所示,它可以独立完成继电保护、励磁、计量、故障录波等专业领域内的校验和元器件测试调试,广泛适用于电力、铁路、石化、冶金、矿山、军事、航空等行业的科研、生产和电气试验现场。ONLLY 系列微机保护校验装置在测试精度、幅频特性、散热及可靠性等方面均能满足现场的要求。

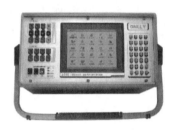 

拓展图 1　微机保护校验装置外形结构

(一)主要特点

(1)双操作系统,可以外接计算机运行,也可脱机独立运行(内置工控机一体化)。
(2)测试仪面板兼具键盘设计,无须附加任何 PC 外设即可直接使用,现场操作尤为方便。
(3)采用 8.4in❶ 彩色液晶显示屏。
(4)多路电压设计,相电压能提供多种输出方式,可以满足各种不同的测试需求。
(5)装置可以立式或卧式放置,能更好地适应于现场及其他各类调试场所。
(6)测试仪内置 USB 和网络接口,可直接通过 USB 线或网络线和外接计算机相连。
(7)脱机运行亦可支持鼠标操作。
(8)脱机运行状态下,软件功能同样丰富,测试报告可保存于测试仪,以备查阅,也可以上传到外接计算机中进行编辑、打印等处理。
(9)测试仪内置软件升级简单快捷,直接下载最新软件,无须改动任何硬件。
(10)辅助计算功能强大,可自动计算正、负、零序电压电流,一次侧、二次侧有功、无功功率因数,以及各种故障量等。
(11)单机多达 12 路 D/A 同时输出,满足变压器保护等全方位的调试。

(二)装置外部结构

装置的外部结构分为模拟、数字输入输出部分,指示灯部分,操作键盘及按钮部分。

1. 模拟、数字输入输出部分

(1)电压输出:一般来说,U_a、U_b、U_c 分别对应 A、B、C 三相电压,第 4 路电压 U_x 的输出方

---

❶　1in = 2.54cm。

式由软件设定,N 为电压接地端子。

测试仪带有辅助直流电压输出,可以输出 0V、110V 和 220V 直流电压,各电压之间变换由按键 AUX DC 实现。一般来说,辅助直流电压输出可作为保护装置电源。

(2)电流输出:I_a、I_b、I_c 分别对应 A、B、C 三相电流,N 为电流接地端子(I_a、I_b、I_c 任意两个并或三个并输出大电流时,建议将两个 N 端子并联输出)。

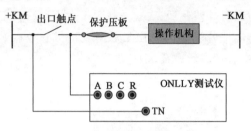

(3)开关量输入:A 与 a 共用公共端、B 与 b 共用公共端、C 与 c 共用公共端、R 与 r 共用公共端;开入量可以接空触点,也可以接 10~250V 的带电位触点,如拓展图 2 所示。

一般来说,A、B、C 分别连接保护的跳 A、跳 B、跳 C 触点,R 连接保护的重合闸触点。

拓展图 2 开关量输入接线示意图

(4)开关量输出:开出量为空触点,触点容量 250V/2A,其断开、闭合的状态切换由软件控制。

2. 指示灯部分

(1)指示灯 1、2、3、4:开关量输出闭合指示灯。

(2)指示灯 A、B、C、R、a、b、c、r:开关量输入量闭合指示灯。

(3)指示灯 I_a、I_b、I_c:电流输出回路正常指示灯,电流回路开路时,相应的指示灯亮。

3. 操作按钮及按钮部分

(1)按钮 1、2、3、4、5、6、7、8、9、0:数字输入键。

(2)按钮 +、-:数字输入键,作"+""-"号用,亦可作为试验时增加、减少控制键使用。

(3)按钮 BkSp:退格键,用于数字输入时,退格删除前一个字符。

(4)按钮 Enter:确认键。

(5)按钮 Esc:取消键。

(6)按钮 PgUp、PgDn:上、下翻页键。

(7)按钮 ↑、↓、←、→:上、下、左、右光标移动键。

(8)按钮 Tab:切换键,具体功能由相应的测试软件设定。

(9)按钮 Help:帮助键。

(10)按钮 Start:开始"试验"的快捷键。

(11)按钮 F5、F8、F10:试验过程中的辅助按键,具体功能由相应的测试软件设定。

(三)软件校验功能

(1)电压/电流:测试电压、电流、功率方向、中间继电器等交、直流型继电器的动作值、返回值,以及灵敏角等。同时提供 4 路(或 6 路)电压、3 路(或 6 路)电流;手控试验方式下,各路电压电流的幅值、角度和频率可以任意调整。

(2)时间测试:测试电压、电流、功率方向、中间继电器等各类交直流型继电器的动作时间,以及阻抗继电器的记忆时间等。

(3)频率/滑差试验:测试频率继电器、低周/低压减载装置等的动作值、动作时间,以及滑差闭锁特性。

(4)谐波叠加:测试谐波继电器的动作值、返回值,各相电压、电流可同时叠加直流、基波及 2~20 次谐波信号。

(5)故障再现:将 COMTRADE 标准格式的录波文件通过测试仪进行波形回放,实现故障再现。

(6)状态序列:用户自由定制的试验方式,程序提供了 50 种测试状态,所有状态均可以由用户自由设置,状态之间的切换由时间控制、按键控制、GPS 控制或开入触点控制。各状态下 4 对开出量的开合能自由控制,可用于模拟保护出口触点的动作情况,尤其方便于故障录波器的独立调试。

(7)整组试验:测试线路保护的整组试验,可模拟瞬时性、永久性、转换性故障,以及多次重合闸等。

(8)线路保护定值校验:测试距离、零序、过流、负序电流以及工频变化量阻抗等线路保护的定值校验,定性分析保护动作的灵敏性和可靠性。

(9)阻抗/方向型继电器:测试阻抗/方向型继电器的动作值、返回值、灵敏角,以及动作边界特性、精工电流、精工电压等。

(10)功率振荡:以单机对无穷大输电系统为模型,进行双端电源供电系统振荡模拟,主要用于测试发电机的失步保护、振荡解列装置等的动作特性,以及分析系统振荡对距离、零序等线路保护动作行为的影响等。

(11)差动保护:测试发电机、变压器、发变组以及电铁变压器等的差动保护的比例。制动特性曲线和谐波制动特性等。

(12)自动准同期:测试同期继电器或自动准同期装置的动作电压、动作频率和导前角(导前时间)等,也可以进行自动调整试验。

(13)常规继电器测试:用于进行单个常规继电器(如电压、电流、功率方向,时间、中间及信号继电器等)元件测试,可以完成动作值、返回值、灵敏角以及动作时间等的测试。

(14)反时限继电器特性:用于反时限继电器的动作时间特性测试,包括 $i\text{-}t$ 特性,$u\text{-}t$、$f\text{-}t$、$u/f\text{-}t$ 特性,以及 $z\text{-}t$ 特性。

(15)计量仪表:校验交流型电压表、电流表、有功功率表、无功功率表,以及变送器等计量类仪表。

二、微机保护校验操作实例(相关资源见二维码)

(一)微机保护校验注意事项

1. 启动测试仪前,必须确认内容

(1)测试仪可靠接地(接地线端孔位于电源插座旁)。
(2)绝对禁止将外部的交直流电源引入到测试仪的电压、电流输出插孔。

2. 开始试验前,必须确认内容

单相电流超过 15A 时,按 F5 或根据提示选择切换到重载输出。

三相微机继电保护测试仪定时过流试验

(1)关闭所有与测试仪连接的电源。

(2)利用专用测试导线,将测试仪的电压、电流输出端子接至被测试的保护屏或其他装置;将被测试保护屏或其他装置上的动作出口触点引回到测试仪相应的开入端子(注意:A 与 a 共用公共端、B 与 b 共用公共端、C 与 c 共用公共端、R 与 r 共用公共端)。

(3)开启电源开关,启动测试仪,此时液晶屏显示:利用↑、↓键移动光标,按 Enter 选择所要求的测试仪运行方式。

①脱机运行。

即测试仪脱机独立运行,使用内置的工控测试软件进行试验操作,测试结果将直接存储在内置硬盘中。该方式省去了外接计算机的接线以及计算机和测试仪之间的连接,比较适合于现场空间狭小的测试场所。

②外接 PC 机控制。

选择该方式时,测试仪内的工控软件将自动退出,测试仪完全由外接的 PC 机控制。

A. 根据提示,选择测试仪和外接 PC 机的通信端口:COM1、COM2 或 USB,屏幕显示"提示:外接 PC 控制(串口 COM1/COM2/通用串行总线 USB)"。

B. 启动外接 PC 机内的 ONLLY 测试软件 WINDOWS 版本,根据需要进行操作,如工控机软件上传、工控机软件升级等,双击相应的图标,即可进入相关子菜单界面,若子菜单界面显示"Welcome to ONLLY",表示上下联机成功,否则,将出现"联机失败"(注:一旦出现"联机失败",应确认连接线端口选择是否正确,连接是否可靠,然后用鼠标单击界面上方的"联机"菜单或图标按钮,尝试重新联机)。

③退出。

测试仪进入屏幕保护状态。

(二)微机保护校验举例

以 RCS-9612A 线路保护装置为例,介绍过电流保护电流定值的测试方法。其他具有相同保护原理的保护测试可参考此测试方法。

1. 保护相关设置

(1)保护定值设置,见拓展表1。

保护定值设置　　　　　　　　　　　　　　拓展表1

序　号	定值名称	数　值
01	过流Ⅱ段定值	5.0A
02	过流Ⅱ段时间	0.5s

(2)保护压板设置。

在"保护定值"里,把"过流Ⅱ段投入"置为"1";其他控制字均置为"0"(即退出过流方向和低电压闭锁控制字,把电压闭锁的方向电流保护转为阶段式过电流保护)。

注:对于有过电流保护硬压板投退的保护装置,还应把"过电流保护"硬压板投入。

2. 试验接线

如拓展图3所示,将测试仪的电压输出端 U_a、U_b、U_c、U_n 分别与保护装置的交流电压 U_a、

U_b、U_c、U_n 端子相连。

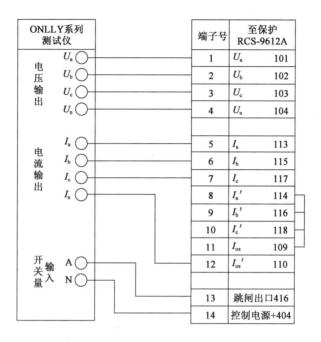

拓展图3　RCS-9612A 过电流保护接线图

将测试仪的电流输出端 I_a、I_b、I_c 分别与保护装置的交流电流 I_a、I_b、I_c(极性端)端子相连；再将保护装置的交流电流 I'_a、I'_b、I'_c(非极性端)端子短接后接到 I_{os}(零序电流极性端)端子；最后从 I'_{os}(零序电流非极性端)端子接回测试仪的电流输出端 I_n。

将测试仪的开入触点 A 与保护装置的保护跳闸出口触点相连。

3. 过电流保护电流定值测试

在"电压/电流(交流)"菜单里,可以用手控和程控两种方式分别对过电流保护Ⅰ、Ⅱ、Ⅲ段的电流定值进行测试。在测试的过程中,为了保证结果的正确性,建议把非测试段退出。

下面以"过流Ⅱ段"为例,介绍用"电压/电流(交流)"中的程控方式来测试过电流保护电流定值的方法。

(1)"电压电流"页面设置,如拓展图4所示。

①电压值:由于本次试验已退出低电压闭锁,故电压可设为任意值。如果投入了低电压闭锁,则应把三相电压幅值设为低于低电压定值。

②电流值:在程控方式下,其值无须手动输入,自动设为变量变化范围中的起点值。在手控方式下,手动输入一个低于保护定值的电流值。

③频率:设为 50Hz。

(2)"变量选择"页面设置,如拓展图5所示。

①第一变量:设为 I_a 幅值,变化步长设为 0.1A。一般来说,根据测试要求选择合适的步长,步长越小,测试精度越高。

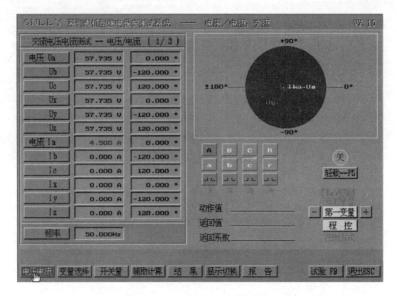

拓展图 4 "电压电流"页面设置

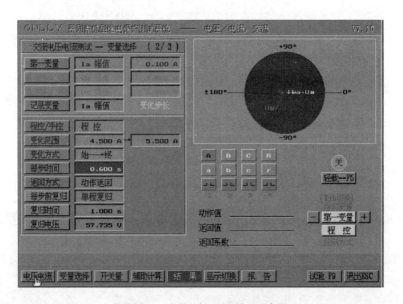

拓展图 5 "变量选择"页面设置示意图

  A. 程控试验时,仅第一变量有效。

  B. 手控试验时,第一、第二、第三变量均有效,试验过程中的当前变量可以通过 Tab 键在三者之间切换。

  ②记录变量:试验过程中动作或返回时需要记录的变量,默认和第一变量相同,设为 I_a 幅值,也可另行选择。

  ③程控/手控:设为程控方式。试验过程中,当前变量的变化过程完全由程序控制,用户对试验的干预仅限于通过 ESC 键终止试验。

④变化范围:设置第一变量变化的起点和终点,应保证能覆盖保护的动作范围。设为 4.5A(变化起点)→5.5A(变化终点)。

⑤变化方式:设为始→终。需要测试动作值和返回值时,则设为始→终→始。

⑥每步时间:大于保护的动作出口时间(0.5s),设为 0.6s。

⑦返回方式:设为动作返回。

⑧每步前复归:每步变化前是否需要输出一个复归状态(模拟故障前,以使保护复归)。

A. 常规继电器一般不需要每步前复归,试验过程中,第一变量连续变化。

B. 某些微机型保护可能需要每步前复归,试验过程中,第一变量脉冲式变化,即每步变化输出前先输出一复归状态。

由于 RCS-9612A 保护装置在保护启动后,需要整组复归,并且根据"始→终"变化方式,把每步前复归设为单程复归。

⑨复归时间:复归状态的输出时间,一般取大于保护的复归时间,以保证保护可靠复归,设为 1.0s。复归状态为空载状态,即电流输出为 0,空载电压由"复归电压"参数决定。

⑩复归电压:设为 57.735V。

(3)"开关量"页面设置,如拓展图 6 所示。

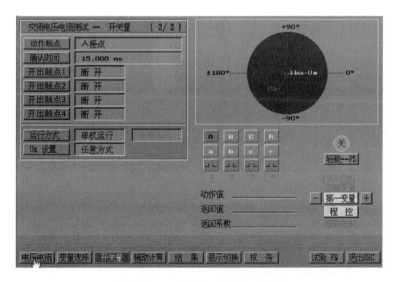

拓展图 6 "开关量"页面设置示意图

①动作触点:根据实际的试验接线,设为 A 接点。

②确认时间:默认值为 15ms。

③开出触点:此处暂不考虑设置。

④运行方式:设为单机运行。

⑤U_x设置:设为任意方式。

(4)试验过程及结果记录。

参数设置完毕后,按测试仪面板上的"Start"快捷键开始试验,或按"试验 F9"按钮开始试验。

在动作值测试过程中,采用脉冲式变化按步长增大电流输出值,直到保护动作出口,开入触点 A 闭合,记录动作值,然后自动结束试验。

试验结束后,根据提示,选择是否保存试验结果。

注意事项:对于不需要整组复归的保护,为缩短测试时间,应把"每步前复归"设为"无"。

实训任务活页2.1　10kV微机保护装置的认知与操作

实训名称	10kV微机保护装置的认知与操作		
实训目的	（1）认识10kV微机保护装置的显示、操作部件功用； （2）认识10kV微机保护装置对外端子的分类与功用； （3）完成10kV微机保护装置菜单调阅		
教学目标	能力（技能）目标	知识目标	素质目标
	掌握10kV微机保护装置的操作技能	掌握可操作调整元件的作用，对外接线端子的分类与作用	培养安全作业的意识和严谨的工作习惯
注意事项	（1）不要拆线； （2）不要删除项目； （3）所有修改的项目要恢复原设置； （4）一人操作，一人监护复核		
实训任务	任务一　准备工作（共10分，安全防护情况6分，其他准备状态4分，按操作情况扣分，扣完为止） （1）穿绝缘鞋，携带资料； （2）至少两人在一起工作，一人操作，一人监护； （3）确认、抄录设备现状 任务二　指认人机界面各个部件的名称和作用（共25分，每个部件的名称和作用各1分，按操作情况扣分，扣完为止） 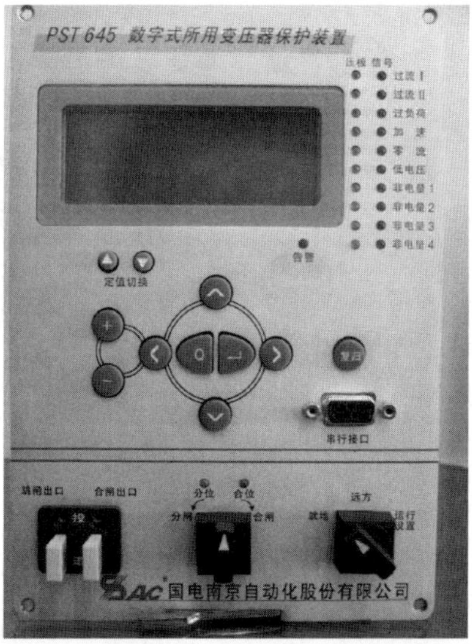  实训图1　人机界面实物图		

175

续上表

实训任务	

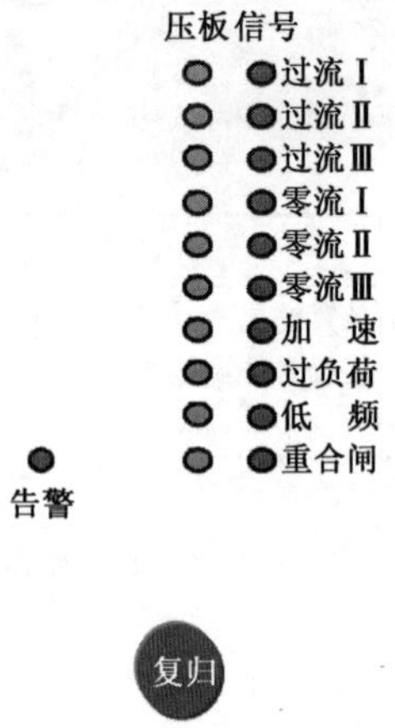

压板信号
○ ●过流Ⅰ
○ ●过流Ⅱ
○ ●过流Ⅲ
○ ●零流Ⅰ
○ ●零流Ⅱ
○ ●零流Ⅲ
○ ●加　速
○ ●过负荷
○ ●低　频
○ ●重合闸
● 告警

● 复归

实训图 2　人机界面指示灯名称

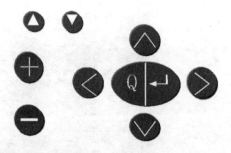

实训图 3　人机界面键盘名称及作用

续上表

实训任务	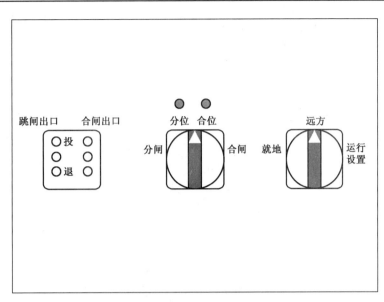 实训图4　人机界面旋钮名称及作用 任务三　调阅菜单修改设置(共25分,第一步9分,第二步和第三步各8分) (1)调阅各三级菜单； (2)修改日期时间； (3)修改保护压板投入/退出 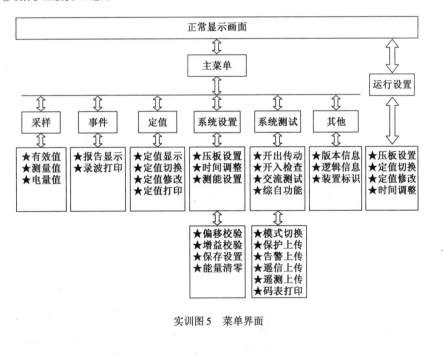 实训图5　菜单界面

续上表

实训任务	任务四　对外接线端子讲述(共30分,第一题6分,其他各题4分,按操作情况扣分,扣完为止) (1)对外接线分为几组？各组的功能是什么？ (2)X1端子排各端子的作用是什么？ (3)X2端子排各端子的作用是什么？ (4)X3端子排各端子的作用是什么？ (5)X4端子排各端子的作用是什么？ (6)X5端子排各端子的作用是什么？ (7)X6端子排各端子的作用是什么？ 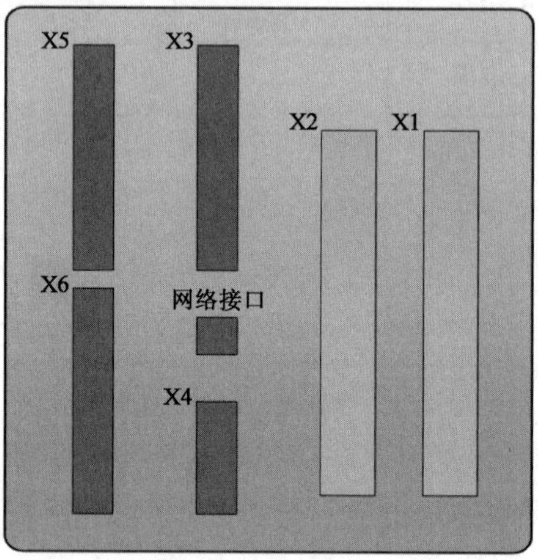 实训图6　端子布置图
实训心得	

	项目	满分	得分	备注
评分标准	任务一	10		
	任务二	25		
	任务三	25		
	任务四	30		
	安全、协作配合	10		
	本实训任务得分	100		

班级		姓名		指导教师	

实训任务活页2.2　微机保护测试仪的认知

实训名称	微机保护测试仪的认知		
实训目的	(1)认识微机保护测试仪结构与操作部件功用； (2)认识微机保护测试仪对外端子的分类与功用		
教学目标	能力(技能)目标	知识目标	素质目标
	掌握微机保护测试仪人机界面与对外接线端子	掌握微机保护测试仪的使用注意事项	培养安全作业的意识和严谨的工作习惯
注意事项	(1)启动测试仪前，请确认： ①测试仪可靠接地(接地线端孔位于电源插座旁)； ②绝对禁止将外部的交直流电源引入到测试仪的电压、电流输出插孔； ③工作电源误接 AC 380V 将长期音响告警。 (2)开始试验前，请确认： 单相电流超过 15A 时，请按 F5 或根据提示选择切换到重载输出		
实训准备	微机保护测量仪若干，指出各区域名称和功能。 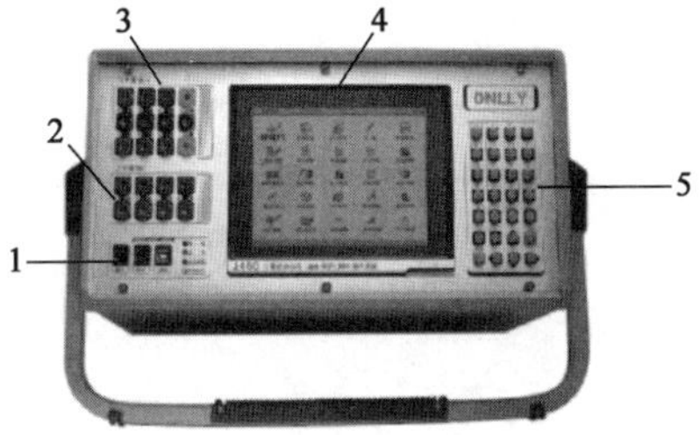 实训图7　微机保护测试仪界面 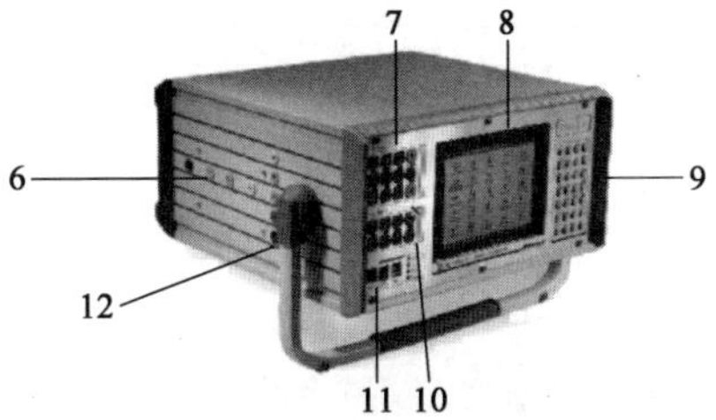 实训图8　微机保护测试仪界面侧视图		

续上表

实训任务	任务一 开出量端子认知,说出各个开出量端子的名称和作用(共30分,每个端子名称和作用各2分,按操作情况扣分,扣完为止)
	任务二 开入量端子认知,说出各个开入量端子的名称和作用(共30分,每个端子名称和作用各2分,按操作情况扣分,扣完为止)
	任务三 操作按钮认知,说出各个操作按钮的作用(共20分,每个操作按钮的名称和作用各2分,按操作情况扣分,扣完为止)
	任务四 继电保护测试仪的使用注意事项,说出继电保护测试仪的使用注意事项(共10分,酌情扣分)

实训心得	

评分标准	项目	满分	得分	备注
	任务一	30		
	任务二	30		
	任务三	20		
	任务四	10		
	安全、协作配合	10		
	本实训任务得分	100		

班级		姓名		指导教师	

实训任务活页2.3 微机保护校验

实训名称	微机保护校验——电流保护Ⅱ段的校验		
实训目的	(1)熟悉微机保护校验仪的操作; (2)掌握电流保护Ⅱ段的校验操作; (3)掌握各参数设置的要求		
教学目标	能力(技能)目标	知识目标	素质目标
	(1)会微机保护校验仪的操作; (2)会电流保护Ⅱ段的校验	掌握各参数设置的要求	培养电工系统思维,学会查阅国标和网络资料
注意事项	微机保护测试仪的使用注意事项: (1)启动测试仪前,请确认: ①测试仪可靠接地(接地线端孔位于电源插座旁); ②绝对禁止将外部的交直流电源引入到测试仪的电压、电流输出插孔; ③工作电源误接 AC 380V 将长期音响告警。 (2)开始试验前,请确认: 单相电流超过 15A 时,请按 F5 或根据提示选择切换到重载输出。 (3)其他应注意事项: ①所有修改的项目要恢复原设置; ②一人操作,一人监护		
实训准备	用微机保护校验仪进行电流保护Ⅱ段校验的原理与步骤如下。 (1)保护定值设置(实训表1)。 保护定值设置　　　　　　　　　实训表1 	序号	定值名称	数值	序号	定值名称	数值
---	---	---	---	---	---
01	过流Ⅱ段定值	5.0A	02	过流Ⅱ段时间	0.5s | (2)保护压板设置。 在"保护定值"里,把"过流Ⅱ段投入"置为"1";其他控制字均置为"0"(即退出过流方向和低电压闭锁控制字,把电压闭锁的方向电流保护转为阶段式过电流保护)。 注:对于有过电流保护硬压板投退的保护装置,还应把"过电流保护"硬压板投入。 (3)试验接线。 将测试仪的电压输出端"U_a""U_b""U_c""U_n"分别与保护装置的交流电压"U_a""U_b""U_c""U_n"端子相连。 将测试仪的电流输出端"I_a""I_b""I_c"分别与保护装置的交流电流"I_a""I_b""I_c"(极性端)端子相连;再将保护装置的交流电流"I_a'""I_b'""I_c'"(非极性端)端子短接后接到"I_{os}"(零序电流极性端)端子;最后从"I_{os}'"(零序电流非极性端)端子接回测试仪的电流输出端"I_n"。 将测试仪的开入触点"A"与保护装置的保护跳闸出口触点相连		

续上表

实训准备	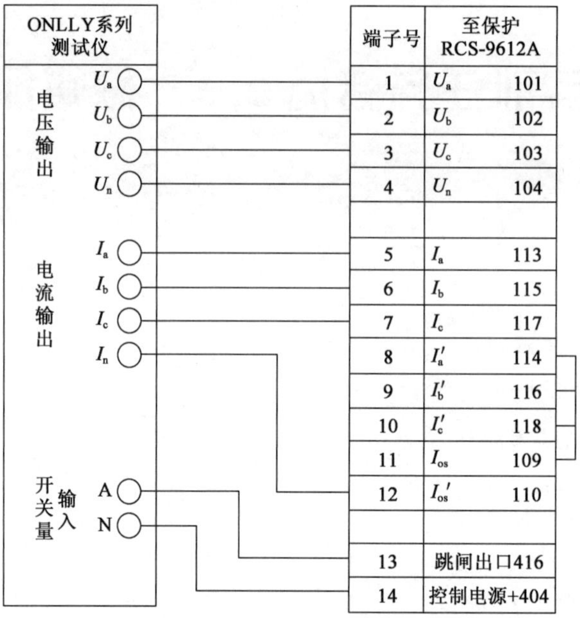 **实训图 9　RCS-9612A 过电流保护接线图** ONLLY系列测试仪连接至保护RCS-9612A： 电压输出：U_a→端子1(U_a 101)；U_b→端子2(U_b 102)；U_c→端子3(U_c 103)；U_n→端子4(U_n 104) 电流输出：I_a→端子5(I_a 113)；I_b→端子6(I_b 115)；I_c→端子7(I_c 117)；I_n→端子8(I_a' 114)、端子9(I_b' 116)、端子10(I_c' 118)；端子11(I_{os} 109)；端子12(I_{os}' 110) 开关量输入：A、N→端子13(跳闸出口416)、端子14(控制电源+404)
实训任务	任务一　微机保护测试仪人机界面，输入、输出端口认知，说出人机界面及各个输入、输出端子的名称和作用(共10分，每个端子1分，按操作情况扣分，扣完为止)
	任务二　电流保护Ⅱ段校验的接线，正确完成校验装置接线(共30分，每条接线5分，按操作情况扣分，扣完为止)
	任务三　参数设置，正确完成各参数设置(共30分，每个参数5分，按操作情况扣分，扣完为止)
	任务四　校验结果读取与分析，正确读取校验结果并分析(共20分，按操作情况扣分，扣完为止)
实训心得	
评分标准	项目　　满分　　得分　　备注 任务一　　10 任务二　　30 任务三　　30 任务四　　20 安全、协作配合　　10 本实训任务得分　　100
班级　　　　姓名　　　　指导教师	

第三篇

二次回路

知识目标

(1)能够描述二次回路在电力系统中的基本作用和重要性。
(2)能够解释二次回路中主要设备(如继电器、仪表、信号装置等)的功能和工作原理。
(3)能够理解二次回路图(如接线图、原理图)的基本元素和符号。
(4)能够掌握二次图的读图方法。
(5)根据图纸掌握地铁变电站各系统的联锁关系。
(6)掌握二次回路故障处理的方法。

技能目标

(1)能够读懂和分析二次回路图,包括理解其设计逻辑和信号流程。
(2)能够根据给定的要求和参数,进行简单的二次回路设计。
(3)能够模拟和操作二次回路,包括设定和修改控制参数、监视仪表显示等。
(4)能够进行简单的二次回路故障诊断和故障排除。

素质目标

(1)培养职业道德意识,遵守职业规范和行业标准。

(2)培养严谨的工作态度和细致的工作作风,确保二次回路操作的安全性和准确性。

(3)增强团队协作和沟通能力,能够在团队项目中发挥个人专长并有效合作。

(4)提升问题解决能力,在面对二次回路实际问题时能够独立思考和创造性解决。

(5)培养持续学习能力和自我提升意识,鼓励不断跟踪电力系统新技术和新标准的发展。

单元 7　二次回路基本常识

本单元主要介绍二次回路基本概念、分类和基本读图方法,并对跳闸闭锁继电器工作原理进行简单讲述。

单元 7.1　二次回路基本概念

在供变电系统中,根据各种电气设备的作用及要求,按一定的方式用导体连接起来所形成的电路称为电气接线。电气接线通常用电气接线图来表示,图中所表示设备的连接位置应与设备实际连接位置相一致,接线图是电力系统安装、运行、检修、故障处理的重要依据文件。

电气设备按其用途不同,通常分为一次设备和二次设备两大类,其接线可分为一次接线和二次回路。

一、二次回路的功能

电力系统中的一次设备通常是指直接参加发电、输电、分配电能的系统中使用的电气设备,如发电机、变压器、电力电缆、输电线、断路器、隔离开关、电流互感器、电压互感器、避雷器等,由这些设备连接在一起构成的电路,称为一次接线或主接线。一次设备一般都是大容量、高电压的、传递电力系统巨大电能的设备。

二次设备通过电压互感器和电流互感器与一次设备取得电的联系。二次设备是指对一次设备的工作状态进行监视、测量、控制、保护的一系列低压、弱电设备,又称为辅助设备。包括测量仪表、控制和信号器具、继电保护装置、自动远动装置、操作电源、控制电缆及熔断器等。二次设备按一定顺序相互连接而成的电路称为二次回路。

二次回路是供变电系统电气接线的重要组成部分,它附属于一定的一次回路或一次设备,是对一次设备进行控制操作、测量监察和保护的电路,是电力系统安全生产、经济运行、可靠供电的重要保障。

二、二次回路的分类

二次回路按电源性质分为直流回路和交流回路。按工作性质分为监视、测量回路,控制回路,信号回路,调节回路,继电保护与自动装置,自动、远动化装置以及操作电源系统等几个部分。二次回路各部分之间的关系可用框图的形式表示,如图 7-1 所示。图中左侧部分为某一输电线路的一次回路,右侧为对输电线路进行保护、监测和测量的二次回路。

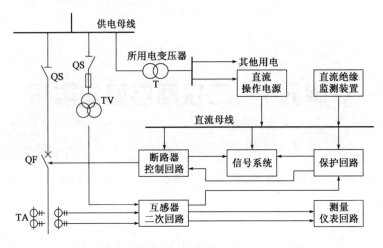

图 7-1 二次回路方框图

(一) 监视、测量回路

主要由各种显示仪表、测量元件及其相关回路组成,其作用是监视、测量一次设备的工作状态,以便运行人员掌握一次设备运行情况,为运行管理、事故分析提供参数。

(二) 控制回路

主要由控制开关、相应的控制继电器组成,其作用是对一次高压开关设备进行合、分闸操作。控制回路按自动化程度可分为手动控制和自动控制两种;按控制距离可分为就地控制和距离控制两种;按控制方式可分为分散控制和集中控制两种,分散控制均为"一对一"控制,集中控制有"一对一"控制和"一对 N"的选线控制;按操作电源性质可分为直流操作和交流操作两种;按操作电源电压和电流的大小可分为强电控制和弱电控制两种,强电控制采用较高电压(直流 110V 或 220V)和较大电流(交流 5A),弱电控制采用较低电压(直流 60V 以下,交流 50V 以下)和较小电流(交流 0.5~1A)。

(三) 信号回路

牵引变电所信号回路主要由开关设备的位置信号、继电保护和自动装置的动作信号和中央信号三部分组成。其主要作用是反映一次设备和二次设备的工作状态。

(四) 调节回路

调节回路是指调节型自动装置,主要由测量机构、传送机构、调节器和执行机构组成。其作用是根据一次设备运行参数的变化,实时在线调节一次设备的工作状态,以满足运行要求。

(五) 继电保护与自动装置

主要由继电保护、自动装置和相应的辅助元件组成,其作用是:自动判别一次设备的工作状态;在事故和不正常运行状态时,继电保护装置能够自动跳开断路器(切除故障)或发出报警信号;当事故状态消失后,快速投入断路器,恢复系统正常运行。

(六)自动、远动装置电路

远动技术即调度所与各被控端(包括变电所)之间实现遥控、遥测、遥信和遥调技术的总称。远动化的主要任务是集中监视、集中控制、实现无人化或少人化、提高运行操作质量、改善运行人员的劳动条件。

(七)操作电源

主要由电源设备和供电网络组成,它包括直流电源和交流电源系统。其作用是作为独立电源给上述各回路供电。

单元7.2　二次回路图识图知识

一、电气图形文字符号

电气图中元件、部件、组件、设备、装置、线路等一般用各自的图形符号、文字符号和项目代号来表示。图形符号、文字符号和项目代号可看成电气工程语言中的"词汇"。阅读电气图,首先要了解和熟悉这些符号的形式、内容、含义,以及它们之间的相互关系。

(一)图形符号

通常用于图样或其他文件以表达一个设备或概念的图形、标记或字符,统称为图形符号。电气图中所用的图形符号主要是一般符号和方框符号。

1. 一般符号

用以表示一类产品和此类产品特征的一种通常很简单的符号。

2. 方框符号

用以表示元件、设备等的组合及其功能的一种简单图形符号。既不给出元件、设备的细节,也不考虑所有连接,例如:正方形、长方形、圆形图形符号。

图形符号均是按无电压、无外力作用的正常状态表示的,例如,继电器、接触器的线圈未通电;断路器、隔离开关未合闸;按钮未按下;行程开关未到位等。因此,常开触点是指设备在正常状态时断开着的触点,也称为动合触点或正触点;常闭触点是指设备在正常状态时闭合着的触点,也称为动断触点或反触点。

在选用图形符号时,应尽可能采用优选型;在满足需要的前提下,尽可能采用最简单的形式;在同一图号的图中只能选用同一种图形形式。大多数图形符号的取向是任意的。在不会引起错误理解的情况下,可根据图面布置的需要将符号旋转或取其镜像放置。

(二)文字符号

在电气图中,除了用图形符号来表示各种设备、元件等外,还在图形符号旁标注相应的文字符号,以区分不同的设备、元件,以及同类设备或元件中不同功能的设备或元件。

一般来说,文字符号分为基本文字符号和辅助文字符号。基本文字符号分为单字母符号和双字母符号。

1. 单字母符号

单字母符号是用拉丁字母将各种电气设备、装置和元器件划分为 23 大类,每大类用一个专用单字母符号表示。由于拉丁字母"I"和"O"易同阿拉伯数字"1"和"0"混淆,因此不把它们作为单独的文字符号使用。同时,字母"J"也未被采用。

2. 双字母符号

双字母符号是由一个表示种类的单字母符号与另一字母组成,其组合形式是以单字母符号在前,另一字母在后的次序列出。只有当用单字母符号不能满足要求,需要将大类进一步划分时,才采用双字母符号,以便较详细和更具体地表述电气设备、装置和元器件。

3. 辅助文字符号

辅助文字符号是用以表示电气设备、装置和元器件以及线路的功能、状态和特征的,通常是由英文单词的前一两个字母构成。辅助文字符号一般放在基本文字符号的后边,构成组合文字符号,也可单独使用,如"ON"表示接通、"OFF"表示关闭。

文字符号的组合形成一般为:

$$基本符号 + 辅助符号 + 数字序号$$

例如:第 3 组熔断器,其符号为 FU3;第 2 个接触器,其符号为 KM2。

需要说明的是,目前,电气图形文字符号已有了一些新的表示方法,针对城市轨道交通不同线路的电气图形文字符号可以参考后面章节的描述。

常用电气设备分类及图形符号、文字符号举例,见表 7-1。

常用电器分类及图形符号、文字符号举例　　　　　　表 7-1

分类	名称	图形符号 文字符号	分类	名称	图形符号 文字符号
A 组件部件	启动装置	(SB1、SB2、KM、HL 电路图)	C 电容器	一般 电容器	C
B 将电量变换成非电量,将非电量变换成电量	扬声器	B (将电量变换成非电量)		极性 电容器	+C
	传声器	B (将非电量变换成电量)		可调 电容器	C

续上表

分类	名称	图形符号 文字符号	分类	名称	图形符号 文字符号
D 二进制元件	与门	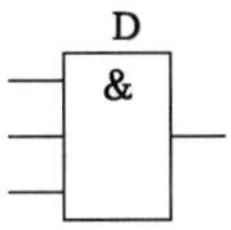 D &	G 发生器，发电机，电源	交流发电机	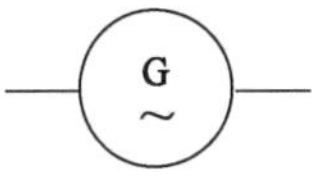 G ~
	或门	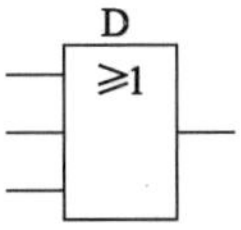 D ≥1		直流发电机	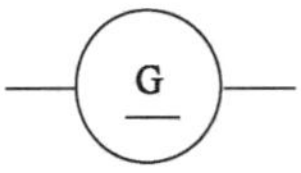 G
	非门	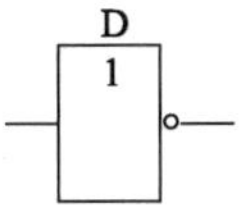 D 1		电池	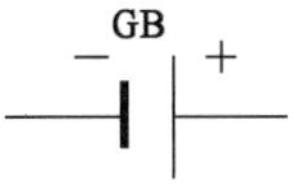 GB
E 其他	照明灯	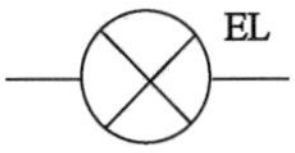 EL	H 信号器件	电喇叭	
F 保护器件	欠电流继电器	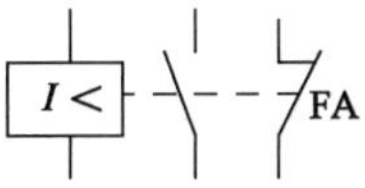 $I<$ FA		蜂鸣器	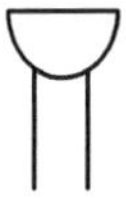
	过电流继电器	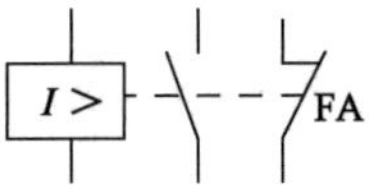 $I>$ FA		信号灯	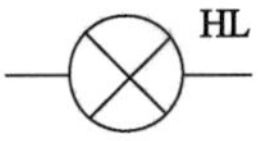 HL
	欠电压继电器	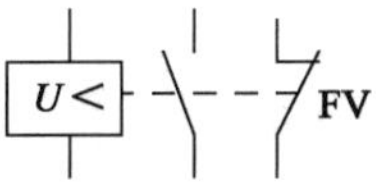 $U<$ FV	I	（不使用）	
	过电压继电器	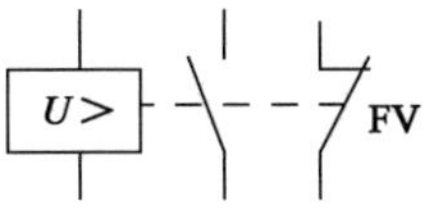 $U>$ FV	J	（不使用）	
	热继电器	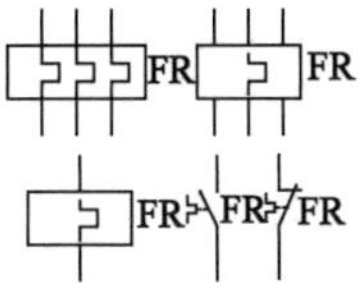 FR FR / FR FR FR	K 继电器，接触器	中间继电器	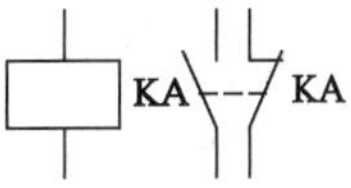 KA KA
	熔断器	 FU		通用继电器	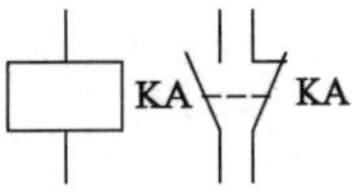 KA KA

续上表

分类	名称	图形符号 文字符号	分类	名称	图形符号 文字符号
K 继电器，接触器	接触器	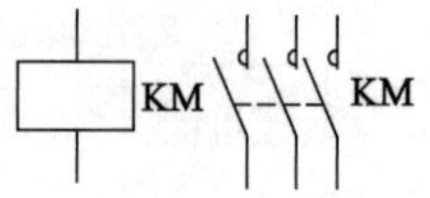 KM KM	M 电动机	他励直流电动机	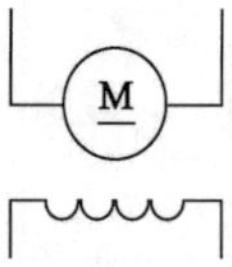 M
	通电延时型时间继电器	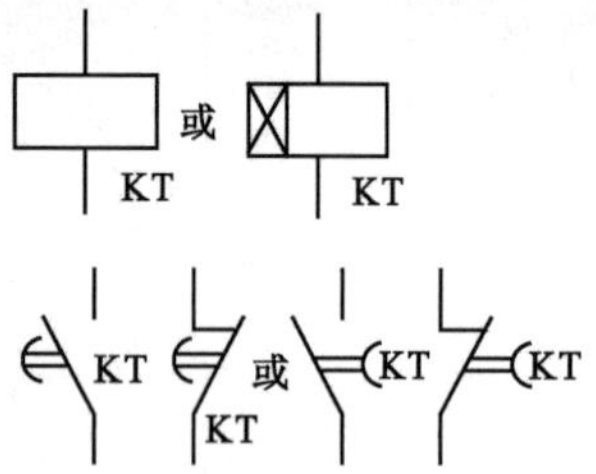 KT 或 KT / KT 或 KT KT		并励直流电动机	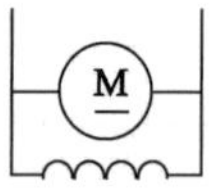 M
	断电延时型时间继电器	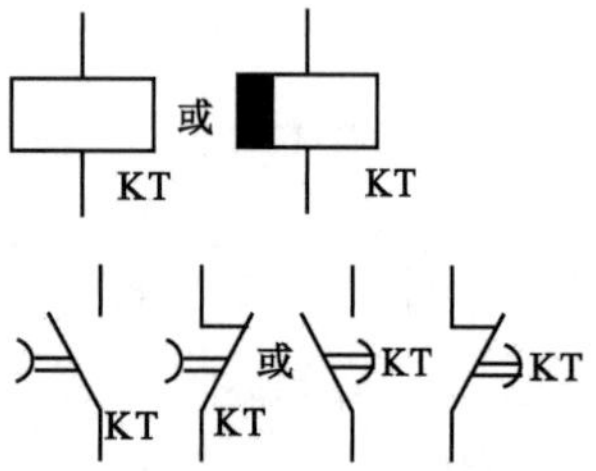 KT 或 KT / KT KT 或 KT KT		串励直流电动机	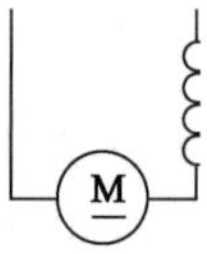 M
L 电感器，电抗器	电感器	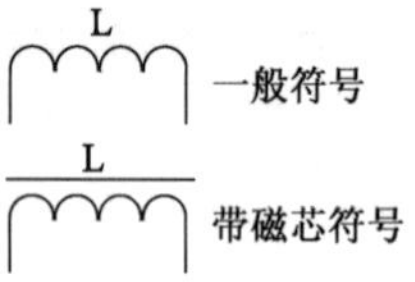 L 一般符号 / L 带磁芯符号		三相步进电动机	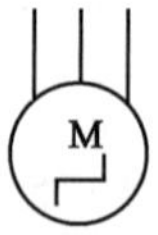 M
	可变电感器	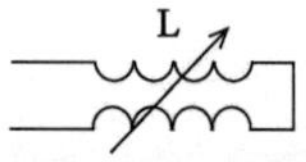 L		永磁直流电动机	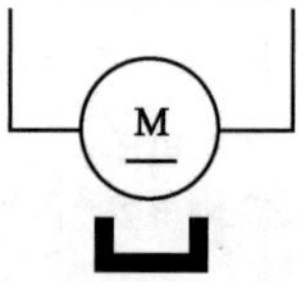 M
	电抗器	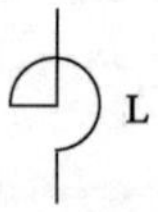 L	N 模拟元件	运算放大器	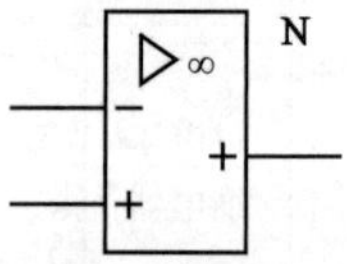 N ∞ +
M 电动机	鼠笼型电动机	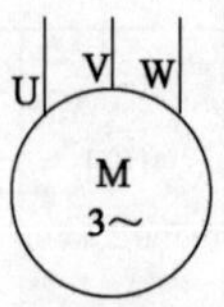 U V W M 3~		反相放大器	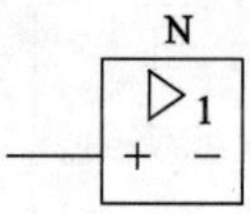 N 1 + −
	绕线型电动机	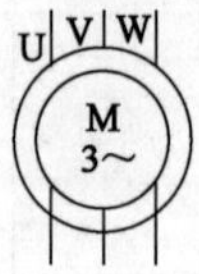 U V W M 3~		数模转换器	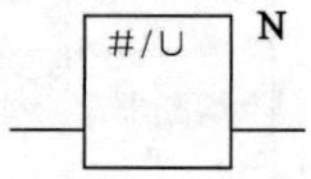 #/U N

续上表

分类	名称	图形符号 文字符号	分类	名称	图形符号 文字符号
N 模拟元件	模数转换器	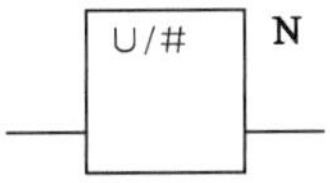 U/# N	Q 电力电路的开关器件	双投刀开关	QS 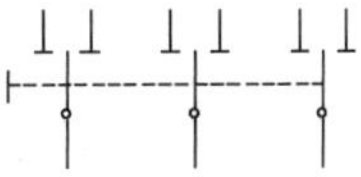
O	（不使用）			组合开关 旋转开关	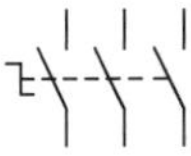 QS
P 测量设备，试验设备	电流表	PA 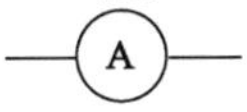 Ⓐ		负荷开关	QL 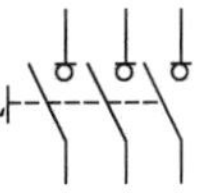
	电压表	PV 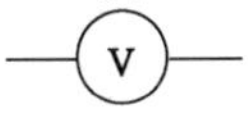 Ⓥ		电阻器	R 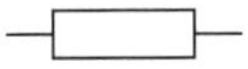
	有功功率表	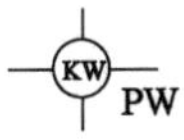 KW PW		固定抽头电阻器	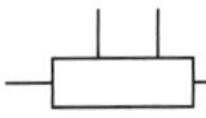 R
	有功电度表	 KWh PJ	R 电阻器	可调电阻器	 R
Q 电力电路的开关器件	断路器	QF 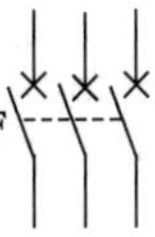		电位器	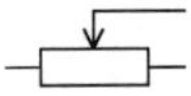 RP
	隔离开关	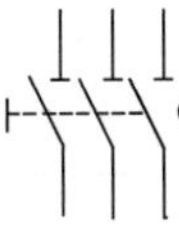 QS		频敏变阻器	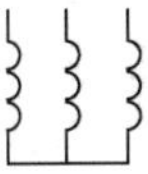 RF
	刀熔开关	QS 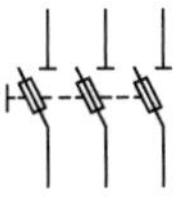	S 控制、记忆、信号电路开关器件选择器	按钮	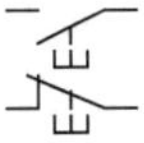 SB
	手动开关	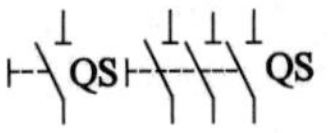 QS QS		急停按钮	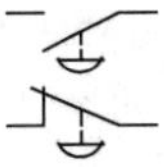 SB

191

续上表

分类	名称	图形符号 文字符号	分类	名称	图形符号 文字符号
S 控制、记忆、信号电路开关器件选择器	行程开关	SQ	T 变压器互感器	电压互感器	电压互感器与变压器图形符号相同，文字符号为TV
	压力继电器	SP		电流互感器	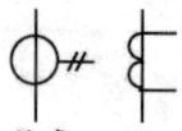 TA 形式1 形式2
	液位继电器	SL SL SL SL	U 调制器变换器	整流器	 U
	速度继电器	SV SV SV		桥式全波整流器	 U
	选择开关	SA		逆变器	 U
	接近开关	SQ		变频器	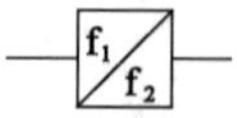 f₁/f₂ U
	控制开关，凸轮控制器	SA 2 1 0 1 2	V 电子管晶体管	二极管	 V
T 变压器互感器	单相变压器	T		三极管	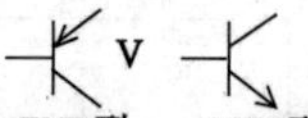 V V PNP型 NPN型
	自耦变压器	T 形式1 形式2		晶闸管	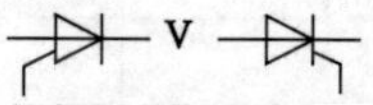 V V 阳极侧受控 阴极侧受控
	三相变压器（星形/三角形接线）	T 形式1 形式2	W 导线，传输通道，波导，天线	导线，电缆，母线	W

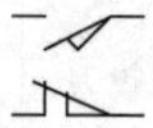

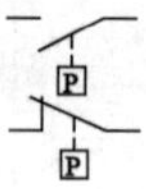

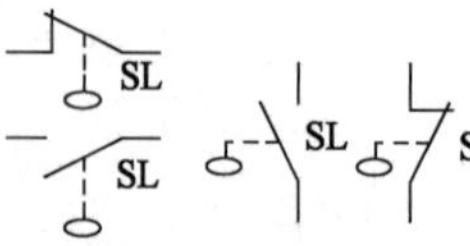

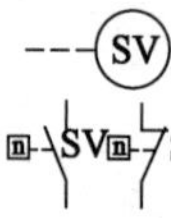

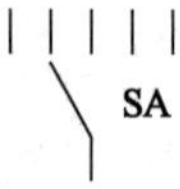

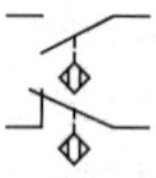

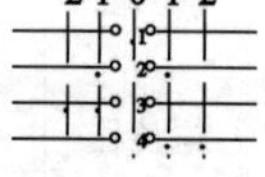

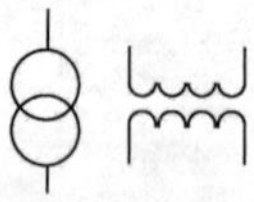

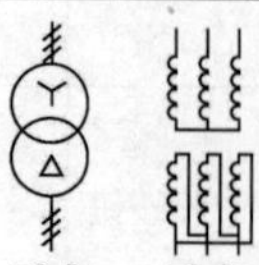

续上表

分类	名称	图形符号 文字符号	分类	名称	图形符号 文字符号
W 传输通道，波导，天线	天线	 W		电磁吸盘	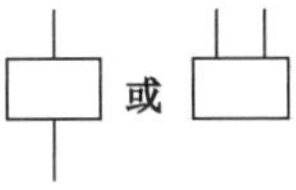 或 YH
X 端子插头插座	插头	 优选型 其他型 XP	Y 电器操作的机械器件	电磁制动器	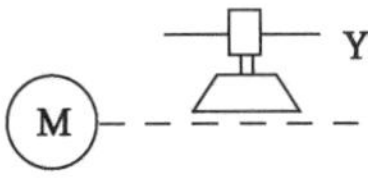 YB
	插座	 优选型 其他型 XS		电磁阀	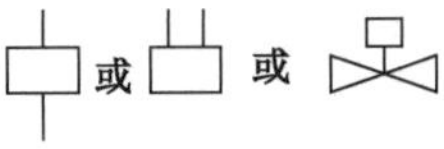 或 或 YV
	插头插座	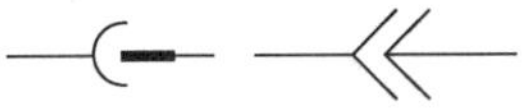 优选型 其他型 X		滤波器	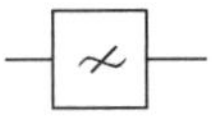 Z
	连接片	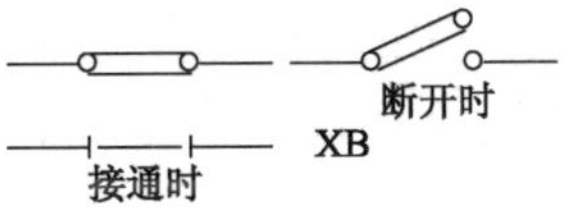 断开时 接通时 XB	Z 滤波器、限幅器、均衡器、终端设备	限幅器	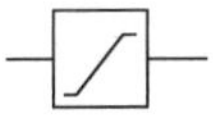 Z
Y 电器操作的机械器件	电磁铁	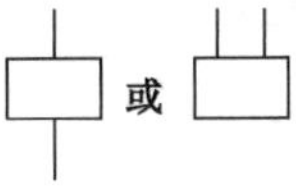 或 YA		均衡器	 Z

二、二次回路图的类型

一般而言，传统的二次回路图包括原理接线图、展开接线图和安装接线图三种类型。

（一）原理接线图

原理接线图是用来表示二次回路各元件（仪表、继电器、信号装置、自动装置及控制开关等设备）的电气联系及工作原理的电气回路图，如图7-2所示。

原理接线图在表示二次回路的工作原理时，主要有以下特点：

（1）二次回路和一次接线的相关部分画在一起，且电气元件以整体的形式表示（线圈与触点画在一起），能表明各二次设备的构成、数量及电气连接情况，图形直观形象，便于设计构思和记忆。

（2）原理接线图中的全部仪表、继电器等设备以整体的形式来表示。

（3）原理接线图将交流电压、电流回路和直流电源之间的联系综合地表达在一起。

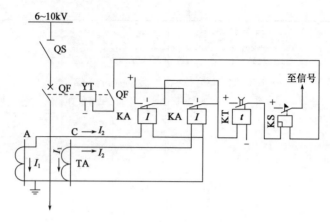

图 7-2　6～10kV 线路过电流保护原理图

其缺点是不能表明元件的内部接线、端子标号及导线连接方法等,因此,不能作为施工图纸。

(二)展开接线图

展开接线图是根据原理接线图绘制的,如图 7-3 所示。在原理接线图的基础上,将二次设备按其线圈和触点的接线回路展开分别画出,按其供电电源的性质不同,分解成交流电压回路、交流电流回路、直流控制回路、直流信号回路等相对独立的部分,组成多个独立回路,以分散的形式表示二次设备之间的电气连接。它是制造、安装、运行的重要技术图纸,也是绘制安装接线图的主要依据。

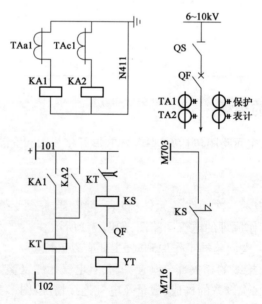

图 7-3　6～10kV 线路过电流保护展开图

展开接线图的特点如下:

(1)按不同电源回路划分成多个独立回路。例如:交流回路,又分电流回路和电压回路,都是按 A、B、C、N 相序分行排列的,直流回路又分控制回路、合闸回路、信号回路和保护回路等;在这些回路中,各继电器(装置)的动作顺序是自上而下、自左至右排列的。

(2)在图形的上方有对应的文字说明(回路名称、用途等),便于读图和分析。

(3)各导线、端子都有统一规定的回路编号和标号,便于分类查线、施工和维修。

(三)安装接线图

安装接线图是制造厂或设计单位根据展开接线图绘制的配电盘布置及接线的实际安装图。一般分为盘面布置图、端子排图和盘后接线图。在安装接线图中,各种仪表、继电器、成套装置、开关、电阻等二次设备,以及连接导线和端子排,都是按照它们的实际图形、安装位置和连接关系绘制的。它反映了二次电路的实际接线情况。为了便于安装接线和运行中检查,所有设备的端子和连接导线都加上走向标志。

安装接线图包括屏面布置图、屏背面接线图和端子排图几个组成部分。

1. 屏面布置图

屏面布置图是指从屏的正面看,各安装设备和仪表实际安装位置的正视图,它是屏背面接线图的依据。

2. 屏背面接线图

屏背面接线图是指从屏的背面看,表明屏内设备在屏背面的引出端子之间的连接情况以及端子与端子排之间连接关系的图。屏背面接线图是以屏面布置图为基础,以展开接线图为依据绘制的接线图。

3. 端子排图

端子排图是指从屏背后看,表明屏内设备连接和屏内设备与屏外设备连接关系的图。端子排图需标明端子类型、数量,以及排列顺序。

安装接线图中各种设备、仪表、继电器、开关、指示灯等元器件以及连接导线,都是按照它们的实际位置和连接关系绘制的,为了施工和运行检修的方便,所有设备的端子和连线都按"相对编号法"的原则标注编号。安装接线图是最具体、最详细的施工图,是照图施工(接线)的工程图。

单元 7.3　二次回路读图方法

一、读图方法

在识读图纸过程中,应该掌握一些原则以及技巧,以便快速正确读图。二次回路图读图的基本方法可以归纳为如下六句话(即六先六后):先一次,后二次;先交流,后直流;先电源,后接线;先线圈,后触点;先上后下;先左后右。

1. 先一次,后二次

所谓"先一次,后二次",就是当图中有一次接线和二次回路同时存在时,应先看一次部分,清楚是什么设备和什么工作性质,再看对一次设备监控作用的二次部分,具体起什么监控作用。一次接线包括断路器、隔离开关、电流互感器、电压互感器、变压器等。了解这些设备的功能及常用的保护方式,如变压器一般需要装过电流保护、电流速断保护、过负荷保护等,掌握各种保护的基本原理;再查找一次、二次设备的转换、传递元件,一次变化对二次变化的影响等。

2. 先交流,后直流

所谓"先交流,后直流",就是当图中有交流和直流两种回路同时存在时,应先看交流回路,再看直流回路。因交流回路一般由电流互感器和电压互感器的二次绕组引出,直接反映一次接线的运行状况;而直流回路则是对交流回路各参数的变化所产生的反应(监控和保护作用)。先看二次图的交流回路,以及电气量变化的特点,再由交流量的"因"查找出直流回路的"果",一般交流回路比较简单。

3. 先电源,后接线;先线圈,后触点

所谓"先电源,后接线",就是不论在交流回路还是直流回路中,二次设备的动作都是由电源驱动的,所以在读图时,应先找到电源,再由此顺回路接线往后看。交流回路一般包含交流电流、交流电压回路两部分;先找出由哪个电流互感器或哪一组电压互感器供电(电流源、电压源),变换的电流、电压量所起的作用,它们与直流回路的关系、相应的电气量由哪些继电器反映出来。直流从正电源沿接线找到负电源,并分析各设备的动作。"先线圈,后触点",就是要先找出继电器的线圈后,再找出与其相应的触点所在的回路,一般由触点再连成另一回路;此回路中又可能串接有其他的继电器线圈,由其他继电器的线圈又引起其他的触点接通另一回路,直至完成二次回路预先设置的逻辑功能。

4. 先上后下;先左后右

所谓"先上后下"和"先左后右",可理解为一次接线的母线在上而负荷在下;在二次回路中,直流回路电源在上,负电源在下,驱动触点在上,被启动的线圈在下;端子排图、屏背面接线图一般也是由上到下;单元设备编号,则一般是由左至右的顺序排列的。

综上所述,二次回路读图时,首先要在图纸中找到欲解析的回路(如:断路器的合闸控制回路),在这个回路中找到目标元件(如:合闸接触器线圈),明确目的(如:使合闸接触器线圈受电),然后找到第一动作(触发)元件(如:SA5-8 触点),然后由第一动作元件出发,沿着接线逐回路逐元件地向目标元件逐个研究。对于串联或并联的触点要清楚其代表的逻辑条件,特别是它对操作的限制,也就是常说的闭锁条件。

二、高压断路器控制回路分析

下面以高压断路器的控制回路为例,讲解二次回路读图方法。

高压断路器的控制回路是指用控制开关或遥控命令操作断路器跳、合闸的回路。

(一)控制开关

控制开关是由运行人员手动操作,发出控制命令使断路器进行跳、合闸的装置。

图 7-4c)为控制开关结构示意图。左端是操作手柄,装于屏前;与手柄固定连接的方轴上装有 5~8 节触点盒,用螺杆相连装于屏后。

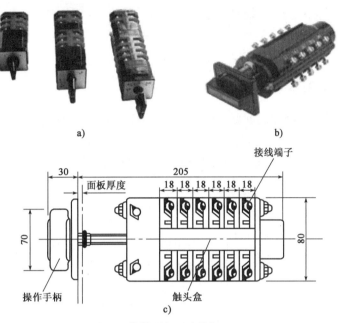

图 7-4 控制开关(尺寸单位:mm)
a)LW12 型控制开关;b)LW2 型控制开关;c)控制开关结构示意图

这种控制开关有六个位置:
(1)两个预备操作位置("预备合闸"和"预备跳闸")。
(2)两个操作位置("合闸"和"跳闸")。
(3)两个固定位置("合闸后"和"跳闸后")。

控制开关 SA 触点通断状况用图形符号表示,见表 7-2,左列所示手柄的六种位置为屏前视图,而其余右边触点盒的触点通断状况为屏后视图。触点排号为逆时针方向次序,"×"号表示触点接通,"—"表示触点断开。

触 点 通 断 状 况　　　　　表 7-2

	触点号		1—2	3—4	5—6	7—8	9—10	11—12	13—14	15—16	17—18	19—20
手柄位置	跳闸后	←	—	×	—	—	—	—	×	—	—	×
	预备合闸	↑	×	—	—	—	×	—	—	—	×	—
	合闸	↗	—	—	×	—	—	—	×	—	×	—
	合闸后	↑	×	—	—	—	×	—	—	—	×	—
	预备跳闸	←	—	×	—	—	—	—	×	—	×	—
	跳闸	↗	—	—	—	×	—	—	×	—	—	×

控制开关的操作过程如下所述。

合闸操作:若操作前手柄处于垂直位置,为预备合闸状态,将手柄右旋30°为合闸位置,手放开后在自复弹簧的作用下,手柄复位于垂直位置,成为合闸后位置。

跳闸操作:先将手柄左旋至水平位置,即预备跳闸位置,再左旋30°即为跳闸位置,手放开后在自复弹簧的作用下,手柄复位于水平位置,即跳闸后位置。

(二)断路器的基本合闸、跳闸控制回路

断路器基本合闸、跳闸控制回路如图7-5所示,其工作原理简述如下。

(1)合闸操作。手动合闸是将控制开关SA打至"合闸"位置,此时其5—8触点瞬时接通;而断路器在跳闸位置时其动断触点QF_2是接通的,所以合闸接触器KM线圈通电启动,其动合触点接通,断路器合闸线圈YC通电启动,断路器合闸。当合闸操作完成后,断路器的常闭辅助触点QF_2断开,合闸接触器KM线圈断电,在合闸回路中的两个动合触点断开,切断断路器合闸线圈YC的电路;同时,断路器动合触点QF_1接通,准备好跳闸回路。

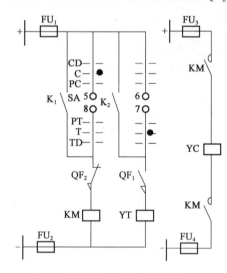

图7-5 断路器基本合闸、跳闸控制回路

断路器的自动合闸是由自动重合闸装置的出口触点K_1闭合实现的。

(2)跳闸操作。手动跳闸是将控制开关SA打至"跳闸"位,此时其6—7触点接通,而断路器在合闸位置时其动合触点QF_1是接通的,所以跳闸线圈YT通电,断路器进行跳闸。当跳闸操作完成后,断路器的动合触点QF_1断开,而常闭触点QF_2接通,准备好合闸回路。

(三)断路器的防跳回路分析

在手动合闸或自动重合闸的同时,线路出现故障,此时,保护装置会启动,断路器跳闸,此后合闸信号应返回,断路器不应再出现第二次合闸。若控制开关SA的合闸触点还未来得及返回或自动装置触点被卡死,合闸信号不返回,使得断路器又一次合闸,因为线路故障未消除,会造成断路器再一次跳闸,这种多次"跳、合"现象,称为断路器"跳跃"。

为防止断路器"跳跃",设置了防跳跃闭锁继电器(又称防跳继电器)。防跳继电器的作用就是防止断路器合闸时合于永久性故障点上,造成开关"跳跃"现象的发生。

防跳原理接线图,如图7-6所示。

1. 原理图符号说明

(1)TBJ:跳闸保持继电器,即防跳继电器,有两组线圈、一组电流线圈、一组电压线圈。

$\overset{TBJ}{\boxminus}$:跳跃闭锁继电器,电流线圈作为启动线圈。

$\overset{TBJ}{\boxminus}$:跳跃闭锁继电器,电压线圈作为保持线圈。

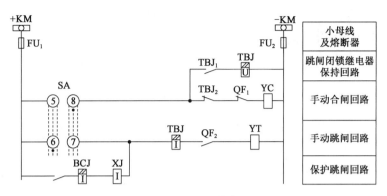

图 7-6 防跳原理接线图

TBJ_1：跳跃闭锁继电器常开触点；

TBJ_2：跳跃闭锁继电器常闭触点。

（2）YC：断路器合闸接触器。

（3）YT：断路器分闸线圈。

（4）QF_1：断路器辅助常闭触点。

（5）QF_2：断路器辅助常开触点。

（6）BCJ：保护出口继电器。

（7）SA：转换开关。

2．断路器防跳控制回路原理

断路器原始状态为断开状态，其辅助常闭触点 QF_1 闭合、常开触点 QF_2 断开。

若手动合闸于故障点上，其动作过程如下：

SA 合闸时，SA_5—SA_8 接通，合闸接触器 YC 受电动作，接通合闸线圈回路，断路器合闸，开关辅助触点常闭触点 QF_1 断开、常开触点 QF_2 闭合。

若断路器合闸于故障点上，保护出口继电器 BCJ 动作闭合，经防跳继电器 TBJ 电流线圈，开关辅助触点 QF_2 启动跳闸线圈，断路器跳闸。

若此时 SA_5—SA_8 触点还处于合闸时未返回，TBJ_1 闭合后使 TBJ 电压线圈自保持，TBJ_2 断开切断了 YC 的启动回路，使断路器无法再合闸，起到防跳作用。

当 SA_5—SA_8 触点断开后，TBJ 电压线圈也无法自保持，TBJ_1 断开、TBJ_2 闭合，防跳继电器返回。

习题及思考

一、简答题

1．什么是二次回路？其作用是什么？

2．二次回路分为哪几类？

3．二次回路的符号分为哪几类？

4．二次回路图分为几类？各自的特点和作用是什么？

5. 什么是断路器的跳跃？跳闸闭锁继电器的作用是什么？
6. 简述二次回路识图的方法。

二、读图题

根据下图和格式，描述电流速断保护动作、断路器跳闸的动作过程（中文和字母符号都填写）。

线路近端发生相间短路，TA 二次侧电流迅速增大，使_____动作，其_____触点闭合，通过_____继电器的电流线圈，使_____继电器受电，其_____触点闭合，使_____线圈受电，断路器跳闸。_____继电器的_____触点闭合并保持，发出保护动作跳闸报警信号。

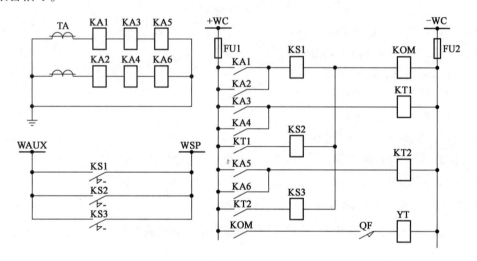

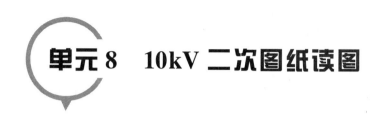

单元 8　10kV 二次图纸读图

本单元以 ABB 公司 10kV 二次图纸为例,介绍 10kV 开关柜二次电气图纸分类、图中各符号的意义、各元件的功能、10kV 二次电气图纸的读图方法。

单元 8.1　10kV 二次图纸识图方法

为实现断路器的合闸、分闸和故障情况下的自动跳闸,每一台断路器都配有一套完善的采样、监视、保护系统和相应的控制、信号回路,都有一套完整的二次电路图。

一、ABB 图纸分类

ABB 图纸分为柜体排列图、原理图、端子排图、设备清单、逻辑图五类。每一台开关柜都有这样一套完整的图纸,每一类图纸都有相应的代号,图纸的功能及代号见表 8-1。

ABB 图纸的功能及代号　　　　表 8-1

序号	图纸类别	说　　明	代号
1	柜体排列图	柜体排列图表明:各开关柜的排列位置和顺序、开关柜的主接线、各一次设备的参数	A
2	原理图	原理图分为一次回路接线图,二次回路接线图; 一次回路接线图:表示一次电气设备之间的连接关系和连接顺序(参与接收、变换、分配电能的设备为一次电气设备); 二次回路接线图:表示二次电气设备之间的连接关系和连接顺序(对一次设备进行监视、测量、控制、保护的设备为二次电气设备)	S
3	端子排图	为让接线整齐、规范、查找故障方便,开关柜内设备有些设备之间的连接,柜与柜之间的连接,都要经过端子排,端子排图表明了这些端子的连接关系及去向	T
4	设备清单	提供设备数量及参数	E
5	逻辑图	逻辑图表明了各开关之间的联锁、闭锁关系	L

二、开关柜分类

变电所中 10kV 开关柜有进线柜、进线隔离柜、馈线柜、母联柜、母线提升柜、专用计量柜、PT 柜七种类型,它们的功能及开关柜代号,见表 8-2。

开关柜的功能及代号　　　　　表 8-2

序号	开关柜种类	说　　明	代号
1	进线柜	将电源电压引至母线	I
2	进线隔离柜	检修时可将进线电源与变电所隔离	D
3	馈线柜	将母线电压提供给下一级电气设备	F
4	母联柜	将两段母线连接起来	B
5	母线隔离柜	将母线联络断路器下口提升至上排母线,并使两段母线有一个明显的间断点	R
6	专用计量柜	用于计量	M
7	PT 柜	电压互感器柜	P

三、读图方法

(一) 坐标

ABB 图纸的四周边缘处都用字母和数字进行了标注,用横坐标和纵坐标来表示设备在电气接线图中的位置。横坐标是阿拉伯数字,纵坐标为英文字母,在上横坐标的下方,用中文标注有垂直于本坐标下方相应电路的功能。这些坐标能够为图纸的每一个元件详细定位,便于进行查找、核对。

例如,图 8-1 中线圈 KA 的坐标就为"2E",即 KA 线圈在该张图纸横坐标为"2"、纵坐标为"E"的地方。

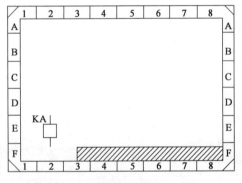

图 8-1　ABB 图纸坐标含义示意图

(二) 说明栏

如图 8-1 中的阴影部分所示(3F ~ 8F),在实际的每张图纸中,这个位置是介绍该张图纸所属的设备及页码的地方。

例如,图 8-1 中阴影中的 8F 部分,是该张图纸的页码说明栏,具体内容如图 8-2 所示。

图 8-2 中,"SF4"是图纸所属设备的一种符号表示法。其中"S"表示原理图。一般来说,在"S"的位置还有表示另外 4 种含义的字母。

"SF4"中的"F"表示馈线柜。同样在"F"这个位置也还有另 6 个含义的字母。

"TOTAL PAGES 17"表示这份图纸共有 17 页。

"SHEET NO 1"表示该张图纸是第 1 页。

在图 8-1 阴影中的 5F ~ 7F 部分,也就是图 8-2 的左侧部分,这里是用文字具体说明的开关柜名称及所属变电站的位置,举例如图 8-3 所示。

=	SF4	SHEET NO 1
SCALE		TOTAL PAGES 17
DRAWING NO		
		XZS1-3092-SF4

图 8-2　页码说明栏

FUNCTION	
	配电变压器柜
PROJECT	
北京地铁1号、2号线改造工程朝阳门站牵引降压混合变电站	

图 8-3　信息说明栏

四、常用元件符号表示方法

(一)线型

(1)细实线———:表示二次元器件之间的连接线及元件的内部接线。

(2)细实线框☐:表示框内设备为同一元器件,并且属于本柜的元件。

(3)粗实线——:表示一次回路电气元器件及一次接线。

(4)虚线框⌐ ⌐:表示由用户提供的元器件(非开关柜设备,用户另加的)。

(5)粗点画线框⌐·⌐:表示非本柜内的元器件(与本柜有关联的其他开关柜的元件。如:触点等)。

(6)标注栏:图纸上方横坐标的下面标注栏的文字是用来说明其垂直区域内回路的功能。

(二)连接线标注

图纸中不同页间的连接线,以符号 $\frac{SM30+}{4、3A}$ 形式表示,横线上方的字符表示回路(或设备)代号,横线下方的字符表示连接的页码。

例如: $\frac{SM30+}{4、3A}$ 上方的"SM30+"表示二次电源"+"极第30号空气开关;下方的"4、3A"表示第4页,横坐标为3,纵坐标为A的区域。

(三)端子排编号原则

X1:直流辅助电源小母线(供控制和保护用)。

X2:备用。

X3:控制、保护回路。

X4:电流互感器二次回路。

X5:提供给客户的信号回路。

X6:电压互感器二次回路。

X7:备用。

X8:变送器的输出信号回路。

X9:交流辅助电源小母线。

(四)端子排图

端子排图中的符号表示如下:

(:测试短接片。

×:分隔板。

▮:短接排。

△:柜间控制电缆。

☆:柜间小母线随柜提供。

(五)元件图形符号

元件图形符号、文字符号,见表8-3。

图形符号、文字符号　　　　　　　　表8-3

序号	元件名称	文字符号	图形符号	序号	元件名称	文字符号	图形符号
1	选择开关、分合闸开关	S301		8	按钮		
2	选择开关、合环选跳开关	S305		9	隔离开关	QS	
3	电容性电压指示器	SQ		10	接地刀闸	QE	
4	指示灯	HY		11	避雷器	F	
5	加热器	HL		12	常开触点		
6	断路器	Q0		13	常闭触点		
7	微型空气开关	SM		14	电流互感器	TAL	

续上表

序号	元件名称	文字符号	图形符号	序号	元件名称	文字符号	图形符号
15	熔断器	FU		17	电压互感器	TV	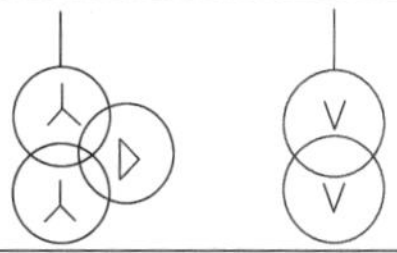
16	连接片	LP					

1. 电流互感器

电流互感器符号中的"3"表示三相,圆圈表示次边每相有一个二次绕组。两个圆圈表示次边每相有两个二次绕组。

2. 电压互感器

电压互感器两种接线,一种是三相五柱式接线,二次侧为Y接的绕组可以测量相电压、线电压;二次侧为开口三角形的辅助绕组,可以用于绝缘监察。另一种是两相V/V接线,可以测量线电压。

3. S301 选择开关

可用于控制开关柜中断路器的分、合闸。三条虚线表示 S301 有三个位置,"分闸""0""合闸"。虚线上下对应的小圈为一对触点,中间的黑点表示选择开关在此位置接通。例如:触点 3-4 只在合闸位置接通,触点 1-2 只在分闸位置接通。选择开关在"0"位置时处于断开状态。

4. 合环选跳开关 S305

只用于电源站的母联柜合环选跳,它有四个位置,其符号的表示意义与 S301 相同。

单元 8.2　10kV 母线联络断路器控制回路原理图

本部分以 10kV 母线联络断路器控制回路原理图为例,学习二次回路的分析方法。

正常运行时,进线断路器 201、202 和母线联络断路器 245 存在"三合二"的闭锁关系,即三个开关只有两个合闸,不允许三个开关同时合闸。本部分假设断路器 202 处于断开位置,且隔离开关 245-5 已经闭合,对母线联络断路器 245 的手动合、分闸的控制过程进行分析。

图 8-4 二维码所示为母线联络断路器控制回路原理图。标有 Q0 的六个细实线框图为断路器内部接线图,标有 K101 的细实线框图是微机保护装置内部的接线。该母线联络断路器(245)控制回路图主要包括:

图 8-4　母线联络断路器控制回路原理图

(1)储能电机的启动停止回路。
(2)断路器的合闸闭锁回路。
(3)断路器的就地/远动合闸回路及其防跳功能。
(4)断路器的就地/远动分闸回路。

(5) 断路器的保护跳闸和非电量跳闸回路。
(6) 控制回路断线监视回路等。

一、母线联络断路器控制回路原理图符号说明

母线联络断路器控制回路原理图中主要元件及说明，见表 8-4。母线联络断路器结构示意图，如图 8-5 所示。

分段开关控制回路原理图主要元件及说明　　　表 8-4

序号	元件符号	元件名称	说　明
1	SM10 和 SM30	直流电源开关	元件由两路直流电源供给，SM10 为弹簧储能电机的电源开关，SM30 为断路器的控制、保护电源开关
2	Q0	断路器小车及小车内部元件接线	Q0 细实线方框周边的编号是断路器二次回路与柜体二次回路连接的航空插头内部针与孔的编号；Q0 细实线方框内是断路器操动机构内的元件与接线；断路器主触点闭合时，辅助常开触点闭合，常闭触点断开，断路器主触点断开时，辅助常开触点断开，常闭触点闭合
3	K101	微机保护装置	实线框内所有元件均装设在微机保护装置内部（简称 K101）；图中紧贴实线框的外围的端子号就是 K101 自身的对外接线端子编号，如 X6-8 等
4	M0	断路器的储能电机	电机转动时，使得断路器操作机构中的蜗卷弹簧储能，并为断路器的合闸操作提供能量；只有当蜗卷弹簧储能完毕后，断路器才被允许合闸操作
5	S1	与弹簧储能状态相关的位置开关触点	弹簧未储能时，常开触点断开，常闭触点闭合；弹簧储能完毕，常开触点闭合，常闭触点断开
6	HY	电机储能的指示灯	安装于柜体上柜门的左侧，弹簧储有规定能量时亮，能量不足时灭
7	V1、V3	整流元件	从线框外面引入框内的操作电源先经过整流装置，然后再接具体的二次元件，可实现装置的交直流电源两用
8	Y1	合闸闭锁电磁铁	断路器小车在试验位或工作位时，Y1 才能受电，操纵 S2 闭合，从而解除对断路器的合闸闭锁
9	Y2	断路器分闸脱扣电磁铁	断路器分闸时受电动作，分闸机构脱扣，断路器分闸
10	Y3	断路器合闸脱扣电磁铁	断路器合闸时受电动作，合闸机构脱扣，断路器合闸
11	S2	合闸闭锁辅助开关	只有当合闸闭锁电磁铁受电后，S2 常开点才会闭合，开关才会被允许合闸
12	S8、S9	与断路器小车位置相关的限位开关	S8 和 S9 限位开关各含有 5 对触点。S8 限位开关是开关小车在试验位时才闭合，而 S9 限位开关是开关小车在工作位才闭合

续上表

序号	元件符号	元件名称	说明
13	S3、S4、S5	与断路器分合位置(主轴)联动的辅助触点	辅助触点与断路器主触点的联动关系是:主触点闭合,常开触点闭合;主触点断开,常开触点断开;常闭触点与之相反
14	K0	防跳继电器	防止断路器连续多次合分闸动作
15	R0	串联电阻	
16	K1、R1	备用的防跳继电器和其串联的电阻	
17	Q0-1 和 Q0-40	接地端	
18	YFJ	远方操作方式继电器	由 K101 面板上的"远方/就地/运行设置"来控制,只有在"就地"位置时,YFJ 触点才会闭合
19	TBJ	跳闸保持继电器	
20	KK1、KK2	常开触点	由 K101 面板上的"分闸/合闸"来控制,KK1 开关分闸时闭合,KK2 开关合闸时闭合
21	HWJ	合闸位置继电器	监视分闸回路
22	TWJ	跳闸位置继电器	监视合闸回路
23	STJ	手动跳闸继电器	

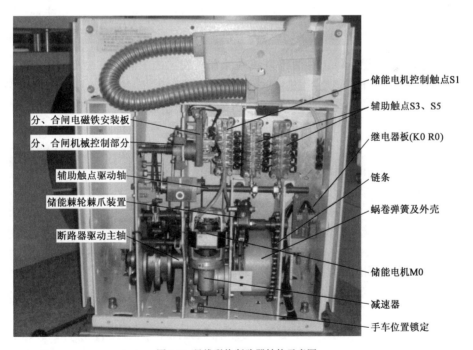

图 8-5 母线联络断路器结构示意图

注:开关触点符号以 XX$_{YY-ZZ}$ 的形式表示,XX 为开关触点编号,YY 和 ZZ 为触点两个触点端的编号,如断路器触点:S3$_{21-22}$、S3$_{31-32}$ 等。端子排的端子以 XX-YY 的形式表示,XX 为端子排编号,YY 为端子序号。如 X3-6,表示端子排 X3 的 6 号端子。航空插头以 XX-YY 的形式表示,XX 为元件符号,YY 为航空插头序号,如 Q0-49,表示断路器 Q0 的 49 号插头。

二、母线联络断路器（245）的合闸回路

合闸过程

为了防止两路电源误并列运行和"空合闸"现象，母线联络断路器（245）合闸必须满足下列条件：
（1）两路进线断路器 201、202 之一必须处于分断位置。
（2）母线联络隔离手车 245-5 必须在工作位。
否则，不能在工作位合闸。相关资源见二维码。

（一）弹簧储能电机控制回路

弹簧储能电机控制回路的电源来自 SM10 开关，如图 8-6 二维码所示。

弹簧未储能时（参看图 8-4 左面部分），$S1_{32-31}$、$S1_{41-42}$ 闭合，此时合上电源开关 SM10，电路经 SM10 + →X8-1→Q0-25→$S1_{32-31}$→M0→$S1_{41-42}$→Q0-35→X8-3→SM10-接通，电机 M0 转动，通过蜗轮蜗杆减速器带动蜗卷弹簧储能。储能到位，通过连杆触动储能电机控制开关 S1 转换，$S1_{32-31}$、$S1_{41-42}$ 断开，电机停止；$S1_{53-54}$ 闭合储能指示灯 HY 亮；串接在合闸回路中的 $S1_{13-14}$ 触点闭合为合闸做好准备。

断路器合闸后，蜗卷弹簧储能不足，连杆会释放 S1 开关，其触点切换，重复上述过程。

（二）合闸闭锁回路

合闸闭锁回路的作用是防止在两路进线断路器（201、202）均处于合闸位置时误合闸 245 开关导致两路进线电源并列；同时，也防止 245-5 母线联络隔离小车处于试验/隔离位时合 245 断路器，造成空送电。为此，在母线联络断路器 245 的合闸回路中串入一个 S2 开关作为合闸条件。S2 开关受电磁铁 Y1 的操纵，只有电磁铁 Y1 受电，才能操纵 S2 开关闭合，允许母线联络断路器 245 合闸，否则合闸控制回路中断，开关不能进行合闸操作。那么控制 Y1 能否受电的回路就称为合闸闭锁回路。

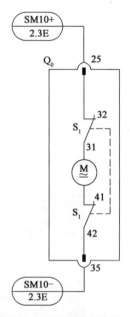
图 8-6 断路器弹簧储能电机控制回路

由于断路器处于试验/隔离位置时（小车位置触点 $S8_{43-44}$ 闭合，$S9_{43-44}$ 打开），不会将强电实际送出，所以在试验/隔离可以无条件进行合闸、分闸、保护跳闸等试验操作，不需要闭锁。此时电路通过 SM30 + →X3-1→Q0-49→$S8_{43-44}$→$S3_{21-22}$→V1→Y1→Q0-20→X3-13→SM30-接通，Y1 受电动作，操纵 $S2_{1-2}$ 闭合，合闸闭锁解除，断路器可以合闸。

断路器处于工作位置时（小车位置触点 $S9_{43-44}$ 闭合，$S8_{43-44}$ 打开），因为合闸就会将强电实际送出，所以必须满足闭锁条件。例如：

（1）201 处于分断位置（图 8-4 中 201 点画线框中的常闭触点闭合）；或 202 处于分断位置，（图 8-4 中 202 点画线框中的常闭触点闭合）；或因发生大范围停电事故，需要本站 201、202、245 同时合闸进行反送电，这时需要闭合图 8-4 中 XLP1 连片来短接闭锁条件。

（2）245-5 应处于工作位置（图 8-4 中 245-5 点画线框中的常开触点闭合）。

下面以 202 进线断路器在分闸位置为例，分析合闸闭锁回路的解除电路：

正电源经 SM30 + →X3-3→202 常闭触点→X3-61→X3-59→245 常开触点→X3-62→S9$_{43-44}$→S3$_{21-22}$→V1→Y1→Q0-20→X3-13J→ SM30-接通,Y1 受电动作,操纵 S2$_{1-2}$ 闭合,合闸闭锁解除,允许 245 断路器合闸。

(三)合闸控制回路(相关资源见二维码)

断路器的合闸方式分为就地合闸和通过自动化系统由调度端远方合闸两种方式。

在就地方式时,图 8-4 中 K101 装置中的"远方/就地"开关打至"就地"位,YFJ 常闭触点闭合,正电源经过 SM30 + →X3-7→YFJ 常闭触点→KK2→TBJV 常闭触点→HBJ 电流线圈→X3-32→X3-31→V3 + K0$_{1-2}$ 常闭触点→S1$_{13-14}$(常开触点,因储能完毕已闭合)→S3$_{31-32}$→S2$_{1-2}$→Y3→V3→Q0-14→X3-14→ SM30-接通,合闸电磁铁 Y3 受电动作,断路器合闸。

大合闸回路分析

如果是远动合闸,"远方/就地"开关打至"远方"位,YFJ 常闭触点断开,电路通过 SM30 + →X3-6→CKJ4 触点→X5-6→X6-13→TBJV 常闭触点等(后面的路径与就地合闸相同)去完成合闸。

在合闸电流通过 HBJ 电流线圈时,HBJ 动作,其上方的常开触点闭合以保证断路器可靠合闸。

在上述电路中,目标元件是合闸电磁铁 Y3,在回路中其电阻最大。第一动作元件是 KK2(远动时是 CKJ4 触点),读图时要从正电源出发,经第一动作元件向目标元件方向研读,并最终走向负电源,并理解途中所经过元件的作用。

断路器合闸后,其主触点闭合,S3 辅助触点快速转换(在图 8-4 中显示向右动作),其常闭触点先断开,常开触点后闭合,过程中 HBJ 电流线圈瞬间失电。S3 辅助触点转换完成后,S3$_{31-32}$ 触点断开,切断 Y3 电源,Y3 失电返回。S3$_{53-54}$ 触点闭合。

此时,如果 K101 内因 KK2 或 HBJ 常开触点未释放,K0(包括 K1)受电,其常闭触点 1-2 断开,1-4 闭合,使 K0(包括 K1)受电并自保持,切断合闸回路,以防止开关合在故障点上保护跳闸,继而发生跳跃。

如一切正常(KK2/CKJ4 触点已断开。因 K0/K1 的等效电阻远大于 Y3,通过 HBJ 触点→HBJ 电流线圈回路的电流降低,HBJ 常开触点也断开),K0(包括 K1)失电,其触点 1-4 断开,1-2 闭合,为下次合闸做好准备。

(四)跳闸控制回路

断路器的分闸方式分为就地分闸和通过自动化系统由调度端远方分闸两种方式。在就地方式时,图 8-4 中 K101 装置中的"远方/就地"开关打至"就地"位,YFJ 常闭触点闭合,电路通过 SM30 + →X3-7→YFJ 常闭触点→KK1→R1→STJ 线圈→X3-15→ SM30-接通,手动跳闸继电器 STJ 受电动作,STJ 的常开触点闭合,其所在电路通过 SM30 + →X3-8→STJ 常开触点→TBJ 电流线圈→K101 装置的 X6/12→X3-34→S4 的常开触点(因断路器处于合闸位置,此触点闭合)→V2→Y2→V2→X3-16→ SM30-接通,Y2 动作,断路器跳闸。

如果是远动分闸,"远方/就地"开关打至"远方"位,YFJ 常闭触点断开,电路通过 SM30 + →X3-6→CKJ3 触点启动 STJ,后面的路径与就地分闸电路相同。相关资源见二维码。

与 STJ 常开触点并联的 TJ 常开触点是微机保护装置的保护跳闸出口继电器触点。

与 STJ 常开触点并联的 X3-53 线是非电量跳闸的引入线,在不同的应用场景可以接入。如:误拉出 245-5 隔离小车启动 245 跳闸、超温跳闸、开门跳闸、重气体保护跳闸等非电量原因跳闸电路。

(五)控制回路断线报警回路

断路器在合闸位置时,如果跳闸回路存在断线故障,将引起在主回路发生短路时断路器不能跳闸的严重后果。断路器在分闸位置时,如果合闸回路存在断线故障也会导致断路器不能合闸。业内把这种发生在分合闸控制回路上的潜在断线故障称为"控制回路断线"故障。鉴于其重要性,必须对控制回路状态加以监视,发生断线及时报警。

通常,分闸控制回路的监视是通过合闸位置继电器 HWJ 电压线圈实现的;合闸控制回路的监视是通过跳闸位置继电器 TWJ 电压线圈实现的。

断路器只有分闸、合闸两种位置。因此,在断路器处于合闸位置时,需要监视其分闸回路关键电路(断路器操动机构内部电路)的状态是否良好。方法是接入合闸位置继电器 HWJ 电压线圈,电路经 SM30 + →X3-8→HWJ 电压线圈→R3→TBJ 电流线圈→K101 装置的 X6/12→X3-34→S4 的常开触点→V2→Y2→V2→X3-16→ SM30-接通,HWJ 受电,其常开触点闭合(一般用于接通表示断路器合位的红色信号指示灯),常闭触点打开。

相反,断路器处于分闸位置时,则应监视合闸回路是否良好。其电路经 SM30 + →X3-8→TWJ 电压线圈→R2→K1$_{1-2}$→S5$_{41-42}$→X3-14→ SM30-接通,TWJ 受电,其常开触点闭合(一般用于接通表示断路器分位的绿色信号指示灯),常闭触点打开。

电路中 K1$_{1-2}$ 代表 K0 的位置,K1$_{1-2}$ 闭合表示 Y3 所在的合闸控制回路中 K0$_{1-2}$ 是闭合的,没有因"防跳"被断开。

电路中 S5 代表 Y3 所在的合闸控制回路中 S3 的位置,S5$_{41-42}$ 闭合表示 S3$_{31-32}$ 闭合良好。

在同一时刻,HWJ、TWJ 只能有一个受电,常闭触点也只能有一个闭合,如果 HWJ、TWJ 的常闭触点同时闭合,就说明发生了控制回路断线故障。这样,HWJ、TWJ 的常闭触点串联在"控制回路断线"光字牌,当发生了控制回路断线故障时就会启动故障报警信号了。控制回路断线报警示意图,如图 8-7 所示。

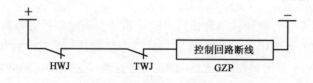

图 8-7 控制回路断线报警示意图

那么在图 8-4 中,跳闸位置继电器为什么不直接监视合闸电磁铁 Y3 所在的合闸控制回路呢?这是因为断路器在分闸位置时有可能进行小车的位置变化操作,过程中会引起小车位置开关 S8、S9 的切换,并引起合闸闭锁开关 S2 的变位(也包括储能过程中 S1 的变位)。如果直接监视 Y3 回路,就会引起误发"控制回路断线"信号的问题。当然图 8-4 中的这种接线也存在监视不够直接的问题。

习题及思考

一、简答题

1. 10kV 图纸分为哪几类?各有什么作用?
2. 变电所中 10kV 开关柜分为哪几类?各有什么作用?
3. 合环选跳开关 S305 有几个位置?其作用是什么?
4. 写出进线断路器分、合闸电路的工作原理。
5. 防跳继电器工作原理是什么?

二、读图题

1. 参照本单元图纸,简述"控制回路断线"故障报警电路工作原理。
2. $\dfrac{SM30+}{3.8A}$ 表示什么?

单元 9 直流牵引供电系统二次回路读图

本单元主要介绍直流 750V 图纸的读图方法。

下面以 750V 直流馈线断路器控制回路图为例,对读图方法进行说明。相关资源见二维码。

单元 9.1 直流牵引供电系统二次回路图识图方法

一、图纸编号原则

750V 负极开关柜二次图纸读图方法简介

所有正式图纸和文档都需有唯一的图号和版本号。文件的图号命名采用 KM 加五位数字表示,版本号采用大写字母加两位数字的表示方法。命名规则如下。

(一)图纸编号

图纸编号分为四部分,各部分含义如图 9-1 所示。

(二)版本号

任一文件的初始版本号为 A00,若有更改,文件重新发放时,版本号相应升级。若只是很小的改动,版本号可在后面的数字上改动,如 A01、A02 等;若有大改动,则需更改前面的字母,如 B00、C00 等。

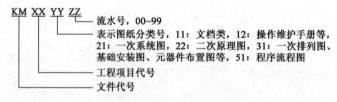

图 9-1 图纸编号示意图

二、开关柜的种类

开关柜按其功能分类,共有以下几种柜型:
(1)总闸柜(进线柜 INCOMING),代号:DR。
(2)分闸柜(馈线柜 FEEDER),代号:DF。

(3) 备用柜,代号:DSF。
(4) 负极柜(NEGATIVE),代号:ND。
(5) 端子柜(INTERFACE),代号:IF。
(6) 隧道柜(OHL)。
(7) 纵联柜(OA)。
(8) 高速断路器(HSCB)。
(9) 电隔(DS)。

三、常用元器件图例符号

(一) 线型

(1) 细实线:表示二次元器件之间的连接线及元器件的内部接线。
(2) 细点线框:表示同一元器件内。
(3) 粗实线:表示一次回路电气元器件及连接线。
(4) 粗点画线框:表示非本柜内的元器件。

(二) 标注

(1) 图纸上方标注栏的文字用来说明其垂直区域内回路的功能。
(2) 图纸中不同页间的连接方式如下:

X/YY ⊃── :引自第X页第YY列标垂直区域;

X/YY ──▷ :至第X页第YY列标垂直区域。

四、常用元器件命名规则

元器件一般以 5 位字母或数字组成,如 Q15D1、S21J1 等。可以写作:XxxYy 的形式,见表 9-1。

常用元器件命名规则　　　　　表 9-1

序号	字　母	代　表	备　注
1	X(第一位符号)	元器件类型	英文字母,含义如下:A-控制保护单元;B-热继电器;E-加热器;F-微型空气开关;H-指示灯/荧光灯;K-插入式继电器/接触器;P-脉冲计数器;Q-隔离开关/快速断路器;R-电阻/分流计;S-转换开关/按钮;U-测量放大器;V-二极管
2	xx(第二、三位符号)	所处页码	表示该元件或元件的主要部位如继电器或接触器线圈、主隔离开关等所处页码,数值一般为 01～99。如数值超过 100 页,则为三位数
3	Y(第四位符号)	元件在所处页横向栏	英文字母,由于 A4 横向图幅在水平方向被分割为 A、B、C、D、E、F、G、H、J、K、L、M 等 12 个间隔,用以方便区分元件所在的位置
4	y(第五位符号)	元件在所处页横向栏内流水号	一般数值为 1～9,表示元件在所处页纵向栏内流水号,表示该元件处于横向栏的次序

举例说明:

Q15D1:元件类型为快速断路器,位于第 15 页横向 D 栏的第 1 个元件。

S21J1:元件类型为位置转换开关,位于第 21 页横向 J 栏的第 1 个元件。

五、常用元器件图形符号

常用元器件图形符号,见表 9-2。

表 9-2 常用元器件图形符号

元器件	图形符号	元器件	图形符号
选择开关		按钮	
指示灯		熔断器	
分流器		断路器	
微型空气开关		接触器	
电压表	V	电流表	A
避雷器		常开触点	
加热器		常闭触点	
隔离开关		电阻	
过电流继电器	$I>$	过电压继电器	$U>$
测量放大器	60MV, IN−, IN+, BAT+, OUT+, BAT−, OUT−, CAL I BRE	凝露控制器	E, q<℃, j<%
二极管			

单元9.2　直流馈线断路器手动分合闸控制图

每个开关柜都有一套完整的图纸,读图方法大同小异,本部分以 DC 750V 馈线快速断路器(即分闸)的控制电路为例进行分析。

一、断路器处于分闸状态时的位置信号显示

如图 9-2 所示,图中 $Q15D1_{5-6}$、$Q15D1_{7-8}$ 是与开关联动的一对常闭常开触点。H16C1 是双位置指示灯。分闸时,横向显示绿色光;合闸时,纵向显示红色光。

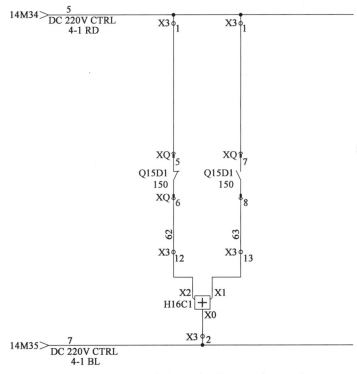

图 9-2　馈线断路器分合闸指示灯回路

断路器处于分闸状态时,断路器常开辅助触点 $Q15D1_{7-8}$ 断开,常闭辅助触点 $Q15D1_{5-6}$ 闭合,此时电路状态为正极 220V 电源→手车内部插头 X3-1→$Q15D1_{5-6}$→X3-12→H16C1→X3-2→负极 220V 电源,电路接通。指示灯 H16C1 显示横向绿色光,指示断路器在分闸位置。

二、就地手动合闸过程

(一)图中符号简介

在图 9-3a)二维码中,S21J1 是分合闸手把,它有三个位置,分位(即左侧"OFF"位)、合位(即右侧"ON"位)、"0"位(中间竖直位置)。分位、合位的接通只是瞬时,手松开后立即返回

215

到中间位置。S13D1 是复位按钮,若出现短路情况 SEPCOS 的保护灯亮而断路器无法合闸时,为了合闸,首先必须使程序复归,则按下该复归按钮,系统将恢复正常。

在图 9-3b)二维码中,K14D1 是 HSCB 的分闸继电器,K14E1 是合闸继电器,常闭触点 K14E1$_{21-22}$ 和 K14D1$_{21-22}$ 起防跳作用。当分(合)闸信号由 SEPCOS 输出,经过触点 K14E1$_{21-22}$(K14D1$_{21-22}$)到继电器 K14D1(K14E1),继电器受电动作,其触点 K14D1$_{21-22}$(K14E1$_{21-22}$)断开,保证开关在操作过程中,不会在短时间内反复出现分、合闸的情况,起到了防跳作用。

在图 9-4 二维码中,K14E1$_{1-2}$ 和 K14E1$_{3-4}$ 是合闸继电器的两个常开触点。K14D1$_{1-2}$ 和 K14D1$_{3-4}$ 是分闸继电器的两个常开触点。Q15D1 是断路器的线圈,P15C1 是计数器(只计合闸次数),右侧 12 对触点是与开关 Q15D1 联动的触点。

(二)手动合闸操作

如图 9-3a)二维码所示,将转换开关 S21J1 由中间位转至合位(即右侧"ON"位)时,S21J1$_{03-04}$ 闭合,发出合闸操作命令脉冲,使:正极 220V 电源→S21J1$_{03-04}$→X-PRO-4,电路接通。

从 SEPCOS 的 B18 端子给 A-PRO 输入一个高电平,SEPCOS 在收到合闸命令脉冲后内部进行处理,判断是否符合合闸条件,若符合则从图 9-3b)二维码的 Z6 端子发出信号,经常闭触点 K14D1$_{21-22}$ 到合闸继电器 K14E1,K14E1 线圈受电,左侧其常闭触点 K14E1$_{21-22}$ 断开,对分闸回路进行闭锁。

在图 9-4 二维码中,常开触点 K14E1$_{1-2}$ 和 K14E1$_{3-4}$ 闭合,使:正极 220V 电源→X3-3→K14E1$_{1-2}$→X3-10→$\begin{cases}Q15D1\\V15C1→P15C1\end{cases}$→X3-11→K14E1$_{3-4}$→负极 220V 电源,电路接通。

图 9-3 馈线断路器分合闸控制回路　　　　图 9-4 馈线断路器线圈控制回路
a)SEPCOS 输入回路;b)SEPCOS 输出回路

(1)Q15D1 线圈上的电流方向自 U 端流向 V 端,断路器合闸。
(2)P15C1(断路器操作计数器)记录断路器合闸的次数。

断路器合闸完毕后其相应的联动触点通断情况发生转换,图 9-2 中常开触点 Q15D1$_{7-8}$ 闭合,常闭触点 Q15D1$_{5-6}$ 断开,使:正极 220V 电源→X3-1→Q15D1$_{7-8}$→X3-13→H16C1→负极 220V 电源,电路接通。H16C1 纵向亮红色光,指示断路器在合闸位置。

三、就地手动分闸过程

在图 9-3a)二维码中,将转换开关 S21J1 转至分位(即左侧"OFF"位)时,S21J1$_{01-02}$ 闭合,发出分闸操作命令脉冲,使:正极 220V 电源→S21J1$_{01-02}$→X-PRO-3,电路接通。从 SEPCOS 的 D18 端子给 A-PRO 输入一个高电平,SEPCOS 在收到分闸命令脉冲后内部进行处理,判断是否符合分闸条件,若符合则从 Z4 端子发出信号,经常闭触点 K14E1$_{21-22}$ 到分闸继电器 K14D1,K14D1 线圈受电,右侧其常闭触点 K14D1$_{21-22}$ 断开,对合闸回路进行闭锁;其常开触点 K14D1$_{1-2}$ 和 K14D1$_{3-4}$ 闭合,使:正极 220V 电源→X3-3→K14D1$_{1-2}$→R15E1→$\begin{cases} X3\text{-}11 \to Q15D1 \to X3\text{-}10 \\ V15E1 \end{cases}$→K14D1$_{3-4}$→负极 220V 电源,电路接通,Q15D1 线圈上的电流方向自 V 端流向 U 端,断路器分闸。断路器分闸完毕后其相应的联动触点发生转换,图 9-2 中,常开触点 Q15D1$_{7-8}$ 断开,常闭触点 Q15D1$_{5-6}$ 闭合,使:正极 220V 电源→手车内部插头 X3-1→Q15D1$_{E-F}$→X3-12→H16C1→X3-2→负极 220V 电源,电路接通。各设备状态及信号显示恢复到前述断路器分闸状态。

习题及思考

一、简答题

1. 直流开关柜有哪几种类型?
2. 常闭触点 K14E1 和 S21J1 代表什么含义?

二、读图题

结合本单元图纸完成以下读图任务:
1. 分析 DC 750V 进线快速断路器就地手动合闸的工作原理。
2. 分析 DC 750V 进线快速断路器就地手动分闸的工作原理。

单元10　二次回路故障的处理

本单元主要介绍二次回路故障查找的主要方法,如测量电阻法、测量电压法、测量对地电位法等。重点分析短路故障的查找方法,并介绍更换二次元器件作业的步骤。

一、二次回路的故障的主要形式

二次回路的故障主要形式包括如下内容。
(1)开路故障:二次回路接触不良或脱落引起的回路断线故障。
(2)短路故障:二次回路中的电阻、电容、电压线圈等主要降压元件被意外短接或烧毁击穿等引起的短路故障。
(3)直流接地故障:有绝缘监察装置的直流控制电源系统发生正极或负极接地的故障。
(4)微机保护装置或PLC故障:主要包括死机、内部元器件故障等。

二、查找二次回路故障的主要方法

查找二次回路故障的主要方法包括:测量电阻法、测量电压法、测量对地电位法等。

(一)测量电阻法

使用万用表的电阻挡测量怀疑断线的回路通不通,是查找二次回路开路故障的基本方法之一。

在测量前必须将被测量线路停电,否则,当两个测量点跨越断线点或电阻时,万用表可能被烧毁。然后,甩开无关线路,使测量电流只能通过被测量的线路,以防止寄生回路影响测量结果。

测量电阻法的具体方法如下:
(1)当要确认被测线路通时,要将万用表打在电阻挡的R×1,测量时电阻值应接近零。
(2)当要确认被测线路不通时,要选择万用表电阻挡的R×100,测量时电阻值应无穷大。
(3)当被测线路间有电阻元件时,要知道电阻元件的阻值,单独测量电阻元件本身是否完好,然后分别测量电阻元件两端的接线是否完好。
(4)万用表测量二极管。
指针万用表打在电阻挡时:黑表笔是万用表内部电池的正极,红表笔是万用表内部电池的负极。
数字万用表打在二极管挡时:红表笔是万用表内部电池的正极;黑表笔是万用表内部电池

的负极。

指针万用表测量二极管时,万用表打在电阻挡 R×100,黑表笔接二极管的阳极,红表笔接二极管的阴极时电阻值很小。相反电阻值很大,表示二极管的单向导电性能良好。如果二极管已经击穿,两个方向测量电阻值均为零。利用二极管的单向导电特性可以在不断开接线的情况下很方便地判断设备的状态。

(二)测量电压法

在电源两极之间的一条回路中,必然会串联着有一些降压元件,如电阻、继电器或接触器的电压线圈等,它们是这条回路的主要功能元件,也是正、负极的分界点。当一条回路有几个降压元件串联时,其中电阻最大的那个元件是主要降压元件。当这条回路未被接通前,会存在一个断开点,一般是主令电器的触点,或者是继电器的触点,称之为断口,如图 10-1 所示。断口的电阻值无限大,所以这时它是最大的降压元件,电源的正极、负极分别送到了断口的两侧,一旦断口闭合,该回路接通,主要功能元件就会启动,然后通过其他回路实现功能。

图 10-1　断口及降压元件示意图

所谓开路故障,就是在这个断口之外又意外地存在一个新的断口,使主令电器的断口闭合后,主要功能元件不能如愿启动,形成故障。查找开路故障就是要把这个意外存在的断口找出来接通,使回路恢复正常。

意外存在的这一个断口可能在主要降压元件的正极一侧,也可能在主要降压元件的负极一侧,由于其存在,原本应该送到主要降压元件两端的正极或负极电压没有送到,这样就要开始查找这个电压是在哪里中断的,这个中断点就是开路故障点。

如图 10-2 所示,在直流 220V 控制系统进行电压测量时,万用表置于 DC 250V 挡,红表笔和黑表笔分别点在正常断口(例如 KK5-8 触点)的正极一侧和负极一侧:

(1)如果万用表指示为 220V 时表示线路良好,应怀疑被测元件(KK)本身有故障。

(2)如果万用表指示电压 0V,证明电源正极或电源负极至这个正常断口(例如 KK5-8 触点)的线路存在意外断口。判断意外断口位置的步骤如下:

①用万用表确定控制电源是否有电。然后以确认有电的测量点作为参考点进行下一步测量。黑表笔接负极,红表笔点正常断口的正极侧(例如 KK5 触点),如万用表应指示 220V 说明正常断口的正极侧线路完好。否则,说明这一段线路有断线。

②红表笔接正极,黑表笔点正常断口的负极侧(例如 KK8 触点),如万用表指示 220V 说明正常断口的负极侧(例如 KK8 触点)线路完好,否则,说明这一段线路有接触不良。

③以正常一侧的点作为参考电位,一表笔点住不动,另一表笔向故障一侧的线路逐点移动测量,同时观察万用表,当万用表突然有 DC 220V 指示时,测点前的这一段线路(或是点)就应是存在开路的线路。

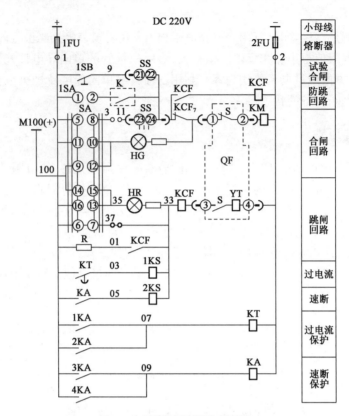

图 10-2 典型控制回路图(展开图)

(三)测量对地电位法

严格来说,对地电位法也是电压法的一种,只是以地电位作为参考点,并且只适用于有直流绝缘监察的系统。

以图 10-2 为例,在直流 220V 控制系统进行对地电位测量时,万用表置于 DC 250V 挡,步骤如下:

(1)黑表笔对地,红表笔点正常断口的正极侧(例如 KK5 触点),如万用表指示 110V 说明正常断口的正极侧线路完好,否则说明这一段线路有接触不良。

(2)红表笔对地,黑表笔点正常断口的负极侧(例如 KK8 触点),如万用表指示 110V 说明正常断口的负极侧(例如 KK8 触点)线路完好,否则说明这一段线路有接触不良。

(3)以"地"为参考电位,一表笔点住不动,另一表笔向故障一侧的线路逐点移动测量,同时观察万用表,当万用表突然有 DC 110V 指示时,测点前的这一段线路就应是存在开路的线路。

(四)二次回路典型故障查找实例

1. 直流控制回路熔断器熔断故障

图 10-3 所示为直流控制回路熔断器的示意图,假设直流控制回路熔断器中 FU1 熔断故

障,其判断步骤见表 10-1。

直流控制回路熔断器熔断 FU1 故障判断步骤 表 10-1

测量步骤	红表笔测点	黑表笔测点	结　论
1	C	D	万用表显示 220V 表示熔断器良好,万用表显示 0V 提示可能有熔断器熔断,继续下一步
2	A	B	万用表显示 0V,表示控制母线至少有一极无电,应查找上级。万用表显示 220V 表示控制母线电压正常,提示确实有一个熔断器熔断,应继续下一步
3	C	B	已经确认控制母线电压正常,测量 C、B 万用表显示 220V,表示 FU2 熔断;万用表显示 0V 应继续下一步
4	A	D	万用表显示 220V 表示 FU1 熔断

2. 380V 三相交流回路熔断器测量

图 10-4 所示为 380V 三相交流回路熔断器的示意图,假设 380V 三相交流回路熔断器中 FU2 熔断故障,判断步骤见表 10-2。

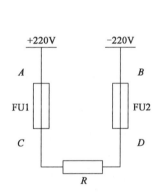

图 10-3　直流控制回路熔断器示意图　　　　图 10-4　380V 三相交流回路熔断器示意图

380V 三相交流回路熔断器 FU2 熔断故障判断步骤 表 10-2

测量步骤	红表笔测点	黑表笔测点	结　论
1	a	b	万用表显示远小于 380V,提示 FU1 或 FU2 有一个熔断器熔断,应继续下一步
2	a	c	万用表显示 380V,表示 FU1 和 FU3 正常,应继续下一步
3	b	c	万用表显示远小于 380V,提示 FU2 熔断,应继续下一步
4	B	b	万用表显示有电压,表示 FU2 确实熔断了

说明:其他相熔断时的测量情况可以以此类推。

三、短路故障的查找

(一)短路故障的查找方法

短路故障主要是由于回路中的主要降压元件被短接或烧损造成的,这时回路电源的熔断器熔断或微动开关跳开,线路无法送电,因此,不能用测量电压法查找。一般用电阻法查找,方

法如下:

(1)万用表的选择电阻 R×1 或 R×10 挡。

(2)停电,由电源侧测量整个回路的电阻值,因存在短路点,阻值应比较低。

(3)按照优选法的原则,将线路在正负处断为两部分,分别测量电阻,找出短路点所在的部分,然后再将该部分继续分断为两部分,重复上述操作,直至确认到较小范围,再去仔细检查设备和线路。

查找注意事项:

(1)注意用肉眼查看降压元器件线圈的颜色是否变成棕色或黑色,特别是长期受电的元器件的线圈。注意查看其他元器件是否变色,注意查看放电、烟熏痕迹,注意查看意外短触点,如导线、垫片卡在了元器件的两个接线点之间了,注意闻气味。

(2)尽可能利用航空插头等插件来实现分断,判断出短路点所在分室部位。如是否在断路器本体、断路器室、微机保护装置内部等。

(3)停电测量电阻时,由于继电器处于释放状态,一些由继电器常开触点接通的元件被断开,如果短路元件恰在这个回路就不会被测量到。也就是说,要清楚二次送电后哪些支路处于导通状态、哪些支路处于断开状态,以便综合判断。

(二)直流接地故障的查找

直流绝缘监察继电器采用电桥原理,如图 10-5 所示。两个阻值相等比较电阻串联后接于正负极之间,两电阻之间的点经过一个继电器线圈后接地。实际设备中正负极是安装在绝缘体上的,正常情况下正负极的绝缘体的电阻也是相等的,可以把它看作阻值很高且相等的电阻,这样四个电阻就组成了一个电桥接线。

绝缘体是安装在接地体上的,它和比较电阻的接地点是相连通的,称为电桥的对角线。

正常情况下,两个比较电阻阻值相同,两个绝缘电阻阻值也相同,所以串接在对角线上的继电器线圈中没有电流通过,继电器处于释放状态。

当任意一极的绝缘能力降低时,电桥失去平衡,对角线上就会出现电流,到达整定值时,继电器动作发出报警信号。由

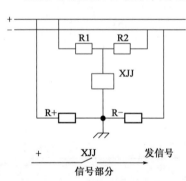

图 10-5 直流绝缘监察继电器
采用电桥原理示意图

于采用的是电桥原理,直流绝缘监察继电器内部的比较电阻开路或短路时也会出现误报警。

直流控制电源系统是对地绝缘系统,正常时,正、负极对地绝缘。发生一点接地时,设备虽然可以继续运行,但是如果再发生另外一点接地就有可能造成短路。如果这接地的两点跨过了保护出口继电器触点则会引起跳闸,如图 10-6 所示。所以发生直流一点接地时,必须尽快查到并消除。

直流绝缘监察继电器的作用就是当系统有一点接地时就能及时发现报警,以便处理。

查找直流接地故障采用拉路查找法:

(1)确认接地极性,记住接地电阻值或对地电压值,以便比较。

(2)要熟悉直流二次系统的结构、层次、可断开点的分布。

(3) 注意各个子系统之间的联系,防止该系统断电时,接地点从另一回路得电,接地不消失的现象,影响判断。

(4) 二次图中的虚线框内的设备虽然由本系统得电,但实际设备安装在其他系统位置,查找时要注意。

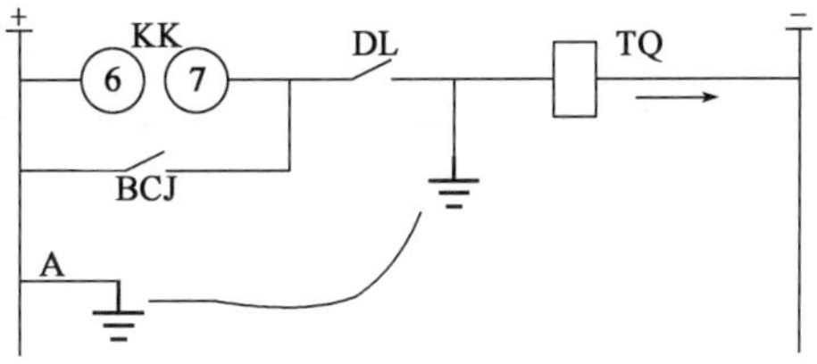

图 10-6 两点接地所引起的误跳闸情况示意图

(5) 检查绝缘监察装置本身是否正常。

(6) 有两套绝缘监察装置时要停用一套。

(7) 每次拉路的停顿时间要大于绝缘监察装置的反应时间,即使接地未消失也要观察接地阻值或对地电压值是否有变化,以判断是否触动了与接地点相关的回路。

拉路查找注意的问题:

(1) 拉路顺序:先室外后室内,先次要设备后重要设备,先合闸、信号回路、后控制回路。

(2) 断开控制回路不得超过 3s,有无接地都要合上。

(3) 使用的万用表电压挡测量时,其内阻要在 $2000\Omega/V$ 以上。

(4) 查找过程不得造成另一点接地或短路。

(5) 断开控制电源时要考虑对保护装置、失压自投装置、开关电保持回路和其他负逻辑电路的影响,防止造成误动作。

四、更换二次元器件作业

更换二次元器件是变电值班员的一项经常性工作,更换二次元器件一般应在三轨停电后进行。更换作业一般应停电,但是要充分考虑对运行的影响,防止设备误动作。

作业步骤:

(1) 核对备件的型号、规格、安装尺寸,然后测量备件各个触点是否接触良好,接触器、继电器等要通电试验,确认备件良好。

(2) 研究相关图纸,厘清接线,特别是端子头编号,画出设备实际接线,标注清楚端子头号,特别是本元件的无端子头号的短封线。

(3) 将画出的实际接线图与相关图纸做比较,确认正确。

(4) 在实际设备接线上做好记号,然后拆开接线,拆下旧元件,安装固定新元件,恢复接线。

(5) 有可能的情况下,做传动或功能检验,确认良好。

习题及思考

一、简答题

1. 直流开关柜有哪几种类型?
2. 常闭触点 K14E1 和 S21J1 各代表什么含义?

二、读图题

结合本单元图纸完成以下读图任务：
1. 分析 DC 750V 进线快速断路器就地手动合闸的工作原理。
2. 分析 DC 750V 进线快速断路器就地手动分闸的工作原理。

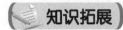

中 央 信 号

本部分从基本概念出发，介绍了变电站信号装置的结构、原理，以及微机保护中央信号的处理方式。

中央信号系统是监视变电站电气设备运行的一种信号装置。当发生事故或故障时，相应的装置发出灯光及音响信号，根据信号指示，值班人员能迅速准确地确定和了解所发出的信号的地点、性质和范围，从而作出正确处理。

目前的变电站中关于中央信号装置这一部分已无专门的中央信号屏，值班员可以从后台机中得到有关中央信号的指示。

一、信号装置概述

（一）信号装置的分类

变电站的信号装置按其用途不同，一般有三种。

1. 位置信号

它主要指示开关电器的位置状态。一般由亮平光的红、绿信号灯组成，位置信号安装在相应的控制盘上。

2. 继电保护和自动装置动作信号

它主要指示故障对象和故障性质，一般由信号继电器和光字牌组成，安装在相应的保护盘或控制盘上。

3. 中央信号

1) 变电站设备工作状态

变电站运行中，一次系统的运行可分为三种状态：正常运行状态、不正常运行状态（如：单相接地短路、过负荷等）和事故状态。

二次回路可分为正常运行与故障状态。

(1) 二次回路正常运行：指二次回路的所有电源工作正常，二次的所有监视回路、控制回路、保护回路、测量回路及各种信号灯都正常工作。

(2) 二次回路故障：二次回路出现了短路、断路或异常状态，例如：直流操作电源接地、控制回路断线等。

2）信号分类

(1)预告信号。

发生造成一次系统不正常运行状态的故障或二次回路故障时,断路器不跳闸,只发信号。这种信号称为预告信号。预告信号一般由电铃音响信号、掉牌信号和光字牌信号组成。光字牌表明故障的性质和不正常运行设备的地点。预告信号又分瞬时预告信号和延时预告信号。

① 瞬时预告信号。

发生造成一次系统不正常运行状态的故障或二次回路故障时,立即发出的信号称为瞬时预告信号。如主变压器轻瓦斯动作,主变压器油温过高、主变压器通风故障等故障状态。

② 延时预告信号。

发生一次系统不正常运行或二次回路故障时,需经一定的延时,经确认后,再由某继电器发出的信号称为延时预告信号。如主变过负荷、电压互感器二次断线、直流控制回路断线等,均发出延时预告信号。

(2)事故信号。

一次系统发生故障造成断路器跳闸时,中央信号装置发出的相应信号称为事故信号。事故信号分为事故音响信号(蜂鸣器、电笛)、事故灯光信号及光字牌信号。光字牌信号是用来说明事故性质的。事故灯光信号表示事故发生的对象,事故信号无延时。

(二)信号装置的功能

1. 事故信号装置

1）断路器事故跳闸的原因

事故信号是指变电站发生引起断路器跳闸的事故时发出的信号。引起断路器事故跳闸的原因如下:

(1)线路或电气设备发生故障,由继电保护装置动作跳闸。

(2)继电保护或自动装置误动作跳闸。

(3)控制回路故障误跳闸。

2）事故信号装置的功能

无论何种原因引起的事故跳闸,事故信号装置均应满足:

(1)当断路器事故跳闸时,无延时发出事故音响信号,同时并使相应断路器的位置信号灯闪光。

(2)事故时应立即启动远动装置,发出遥信。

(3)事故音响信号应能手动复归或自动复归。

音响信号的复归方式可分为就地复归、中央复归、手动复归等方式。

① 就地复归:在电气设备安装所在地进行个别信号单独复归。

② 中央复归:在主控制室内中央信号盘上集中复归。

③ 手动复归:值班人员在相应配电盘上进行复归。

(4) 事故时应指明继电保护和自动装置动作情况。
(5) 能自动记录发生事故的时间。
(6) 事故时,应能启动计算机监控系统。
(7) 事故音响、灯光信号装置应能进行完好性检查试验。

2. 预告信号装置

1) 预告信号的内容

预告信号是变电站中电路或电气设备出现故障状态的信号,包括以下内容:
(1) 各种电气设备的过负荷。
(2) 各种带油设备温升超过允许值。
(3) 交流小电流系统接地故障。
(4) 各种电压等级的直流系统接地。
(5) 各种液压或气压机构压力异常、弹簧机构的弹簧未拉紧。
(6) 用 SF_6 气体绝缘设备的 SF_6 气体密度或压力异常。
(7) 各种继电保护和自动装置的交直流电源断线。
(8) 断路器的控制回路断线。
(9) 电流互感器和电压互感器的二次回路断线。
(10) 继电保护和自动装置的信号继电器动作未复归。
(11) 其他一些值班员需要了解的运行状态也可发出预告信号。

2) 预告信号装置的功能

当变电站中电路或电气设备出现故障状态时,值班人员通过预告信号装置应立即知道,并及时记录与处理,防止事故发生。因此,对预告信号装置提出以下要求:
(1) 预告信号出现时,应能瞬时或延时发出与事故信号有区别的音响信号,同时有灯光信号指出不正常运行内容。
(2) 能手动复归或自动复归音响信号,显示故障性质的灯光信号应保留,直至故障排除。
(3) 预告信号装置应具有重复动作的功能。

所谓重复动作,主要是对音响信号而言,能重复动作是指当第一个故障出现时的音响信号解除之后,灯光信号未复归之前,也就是第一个故障未排除前,如果又出现不正常工作状态,中央信号装置仍能按要求发出音响及灯光信号,这一功能一般采用冲击继电器实现。在上述时间范围内不能连续发出若干音响信号,而只有当前一个故障排除后,才能发出后续故障的音响信号时,称为不重复动作。
(4) 预告音响、灯光信号装置应能进行完好性检查试验。

(三) 中央信号装置的发展概况

变电站中央信号装置按照电路结构不同,经历了以下四个发展阶段。

1. 电磁式中央信号装置

以冲击继电器为核心,与其他相关电磁型继电器组成具有中央复归功能重复动作的中央信号电路。其主要缺点表现为冲击继电器的工作状况直接影响中央信号装置的工作可靠性,会出现漏发信号或烧坏冲击继电器的情况;信号完整性不好,信号分辨率差。目前,这种装置已很少使用。

2. 晶体管成套中央信号装置

以晶体管成套中央信号装置(ZYX-1A型)为核心,配以辅助继电器箱构成中央信号装置。结构紧凑,工作可靠,在变电站中广泛应用。

3. 微机模块式中央信号装置

以微机为基础,辅以相关数字电路模块,通过与必要的固体继电器的配合,构成中央信号系统。该系统以小液晶屏幕以及小型组合式光字牌为信号窗口,显示牵引变电所设备的各种运行状态(不正常或事故状态),对各种信号进行综合判断,发出事故、预告音响及停止数字时钟信号,并给出相应远动信号。其工作原理与晶体管成套中央信号装置相类似。

4. 计算机综合自动化监控系统

随着综合自动化系统对变电站传统二次系统的替代,中央信号装置的功能也被监控单元所替代,甚至其功能远远超过常规信号系统功能。作为当地监控单元的备用和补充,在某些实现综合自动化的变电站中,传统的中央信号装置简化接线予以保留(如预告信号中只保留对变电所起安全作用的主要信号),而在无人值守变电站中,中央信号系统被完全取消。

二、综合自动化控制系统信号装置

早期信号装置,有一台中央信号盘,盘上有蜂鸣器、电铃、光字牌等信号,试验按钮等,各控制盘上还有就地信号,例如:变压器控制盘上有变压器温度升高、过负荷、轻瓦斯等光字牌信号和断路器分、合闸位置信号。

目前的中央信号采用了综合自动化控制系统信号装置,其主要特点是:

(1)将模拟信号转变成数字信号。

(2)值班员可以面对大屏幕显示器,对变电站所有设备进行全面监视与操作(所有的事故信号、预告信号都在上位机里进行查询)。

(3)实现了变电站管理智能化、自动化,提高了供电系统可靠性、精确性。

在上位机里查询的方法如下所述。

(一)一次系统主菜单

一次系统主菜单,如拓展图7所示。

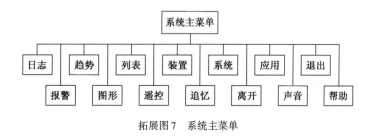

拓展图7 系统主菜单

正常运行时上位机显示画面是一次系统界面图,在一次系统界面图下方,有系统主界面菜单栏,它包括日志、报警、趋势、图形、列表、遥控、装置、追忆、系统、离开、应用、声音、退出、帮助等共14个子菜单。值班员可以按照需要查询的内容进入相关菜单,进行查询。

(二)光字牌

光字牌在"图形"菜单中,如拓展图8所示,光字牌显示的信号分两种:报警信号、预告信号,不管是报警信号还是预告信号,只要信号发出,相应的光字牌都会闪烁,便于值班员查询。

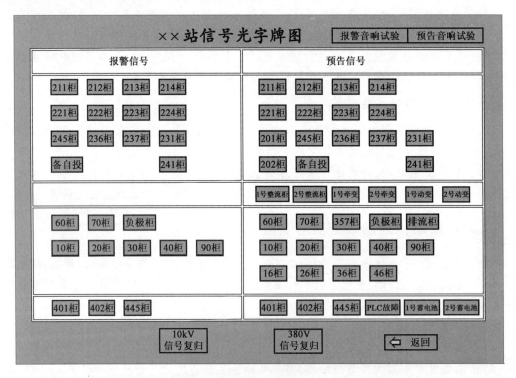

拓展图8 光字牌图

1. 报警信号

当一次线路出现短路故障时,保护装置将发出报警信号也就是事故信号。报警信号有灯光信号和音响信号两种,灯光信号由报警信号光字牌发出。音响信号由蜂鸣器发出,同时断路器跳闸,断路器位置指示灯由红灯转换为绿灯。

2. 预告信号

当一次、二次设备异常或一次线路不正常运行时发出预告信号。预告信号对值班员仅仅是一种警示、提醒,断路器无须跳闸。预告信号也有灯光信号和音响信号,灯光信号由预告信号光字牌发出,音响信号由电铃发出。

3. 光字牌所含信息

每一个需要发信号的设备都有相应的光字牌,每一个光字牌内都含有各种保护的信号列表。

例如：单击预告信号光字牌中的"负极柜"显示如拓展图9所示的菜单，菜单里的内容包括65电隔辅助触点故障、65电隔合闸失败、65电隔分断失败、直流电源操作失败、框架保护电压报警、75电隔辅助触点故障、75电隔合闸失败、75电隔分断失败、PLC未就绪及PLC电池失电十个预告信号，这些预告信号都由负极柜光字牌发出。

负极柜预告信号	
65电隔辅助触点故障	75电隔辅助触点故障
65电隔合闸失败	75电隔合闸失败
65电隔分断失败	75电隔分断失败
直流操作电源失电	PLC未就绪
框架保护电压报警	PLC电池失电

拓展图9 负极柜预告信号光字牌保护列表

4. 报警音响试验、预告音响试验

交接班时分别单击报警音响试验和预告音响试验，它们都应发出音响信号，由此检验报警音响和预告音响是否完好。

实训任务活页 3.1　10kV 母线联络断路器控制回路读图

实训名称	10kV 母线联络断路器控制回路读图		
实训目的	(1)掌握 10kV 母线联络断路器控制回路的保护跳闸回路、非电量跳闸回路、"控制回路断线"信号回路动作过程； (2)结合实际设备厘清实际原理		
教学目标	能力(技能)目标	知识目标	素质目标
	掌握 10kV 开关柜二次图的通用读图方法	(1)掌握 10kV 母线联络断路器储能电机控制回路、合闸及防跳回路、控制回路的保护跳闸回路、非电量跳闸回路、"控制回路断线"信号回路的动作过程； (2)结合实际设备厘清实际原理	培养工匠精神,增强职业信心
注意事项	(1)根据教材二次回路读图方法按步骤读图； (2)读图前先理解各回路的作用		
实训任务	本实训所用 10kV 母线联络断路器控制回路图参考教材图 8-4 二维码。 任务一　图纸符号及结构认知(共 15 分,按操作情况扣分) (1)说出图纸结构； (2)说出图纸中各元件名称及作用 任务二　储能电机控制回路(共 15 分,正确找出回路的情况下酌情扣分,回路错误不得分) 从正电源端开始到负电源,顺序标出储能电机控制回路经过的各个元件(路径),简述动作过程和动作条件 任务三　合闸及防跳回路(共 15 分,正确找出回路的情况下酌情扣分,回路错误不得分) 从正电源端开始到负电源,顺序标出合闸及防跳回路经过的各个元件(路径),简述动作过程和动作条件 任务四　10kV 母线联络断路器保护跳闸回路动作过程(共 15 分,正确找出回路的情况下酌情扣分,回路错误不得分) 从正电源端开始到负电源,顺序标出保护跳闸回路经过的各个元件(路径),简述动作过程和动作条件 任务五　10kV 母线联络断路器的非电量跳闸回路动作过程(共 15 分,正确找出回路的情况下酌情扣分,回路错误不得分) 从正电源端开始到负电源,顺序标出外接非电量跳闸回路经过的各个元件(路径),简述动作过程和动作条件 任务六　10kV 母线联络断路器的"控制回路断线"信号发出动作过程(共 15 分,正确找出回路的情况下酌情扣分,回路错误不得分) 分析控制回路断线信号是怎样发出的		

续上表

	项目	满分	得分	备注
实训心得				
评分标准	任务一	15		
	任务二	15		
	任务三	15		
	任务四	15		
	任务五	15		
	任务六	15		
	安全、协作配合	10		
	本实训任务得分	100		
班级		姓名		指导教师	

实训任务活页3.2 电动隔离开关回路控制图读图

实训名称	电动隔离开关回路控制图读图		
实训目的	(1)掌握电动隔离开关控制回路的闭锁回路、合闸回路、分闸回路动作过程； (2)结合实际设备厘清实际原理		
教学目标	能力(技能)目标	知识目标	素质目标
	掌握直流系统(大全公司)二次图的通用读图方法	(1)掌握电动隔离开关控制回路的闭锁回路、合闸回路、分闸回路动作过程； (2)结合实际设备厘清实际原理	培养工匠精神,增强职业信心
注意事项	(1)根据教材二次回路读图方法按步骤读图； (2)注意参考教材中图例,区分不同厂家图纸的读图方法		
实训准备	电动隔离开关(65)的控制回路： (1)闭锁回路,总闸断路器在合闸位置时,电隔不得操作；手动操作电隔时电动不能操作； (2)合闸,经热继、远方就地开关(S2501DE 1、2)、分合闸转换开关(K20D1 的 3、4)使合闸接触器(K11L1)受电动作,电机正转,隔离开关合闸； (3)分闸,经热继、远方就地开关(S2501DE 1、2)、分合闸转换开关(K20D1 的 1、2)使合闸接触器(K11K1)受电动作,电机反转,隔离开关分闸		

续上表

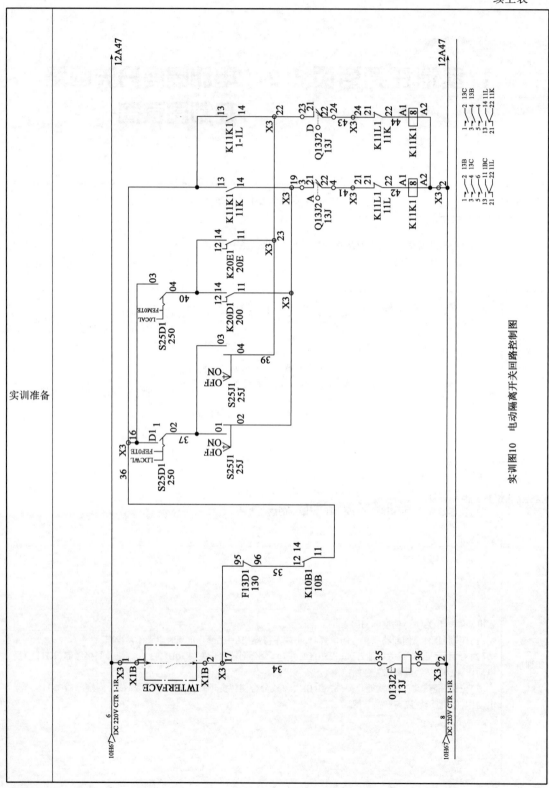

实训图10 电动隔离开关回路控制图

续上表

实训任务	任务一　图纸符号及结构认知(共10分,按操作情况扣分) (1)说出图纸结构; (2)说出图纸中各元件名称及作用 任务二　电动隔离开关控制回路的闭锁回路动作过程(共20分,正确找出回路的情况下酌情扣分,回路错误不得分) (1)找出闭锁回路; (2)分析闭锁回路动作过程 任务三　电动隔离开关控制回路的合闸回路动作过程(共30分,正确找出回路的情况下酌情扣分,回路错误不得分) (1)找出合闸回路; (2)分析合闸回路动作过程 任务四　电动隔离开关控制回路的分闸回路动作过程(共30分,正确找出回路的情况下酌情扣分,回路错误不得分) (1)找出分闸回路; (2)分析分闸回路动作过程
实训心得	
评分标准	项目　　　　满分　　　　得分　　　　备注 任务一　　　10 任务二　　　20 任务三　　　30 任务四　　　30 安全、协作配合　10 本实训任务得分　100 班级　　　姓名　　　指导教师

项目	满分	得分	备注
任务一	10		
任务二	20		
任务三	30		
任务四	30		
安全、协作配合	10		
本实训任务得分	100		

班级		姓名		指导教师	

实训任务活页3.3 二次回路故障排查

实训名称	二次回路故障排查		
实训目的	(1)掌握电阻法、电压法、对地电位法查找故障的原理; (2)掌握二次回路故障排查的基本方法		
教学目标	能力(技能)目标	知识目标	素质目标
	掌握二次回路故障排查的基本方法	掌握电阻法、电压法、对地电位法查找故障的原理	培养工作习惯,增强职业信心
注意事项	(1)试验后所有设备要恢复原设置; (2)分组操作,2~3人一组; (3)采取必要的安全防护措施		
实训任务	任务一 参考图6-1,排除1号整流柜正负极至61、65隔离开关电缆接线错误的测量(共20分,每步10分,按操作情况扣分,扣完为止) 因为整流柜的额定电流达2500A以上,正极用多条电缆至61电动隔离开关,负极也用多条电缆至65电动隔离开关,这样在施工过程中就存在相互接错的可能性。在验收时要用简单的测量方法(不解下电缆)确认是否存在这种接错电缆的情况,以防止短路事故。下面就是利用万用表检查的方法。 设备状态: 被测设备无电,所有的开关均处于分闸位置,拆除临时接地线,用指针式万用表电阻R×1挡: (1)黑表笔接61隔离开关电缆处,红表笔接65隔离开关电缆处,电阻值应较大;如果有一根电缆接错,测量的电阻值即为零; (2)红表笔接61隔离开关电缆处,黑表笔接65隔离开关电缆处,电阻应值较小,说明1号整流柜正负极至61、65的电缆没有接错。如果有一根电缆接错,测量的电阻值即为零 任务二 参考图6-1,排除两台整流柜之间电缆接线错误(共20分,每步10分,按操作情况扣分,扣完为止) 用万用表电阻R×100挡: (1)测61电缆处对71电缆处电阻应无穷大,说明两台整流柜的正极电缆没有接混线; (2)测65电缆处对75电缆处电阻应无穷大,说明两台整流柜的负极电缆没有接混线 任务三 参考教材接线图6-1,排除馈线断路器与隧道柜间电缆接线错误(共20分,每步5分,按操作情况扣分,扣完为止) 因为牵引电流很大,馈线断路器出线侧至隧道柜隔离开关之间要用多条电缆连接,负极母线至回流箱也是用多条电缆连接的。这样在4台断路器与相距很远的4台隔离开关连接电缆时就存在相互接错的可能性,从而造成错送电、短路时保护不启动、一台开关停电反馈出侧依然有电等严重问题。在验收时可以用万用表测量的方法(不解下电缆)确认是否存在这种接错电缆的情况,以防止事故。 用万用表电阻R×100挡: (1)测14隔离开关馈出侧对2(4)3(4)44隔离开关馈出侧、对负母线电阻值应无穷大; (2)测24隔离开关馈出侧对3(4)4(4)对负母线电阻值应无穷大; (3)测34隔离开关馈出侧对44隔离开关馈出侧、对负母线电阻值应无穷大; (4)测44隔离开关馈出侧对负母线电阻值应无穷大		

续上表

实训任务	任务四　参考图6-1,排除隧道柜刀闸进出线电缆的接线错误(共20分,每步5分,按操作情况扣分,扣完为止) 有些隧道柜进出线的接线母排均在柜体下部平行排列,这样就有可能发生进数条出线电缆中的一条接错,短接隧道柜隔离开关的情况。使用万用表可以通过简单测量确认有无这种情况。 隧道柜隔离开关、纵联柜隔离开关在断开位置,用万用表电阻 R×100 挡: (1)测量 16、26、36、46 隔离开关上、下接线端的电阻应无穷大,说明隧道柜进线、出线电缆没有接错; (2)测量 813、824 隔离开关上、下接线端的电阻应无穷大,说明纵联柜进线、出线电缆没有接错; (3)隧道柜集中设置的站应加测本隧道柜出线电缆接线端对其他隧道柜出线电缆接线端的电阻应无穷大,说明隧道柜至三轨连接板的电缆没有接错; (4)原隧道柜原有接地刀闸和接地电缆时,应加测本隧道柜出线电缆对地绝缘电阻
实训心得	

评分标准	项　目	满分	得分	备注
	任务一	20		
	任务二	20		
	任务三	20		
	任务四	20		
	安全、协作配合	20		
	本实训任务得分	100		

班级		姓名		指导教师	

参 考 文 献

[1] 王越明.电气二次回路识图[M].3版.北京:化学工业出版社,2023.
[2] 何瑞文,等.电力系统继电保护[M].2版.北京:机械工业出版社,2017.
[3] 于伟松,韩连祥,陈德胜.城市轨道交通供电系统设计管理与服务[M].成都:西南交通大学出版社,2019.
[4] 中国城市轨道交通协会.城市轨道交通变电检修工[M].成都:西南交通大学出版社,2018.
[5] 陈丽华,李学武.城市轨道交通供电系统继电保护[M].北京:科学出版社,2014.
[6] 柯志敏,索娜.继电保护基础:修订本[M].北京:北京交通大学出版社,2009.
[7] 许建安.电力系统微机继电保护[M].2版.北京:中国水利水电出版社,2008.
[8] 杨洁.继电保护与二次回路[M].北京:人民交通出版社股份有限公司,2016.
[9] 方彦.城市轨道交通继电保护[M].成都:西南交通大学出版社,2017.
[10] 高亮.电力系统微机继电保护[M].3版.北京:中国电力出版社,2020.
[11] 赵矿英.城市轨道交通供电系统[M].北京:电子工业出版社,2015.
[12] 黄德胜,张巍.地下铁道供电[M].北京:中国电力出版社,2009.